学校课程与
教学教研丛书

新世纪语文教师
职业发展研究

丛书主编　张　君

本册主编　赵慧平　杜德林　刘宁宁　王晓霞

辽宁人民出版社

图书在版编目（CIP）数据

新世纪语文教师职业发展研究 / 赵慧平等主编. — 沈阳：
辽宁人民出版社，2020. 12
ISBN 978-7-205-09954-1

Ⅰ. ①新… Ⅱ. ①赵… Ⅲ. ①中学语文课—师资培养—研究 Ⅳ. ①G633. 302

中国版本图书馆CIP数据核字（2020）第167160号

出版发行：辽宁人民出版社
　　　　　地址：沈阳市和平区十一纬路25号　邮编：110003
　　　　　电话：024-23284321（邮　购）　024-23284324（发行部）
　　　　　传真：024-23284191（发行部）　024-23284304（办公室）
　　　　　http://www.lnpph.com.cn
印　　刷：辽宁鼎籍数码科技有限公司
幅面尺寸：170mm×240mm
印　　张：18.5
字　　数：285千字
出版时间：2020年12月第1版
印刷时间：2020年12月第1次印刷
责任编辑：高　丹
封面设计：鼎籍文化创意·路金英
版式设计：鼎籍文化创意·刘萍萍
责任校对：吴艳杰
书　　号：ISBN 978-7-205-09954-1
定　　价：37.00元

促进语文教师职业发展
提升语文教育水平

（代　序）

　　语文教师的职业发展既是一个需要持续研究的理论课题，又是一个极具现实意义的实践课题，它既关系到语文教师个人的发展，更关系到我国语文教育水平的提升。毋庸讳言，我国尽管有在职教师培训的专门机构和培训体系，各级教育行政部门和学校也设有教师培训的专项奖金，但语文教师职业发展的现状甚至可以用"堪忧"来形容。总体上看，语文教师对于个人职业发展所提出的要求远未达到自觉的程度，许多语文教师除教学资料外，几乎很少阅读语言文学作品和研究资料，对语言文学发展与研究的现状、语文教学研究的现状都很少了解，语言文学专业水平、语文教育研究水平的提升除在教学实践中增加些经验和感悟外，并没有明显的持续发展，更谈不上成为语文教师这一职业的专家。语文教师队伍职业发展的实际，距语文教育事业的发展和人们期待的境界还有相当大的距离，这在相当的程度上制约着语文教育水平的提升。仅就这一点来说，语文教师职业素养的培养和职业能力的发展，依然是需要每一个在职语文教师认真面对、深入研究和亟待解决的问题。

　　语文教师要做到在工作岗位上实现职业能力的持续发展，必然会受到主客观各种因素的影响，这是毫无疑问的，但这不能成为一些教师在岗位上职业能力发展缓慢的托词。就教师职业的主体来说，教师是其中的根本因素。我们看到，无论外部环境如何，总是有一批优秀的语文教师涌现，引领一个时期的语文教育观念和语文教学潮流，让人们真切地体会到语文教师作为一种职业，有其特殊的职业标准；语文教学能力是一种特殊的职业能力，仅有语言文学专业知识与能力，也不能说就是合格的语文教师；从事语文教学工作的语文教师，应该是专业特点鲜明、职业素养高、教学能力强的专家。同时，这一现象也启示我们，语文教师只要有职业理想和追求，有切实的职业发展目标，就会不囿于有限的条件，相反，能够充分利用现有的条件实现优化与创新，完全实现职业能力的发展，领一个时期的风气之先。这样说，并不是说语文教师职业能力的发展不需要客观条件的优化，而是要强调语文教师职业发展的内驱力。事实上，客观环境也会随着主观努力而改变，达到持续优化。因此，关于语文教师职业能力发展的研究，首先应该聚焦语文教师主体。

语文教师职业发展是一个大课题，如果将它看作一个母题的话，它还包含着系列子课题。且不论在高、初、小、幼儿园，以及职业学校、特殊学校等不同岗位的语文教师有不同的职业发展要求，仅从语文教师主体的视角研究职业发展问题，就会提出许多基本问题，拓展、延伸到较广泛的领域。如当用职业的观念思考语文教师时，立即带来一系列问题：如何理解语文教师职业，语文教师职业标准是什么，语文教师应该有什么样的职业素养，什么是语文教师的职业理想，如何理解语文教师的职业道德，等等。如果再深入探究，思考语文教师的职业能力构成问题，则又会提出下一层次的系列问题：语文教师的职业能力包括哪些，语文教师的专业能力包括哪些，语文教师职业的岗位能力包括哪些，语文教师的职业反思能力有哪些，等等。如果进一步研究语文教师的专业能力、教育能力、管理能力，还会提出系列问题：如何理解语文学科，如何理解语文教育、教学，语文教师专业能力的构成与评价，语文教师教育能力的构成与评价，语文教师管理能力的构成与评价，等等。这些已经超越了语言文学知识的传播、应用能力培养、教学方法的选用等课程教学应用类问题，从语文教师职业发展的视角，将提升中国语文教育教学水平的研究拓展到过去研究较为薄弱的领域。或许能够武断地说，多数在职语文教师虽然在实践中遇到了职业能力发展问题，但没有自觉地思考、研究这些问题，也没有接触过这些概念，有的甚至没有提出这些问题的能力。这从一个方面证明了研究语文教师职业能力发展问题的必要性与紧迫性。

本文的研究课题为"新世纪语文教师职业发展","新世纪"在本课题研究中是一个关键词，意在强调语文教师职业能力的发展已经处于全新的环境中。尽管近些年"新世纪"已经不是一个流行词，但事实上它仍然具有现实意义。"新世纪"包含着几个层面的内涵：它是时间的标志，人类进入到 21 世纪，迎来新的百年；它是新工业革命进入到计算机、信息与网络技术时代的标志；它是中华民族由"站起来"进入到"富起来"，进入到伟大复兴新时代的标志。时间、空间、社会、历史等综合构成了语文教育教学新环境，对语文教师职业发展提出了新要求，同时也提供了新的发展条件。敏锐掌握新世纪语文教学发展的新趋势，在创新中发展与提升自己的职业素养，也是语文教师实现职业发展的基本能力之一。以计算机、信息与网络技术创造的新环境为例，人们已经切身感受到计算机、信息与网络技术极大地改变着社会生产生活方式，改变着人们的交流、交往方式，更改变着人们获得知识与学习的方式。语文教师更应该关注的是，既然全社会已经拥有了极其方便的知识传播、储存、搜集、交流的条件，人们相应地已经形成了新的获得知识与学习的方式，那么，语文教学的内容与方法就需要与时俱进地做出新的变革。教育界推广的"翻转课堂""慕课""线上教学""共享课程"等，都是新技术时代应运而生的教学方法，它们反过来也会推进"新世纪"语文教育教学观念的变革和新方法的创新。经济社会日新月异的发展，社会转型带来的物质的丰富和文化观念的改变，给育人方式提出了新课题，也给语文教育教学提出了新要求，语文教师的职业发展自然也是历史发展的必然要求，如何适应时代的要求实现自身的发展，是每位在职语文教师应该回答好的问题。

近二十年来，国家发布了一系列与语文教学紧密相关的文件，细读这些文件，可以清晰地了解新世纪新环境中国家层面教育教学思想、理论发展的轨迹，对新时代育人方式的新设计，对教师的新要求，对语文教学课程标准的新调整。如《中共中央国务院关于深化教育改革全面推进素质教育的决定》（1999 年）、《国家中长期教育改革和发展规划纲要（2010—2020 年）》（2010 年）、《教育部关于大力推进教师教育课程改革的意见》附《教师教育课程标准（试行）》（2011年）、教育部《中小学教师资格考试暂行办法》（2013 年）、《教育部关于实施卓越教师培养计划的意见》(2014 年)、《国家教育事业发展"十三五"规划》(2017年)、教育部《教师教育振兴行动计划（2018—2022 年)》(2018 年)、《中共中央 国务院关于全面深化新时代教师队伍建设改革的意见》(2018 年)，以及《全日制义务教育语文课程标准（实验稿)》(2001 年)、《义务教育语文课程标准》(2011 年)、《普通高中语文课程标准（实验)》(2003 年)、《普通高中语文课程标准》(2011 年)、《普通高中语文课程标准》(2017 年版)《普通高中语文课程标准》(2017 年版 2020 年修订）等。这一系列文件中，蕴含着丰富的语文教育教学的思想、理论，也提出了许多新世纪语文教师职业发展的新课题，给本课题研究提供了丰富的思想理论资源。用好这一资源，结合语文教育教学的实际开展科学研究，为在教学实践中的创新发展确立科学思想理论依据，应该是当前语文职业能力发展研究的着力点之一。

本书作者有教育硕士导师、在职教育硕士、语文教研员、青年语文教师、有成就的语文教学专家，大家以语文教师职业发展为课题开展研究和交流，这些在语文教育、教学、研究不同岗位的研究者提供的研究成果，真实地反映出语文教师职业能力发展现状、相关研究的现状，可谓理论研究贴近实际。关于研究的实际问题，本书尽可能论及语文教师职业发展所涉及的主要研究课题，并由此建构出这一领域研究的基本理论框架，以此引发同行的关注与讨论，以点滴的研究成果推进语文教师职业发展的理论建设，促进语文教师职业能力的持续发展。实事求是地讲，本书收集的研究成果就学术水平而言并不是很理想，但它真实地呈现出不同职业经历、职业素养、理论水平、研究能力的在职语文教师对此问题的真实理解，因此，每一成果各有其独特的学术价值，都值得珍视。毫无疑问，相关的研究还会不断深入，长期持续。我们诚挚地欢迎更多的同行加入相关问题的研究，使语文教师职业发展这一课题研究在概念、范畴、方法、命题诸方面形成较成熟的理论体系，科学地总结、概括、阐述语文教师职业发展的实践经验，为教师职业的发展提供理论依据。

赵慧平

2020 年 8 月

目　录

第二编　新世纪语文教师职业反思论

第三编　中学语文教学名师论职业能力发展

第一编

新世纪语文教师职业能力发展论

现阶段语文教师的职业理想问题

教师的职业理想是教师献身于教育事业的内驱力，语文教师应有很高的职业理想，有很强的事业心，这样才能培养出优秀的学生，但是纵观语文教学的实际情况，并没有达到社会对语文教育的期望值。

现阶段语文教师存在着职业理想淡化的倾向，形成的原因很多，其中一个重要的原因是语文教师的主观能动性不足。职业理想的淡化造成语文教师职业精神甚至职业道德出现下降的状态，因而语文教师的职业发展也遇到了内在的阻碍。克服现阶段语文教师存在的主要问题是一个大课题，在职业态度、职业追求和职业素养等几个主观方面仍需努力。

一、从语文教育现状看语文教师的职业理想问题

（一）学生语文素养的培养有待提升。由于语文知识与能力的培养，需要长期的持续积累，难以用突击的方式取得明显的进步，一个时期少用些功夫成绩也不会明显下降，因而学生无意间愿意把精力主要用在通过突击即可取得较明显成绩的学科。随着高中阶段开设课程的增多，各门课都向学生要成绩的情况下，大多数学生认为语文短时间内提高成绩不容易，因而更不愿投入太多的精力，语文能力的提高也就无从谈起。在考试思维的影响下，学生一旦有了"学了不会多得分，不学也不会少得分"的念头，就会不重视语文的学习。

很多学生在小学、初中阶段就没有打好语文的基础，严重影响了语言文字的运用和正确思维方法的形成。进入多媒体时代，刷短视频代替了阅读，

看网页时间超过看名著时间，久而久之，学生无论是口头表述还是书面表达，经常出现语言简单、词不达意的现象，有的甚至思维混乱，逻辑混乱。更严重的是，由于人文素养的缺失，许多学生认识肤浅，缺乏对事物的判断能力，缺乏对人生、社会的感悟和思考。语文作为母语课、最重要的思维工具课、最能陶冶性情的人文学科，却是这样一种现状，不能不引起每个有责任感的语文教师的思考。

（二）语文教师职业认同与发展的现状需要改善。语文教师的职业认同表现在两个方面：一方面是外界对语文教师职业的认识与理解，对语文教师的工作期待与要求；一方面是语文教师自身对职业的期待与认同。两个方面的认同都集中在一个点上，即对语文教师职业的理解。就普遍现象看，语文教师被赋予超出语文教育教学更多的期待与工作任务要求，除教学外，要担任班主任和其他教务、行政工作，上级的评价、家长的期待、管理的职责，使工作精力与目标都集中在提升分数、班级管理、行政事务上，语文教育教学本身占有的时间与精力比例越来越小，很少有闲暇时间投入在语文教学活动之外的自身的专业与职业的发展上，这使有些教师的职业身份认同感慢慢减弱，职业理想显得不现实，职业发展的要求也显得不迫切，课上不再热情激昂，课下也不再兢兢业业，慢慢地出现职业倦怠的现象。

许多语文教师的专业素养出现退化现象。语言文学的发展随着社会的发展而不断发展，这就需要语文教师时时关注语言文学的发展动态，在提升自己专业素养的同时，将新知识、新研究成果传授给学生。但事实上，大多数语文教师的课外阅读量相当匮乏，无法真正做到视野开阔、思接千载。迁移能力一旦有限，就作品谈作品的教学现象也就不足为怪了。相当一部分语文教师缺乏文学敏感，很少能把当下文学现象和课本结合起来，加之没有阅读习惯，仅限于课本阅读和试卷阅读，是为了总结答案而阅读、追求考分而阅读，常常将一篇篇精美的文学作品分解得支离破碎，将其中涉及的考点解析得淋漓尽致，违背了文学的规律，语文课上得毫无生机、不接地气，远远不能满足学生对海量信息的获得要求，造成学生失去学习语文的兴趣。

培养学生的语言文字应用能力，是语文教学的基本任务，这就要求语文教师自身会写、能写。而许多语文教师没有写作的兴趣与习惯，不爱写也很少写，偶尔写作水平也不高，写作经验直接缺失就会很难掌握写作规律，慢慢地就会失去榜样作用。造成的结果就是依据别人的经验教学生写作文，严重影响到作文教学的质量。

二、重建语文教师职业理想，从转变职业态度开始

教师的职业态度就是教师对自己职业的情感倾向。它涉及对职业的认识与理解、职业追求、职业道德、情感投入等，表现为如何履行好教师应尽的责任与义务、如何对待自己的学生等。语文教师要树立正确的职业理想，应先从职业态度上转变自己。

转变职业态度，首先应明确学科的重要性。语文是基础学科，从非功利化的角度来看，语文可以培养学生建立自我完善意识，产生对人的价值和命运的思考，掌握社会生活发展规律。从直接功利目的角度来看，语文学科的"听说读写"能力，是学生获得所有专业能力和职场能力的基石，对学生的社会交际和职场竞争有直接的影响。语文教师对本学科重要性认识明确，才会对语文教师职业产生积极的态度，以自身的追求获得职业的成功。

视野决定语文的宽度，境界决定语文的高度。"语文就是生活，生活就是语文。"语言文字是知识的载体，文章中包含着文史哲全部知识，包含着宇宙。因此，需要语文教师有广阔的视野、广博的知识，不仅精通语言文学专业的基本知识，还应努力精通哲学、历史、文化等哲学社会科学，这样才可能在教授语文时，把握社会发展的规律，对社会、人生有深刻的思考，高屋建瓴，囊括万千社会现象，才能从容传授语文知识，培养学生的语文能力，做到"人无我有，人有我优"。语文教师要有超越其他教师的境界，语文教师的思想高度决定其教学高度。语文教师教授给学生的，绝不仅仅是应试的知识与技巧，更重要的是人生道理。当学生从教师那里明白"抓事物主要矛盾"，学生就会成为一个善于分清主次的人，明白"量变和质变"，就不会因为一次考试失利而灰心丧气，明白语文成绩和人生经历一样，"一山放出一山拦"，才会在"否定之否定"中螺旋上升。"成绩是视野和境界的附属品"，当学生拥有了宽阔

的视野和较高的境界，语文成绩的提升也就不在话下了。

语文教师知识视野的宽度和思想境界的高度，决定语文教育教学的宽度和高度。如何拓宽语文教师的知识视野与思想境界，建立积极的语文教师职业态度，是职业发展的重要课题。

三、职业追求是语文教师确立职业理想的基础

职业追求是对职业理想目标的设定和实现目标的努力。目标可以有近期、远期之分，有教学目标与职业目标之分，它们的共同点是体现着积极进取精神和职业态度倾向。语文教师教育教学目标的职业追求将最终导向追求最高的职业理想。

语文教师的职业追求首先体现在两个方面：发挥语文课程立德树人的育人功能，培养学生的语言知识与语言能力，思维方法与思维品质，情感、态度与价值观。语文学科有鲜明的人文性，教师不仅是学生专业学习的导师，也是做人做事的榜样。优秀的语文教师在语文教学中，能够利用各种语言运用情境，引导学生树立正确的思维方式和世界观、人生观、价值观，培养健康的审美情趣，积累丰厚的文化底蕴。同时，以教师自身的专业与人文修养，传播知识、培育情感，关爱与影响学生，激发学生人性中的善，抑制人性中的恶，把专业教育与立德树人有机融合，使学生追求人性美。从这个意义上来说，语文教育教学是一项培养人塑造人的工程。"教书育人"四个字不是一句简单的话，在这方面，语文教师责任重大。

语文教师在语言文学方面的专业素养对教学质量有直接的影响，教师的听说读写能力、教师的专业与教学研究能力、教师的知识视野、教师的人格修养，都会在语文教学中产生潜移默化的作用。一个好的语文教师，必然是一个"听说读写"基本功扎实的教师，一个幽默风趣的传送者，一个张扬个性的践行者。这一切，都需要语文教师付出很大的辛苦去经营，假如语文教师没有很高的职业追求，这一切都只能是纸上谈兵。

四、提升职业素养，实现职业理想

语文教师要提升职业素养，实现职业理想，需要做的很多。最核心的在于在培养学生语文学科核心素养过程中，实现自身的职业能力发展。

（一）注重工具性，夯实语文基础。语言是思维、交流的工具，提高思维能力和思想水平，增加语言的效果，培养学生正确掌握语言的基本知识，形成"语言建构与运用""思维发展与提升"能力，是语文教育教学培养学生掌握语言工具性的基本任务。在语文教学中，不仅要在语文世界中"诗意地栖居"，更要注意字词句段篇章的积累，抓好语文的语法、修辞、阅读、写作等知识的传授与应用能力的培养。做到这一点，语文教师首先就要具备良好的语言文学专业素养。

（二）注重人文性，领略美的境界。语文学科的人文性与其他学科不同，就是它可以陶冶人的心性。各类文章和文学作品中，蕴含着丰富的思想和情感，深入挖掘、积极引导，会给学生思想的启迪和美的熏陶。语文教学中，教师可以运用多种方式引导理解语言文学如何能够表现人性之美，创造美的境界，从而领略美的人生境界。以《苏武传》的教学为例，教师可以引导学生体会苏武所处的境遇，在感同身受中思考：假如我被流放到北海（贝加尔湖）十九年，远离家乡和亲人，受尽屈辱与苦难，会有什么样的感受？会不会感到人生灰暗？此时再读《苏武传》，学生就会对苏武为国献身的精神有更深的理解。联系到中央电视台年度"感动中国十大人物"颁奖，请学生模仿给苏武写颁奖词，学生就会在课文常见的素材中领略到别一种美的境界。下面摘录学生的一段"给苏武的颁奖词"：

十九年如一日，持一支旌节，心怀大汉于茫茫大漠；扶一阵驼铃，游走于沙漠败草之中。孤独与寂寞伴你左右，富贵于你恰似过眼烟云。在漫天风雪中且行且歌的牧羊人，你用勇气和执着，书写了一段流传千古的悲歌。你才是真正的爱国者！

经过苏武精神的洗礼，在实际的情境中培养学生的写作能力，学生领略到语文的审美价值，会更好地把握语文的"人文性"。

（三）"得法于课内，得益于课外。"这是初中语文课本扉页的一句话，语文教师要贯彻这个主导思想，把语文教学和生活牢牢地联系在一起。要做到这一点，也必然要求语文教师首先在生活中积累和发展自己，在各种生动的社会生活现象中掌握发展规律，理论联系实际。以写作教学为例，学生们常常缺乏写作的自信，自我评价不高，一个重要的原因是学生们长期生活在学校，对社会生活实际并没有多少体验和认识，没有思想，言之无物，不会在现实生活现象中体验与思考。改变这种现象，就需要教师"得法于课外"，让语文教学贴近时代，贴近生活，这样才能让学生也"得法于课外"，关注时政，关注社会热点，与祖国民族同呼吸共命运，引导学生学会学习，学会生活，学会形成独立的思考能力和正确评价生活的能力。

语文教师职业素养的提升不是抽象的理念问题，而是切实的实践问题。一旦从事语文教师这一职业，也就意味着承担与之相应的社会责任。语文教师只有在语文教育教学的实践中，在职业精神、职业态度、职业能力诸方面不断追求，提升自己的职业素养，语文教师特有的风采才会显现，职业理想的实现才真正成为可能。

（作者：刘晓峰）

语文教师职业发展中的语文教育信念

信念是对某事的判断、观点或态度，它指引情绪和行动的方向。信念具有主观性，是内在的需求，是指向人生自由、人生超越层次的追求。作为教师，教育信念既对教学行为发挥着高屋建瓴式的指导作用，又是教师发生教学行为的内在动机、根本力量。语文是一门人文性与工具性共构的学科，因而对语文教师的教育信念有更高的要求。

一、权位的人文性与工具性统一的教育观

首先我们要明确，语文的"人文"不等于"文学"，"工具"不等于"语言"。人文性与工具性是语文学科所具有的基本性质，那么，语文教师首先应当树立起正确的人文性与工具性统一的教育观。

（一）追求浪漫自由的精神教育观

历数文化大家，他们都是以智慧的哲思、独立的人格、高尚的精神追求被人们所承认和敬仰。也就是说，这些闪耀的灵魂都有精神的支撑，这种精神支撑是浪漫主义的、理想主义的，悲悯而坚定，是生命的根本力量。人生的季节是不能颠倒的。别林斯基将人的精神发展分为虚幻性的精神和谐、虚幻的破灭、重构的精神和谐三阶段。在虚幻性的和谐阶段，人们所建立起的幻想、童话都会内化为前进的力量，使人在经历现实的挑战与困难之时，能够保持生命的力量，克服艰苦，达到更高一层的生命体验。就像人类在童年阶段所创造的艺术成为后世文化发展的母源，成为人类发展的精神力量一样，虚幻性阶段所形成的价值理想也会成为今后成长的根本驱动力。青少年正处

于虚幻性的精神追求阶段，语文教师应当重视这一时期，利用语文学科的优势，培养学生的想象力、创造力，为学生今后的成长保养鲜活的精神力量。

在《语文教育的弊端及其背后的教育理念——访钱理群教授》一文中，中国艺术研究院研究员摩罗曾说："由于缺乏那样的人文教育，精神上没有打底，在现实操作中就可以不讲理想，不讲超功力的信念和律令，也就是对自己没有要求……所以我们可以完全沦为现实利益的奴隶，现实利益需要我们怎样操作，我们就无所顾忌地怎样操作。"① 时代飞速发展，物质利益八方呼啸，新一代青少年过早地面对了世俗与世故，精神上很容易陷入荒芜的境况。语文课堂上所讲解的每一篇文章，都是甄选出的文学经典，这些作品不仅凭借精湛的文学造诣称范，更以深邃广阔的人文境界感人肺腑。语文教师，应当关注到语言文字背后的人性美，引导学生追求真理、崇高和自由，为形成健康优美的人格打下基础。

（二）拒绝培养"工具性"的学生

"语言是一种工具，就个人说，是想心思的工具，是表达思想的工具；就人与人之间说，是交际和交流思想的工具。"② 语文学科作为一门语言类学科，具有工具性，即训练学生的思维、交际能力，承载文化的传播，它是为人们提供在一个生活共同体中共同生活的工具。但是由于现存考核制度的影响，我们不能否认在现实的教学过程中，学生被逐渐地"工具化"。

考什么、怎样考和答什么、怎样答直接制约着教什么、怎样教与学什么、怎样学。标准答案就是唯一答案，标准语文是社论体或报纸体，教师与学生在语文课堂上研究文章字词句之间细小又差无的语言细节，制定着规矩统一的鉴赏体会，考场上做着安全保守的"新八股"。马克思曾说："语言是思想的直接现实。"然而，语文课堂上的语言却越来越统一，没有生机与活力，久而久之，学生也会惰于思考，怯于表达。这样，我们培养出的仿佛是一种"工具性"的"人才"：能够准确地理解他人的意图，规范地做出回应，捆绑自己

---

① 孔庆东，摩罗，余杰. 审视中学语文教育：世纪末的尴尬［M］. 汕头：汕头大学出版社，1994：13.

② 圣陶. 叶圣陶语文教育论集［M］. 北京：教育科学出版社，1980：138.

的思想，有效率地完成指令，变成行走的"工具"。罗素曾这样说道："教育应当致力于培养人的独立思考能力和鉴赏能力，以便促进人们自由无畏的求知勇气和求知过程中的慎重的科学态度，培养人们的同情心和创造精神。"①

事实上，语文教师不可能影响与改变学生的全部，但是重视语文的"工具性"内涵，即发挥语文培养学生运用能力的实用功能和课程的实践特点，引导、鼓励学生积极思考、表达个性，就是拒绝使语文教学变成训练工具人格的过程。

二、追求"戴着锁链跳舞"的最大教学自由

高考，是学子十二年寒窗的"试金石"。标准化的考试具有公平性，现今考试的内容也更加科学合理。但是，标准化考试也存在着重符号轻表达、重结论轻过程、重识记轻思维的弊端，这是总结性评价方式不可回避的问题。语文教师，身在体制之中，必然不能忽视考试的指挥棒，因此广大教师被形式主义与教条主义束缚住了手脚，原本应当充满活力与生机的语文课堂变得枯燥无趣，学生的想象力和创造力也受到了压制。然而，这些不能成为教师教学没有活力的借口。教师应当转变观念，追求"戴着锁链跳舞"的自由。课程标准广泛又精准的教学规划为教学设置了"基准线"，凡是基准线之内的教学行动都是指向正确、有效的教学成果。当教师发挥了规范范围内的自由，课堂变得有生机与活力，学生的热情与兴趣升温，获得良好的教学效果自然变得不再那么艰难和痛苦。当学生在这样的环境中获得了更为丰富的技能，形成了灵活机敏的思维，拥有了自由超越的想象力，再面对比课程标准缩小了一圈的考试，还能有多大的困难呢？

马卡连柯说语文是一门"最辩证、最灵活的科学"，语文教师也应当是思维最辩证、最灵活的职业从事者。当事物从一个方面变得压力巨大、艰难重重的时候，应当转换思维方式，从另一方面寻找突破口，四两拨千斤。综观当前的语文名家教师，每一位都以一种个人特色的教学来创造语文教学的最大自由。

---

①孔庆东，摩罗，余杰.审视中学语文教育：世纪末的尴尬［M］.汕头：汕头大学出版社，1994：216.

三、坚持科研与实践相结合的终身学习观

龚自珍有诗云："文格渐卑庸福近。"许多教师常常只满足于眼前的教学成绩，而变得惰于追求教育教学的更高成就，惰于研究教育教学的根本原理，使得教学停留在差强人意的程度就自我满足，自我放弃超越性的探索，用划一的标准寻求职业的平衡，以中庸的姿势度过教师职业生涯。

前面我们提到马卡连柯说语文是一门"最辩证、最灵活的科学"，后半句这样说，"也是最复杂、最多样化的一种科学"。语文因其文本甄选的广泛、所承担的教育任务使其成为一门不能放松任性的学科，语文教师更不能以得过且过的心态应付。这就要求教师应该保持对真理探索的热情，实际地进行科研活动，探索语文教学中的规律。无论是文学语言基本知识还是教学技能，当教师投入其中时才能挖掘出新的知识内涵，保持住语文教学源头活水。也只有一线的教师才具有更为直观、真切的教学实践资源，来支撑教育理论的探索与验证。因此，以科研的态度面对语文教学，是职业教师的应有之分，是追求自我超越的必要行为。

语文学科是"人的建设"的学科，时代的变化必然对语文学科产生影响，人与人之间的羁绊也在不断赋予语文以新的内涵。任何教师都应当以终身学习的行动来保证自己思想的鲜活。帕斯卡尔说"人的全部尊严就在思想"，教师能够受人尊敬、能够引导学生的原因就在于思想的高度。所以，不管是语文学科还是其他学科的教师，都应当树立终身学习的观念，完善自我，超越自我。

总之，教师的教育信念在根本上决定着教师的教学目的、教学态度、教学成果，建立正确的信念是从事教学的前提。而建立正确信念的根本前提是对教育事业的衷心热爱，这是对所有教师职业从事者的最高要求与最长久的期待。

（作者：郭成金）

新形势与中学语文教师职业能力发展

信息时代的到来使得世界各国之间的交互更为频繁，现代科技创造了新的生活与传播环境，改变了人们的生活方式、交往方式和学习方式，知识获取发生了新的变化，也带来教育教学的革新。现代化建设离不开人才，人才的培养的关键在于教师，教师职业能力影响着教育教学水平。语文作为人类文化的重要组成部分，对于人的全面发展具有重要意义，它影响着人的语言文字运用能力、文学鉴赏与批评能力、思维能力、创新能力、思想水平以及人文修养高低等多方面。在新形势下，语文教师如何提高自身的职业发展能力，把握中国教育改革的发展趋势，成为培养人才、提高国民素质、推动现代化建设的关键因素。因此，对新形势下语文教师职业能力发展问题的相关研究就很有必要。

一、新形势赋予语文教师职业能力新内涵、新要求

伴随着中国社会的发展，中国教育也向着更为符合时代发展潮流的方向做出调整，如素质教育的推行、高考政策的革新等。高考政策的革新使得语文学科的重要性得以凸显，语文学科要加强对中华民族优秀传统文化的考查，充分体现语文的基础性和作为母语学科的重要地位，注重考查内容与社会生活实践的联系，发挥语文学习促进学生逻辑思维能力发展的重要作用，鼓励学生独立思考和个性发展。中学语文教师面对的是处于青春期、叛逆期的学生，而中学阶段正是学生世界观、人生观、价值观形成的关键时期，所以说，中学语文教师肩负的责任也更重大。《课程标准》提出，"语文课程应致力于学

生语文素养的形成与发展","增强热爱祖国语言文字的感情,陶冶情操,培养健康的审美观和爱国主义精神,提高思想素质"①。这就要求语文教师不仅要培养学生的语文基础知识,还要注重培养学生的精神情操,教师只有在夯实和发展自身职业能力的基础前提下,才可以实现这一教育目标。教师职业能力应该包含表达能力、沟通能力、组织能力、设计能力、教育教学研究能力、运用现代技术能力、反思评价能力等。

新形势下教师职业能力的内涵得以扩充和丰富。中学语文教师除了应该具备上述能力之外,也应该把握学生学习语文学科知识的心理特征,结合处于中学阶段的学生心理特征,用最适合学生接受的方式向学生传授知识,还应帮助学生确立学会学习的发展观,培养学生良好的语文学习品质,不断提高自己的语文能力。同时,在科技发达的现代社会,利用计算机媒体将有利于教师更便利更有效率地进行教学,运用电子计算机进行教学已是中学语文教师的必备能力。②网络传媒的出现与进一步普及,都要求着新形势下的教师充分利用资源提升自身的职业能力。多媒体设备、远程教育、视频授课、微课堂等新的教学设备与教学形式的出现,使教师在夯实原有的职业技能的基础上,必须熟练地掌握新媒体技术的运用。在现代技术与语文课堂相结合的过程中,要求教师既要能将书本与新技术结合,又能在利用新技术的过程中全面、准确、及时地掌握学生的理解情况。如何做到及时捕捉学生疑难点和迅速做出反馈,这是在现代科技带来教学变革的过程中,对教师能力的又一要求。中学语文教师如何利用新媒体技术将语文课堂变得生动活泼,让学生在愉悦的氛围中最大限度地获取知识,这需要语文老师基于新技术的背景,进一步完善语文课堂各环节的衔接,在综合学生能力水平的前提下,对文字、音频、视频、Flash 动画及图像的有机结合与运用,课后及时对教学实践进行总结和反思,对于教法、学法的思辨和创新意识都是处于新形势下语文教师需要具备的能力。新形势下,新媒体已经多方面地融入生活中,学生获取知识的渠道也更为多样化。不可否认,新媒体更新了信息的传播方式,与此同

①《基础教育课程改革纲要(试行)》2001 年 6 月 8 日。
②锜言增.试论新世纪语文教师能力建构 [D].福州:福建师范大学,2001.

时许多掺杂着暴力、色情等的消极信息也更易扑向学生，学生的思想较之以前也更为宽泛、活泼、多样、复杂。中学语文教师如何利用新媒体技术正确引导学生形成积极的世界观与人生观、塑造学生健全的人格等，都是新形势下对中学语文教师提出的严肃而严峻的要求。

二、中学语文教师职业能力发展面临的现实问题

教育改革的关键是教师。在课程改革日益多元化的今天，语文教师更要把握好课程标准的内涵。新形势下对语文教师的各方面能力都提出了新的要求，为了适应时代的发展，培养更多优秀的人才，教师不懈努力，夯实与提高各方面的职业能力，然而不可回避的是在这一过程中总会遇到各种问题。

首先，有相当一部分在高中从事语文教学的教师，掌握新兴的计算机等新媒体技术对于他们来说是相当困难的。一方面，这些老语文教师以传统的教学方式从事了几十年的教学活动，让其放弃固有的教学方式而接受新兴的、未接触过的教学方式，这在情感上是难以接受的。另一方面，面对制作技巧繁多、操作多样、步骤复杂的多媒体技术，这些老语文教师的学习是困难的。

其次，偏远地区从事中学语文教学的教师，由于受客观条件的限制，往往不具备更多操作新媒体设备的机会。有些偏远地区还未普及多媒体设备，即便是有也为数不多，教师的多媒体操作技术不过关。还有，在经济相对发达、教育基础设施相对完善的地区，在一定程度上也存在着过度依赖多媒体教学资源，从而脱离课程标准的现象。

最后，"80后""90后"的中学语文教师，他们往往有着极大的热情投入工作，但往往由于入职时间短，知识储备以及工作经验不足、教学智慧不足、心理承受能力较弱、对社会期望和关注度过高等主观原因，以及语文学科本身的特殊性等客观原因，不能够充分提升自我的语文职业能力水平。

三、关于提升中学语文教师职业能力的建议

如何解决新形势下中学语文教师职业能力提升过程中遇见的现实问题，关系到语文教师的能力，关系到学生的发展，更关系到现代化建设。提升中

学语文教师的职业能力主要可以从以下两方面入手。一方面，就语文教师主观方面而言。第一，要唤醒语文教师成长的愿望。教师应该把自己定位成为一个发展者，对于新知识和新的教学理念、教学方式应该积极主动地去学习，丰富和提升自我的职业能力，做一个智情双修、德才兼备的知识分子。中学生对于知识的渴求度往往高于小学生，语文教师储备的知识能够满足他们对知识的渴求，会直接影响到学生的学习兴趣，所以，无论是年轻的语文教师还是年长的语文教师，都应该时刻保持一个发展者的姿态，葆有求知的激情，不断地学习和发现新东西，用自身的成长与发展带动和推进学生的全面发展，引导学生对自我的学习活动进行自我总结与反思，归纳整理在语文学习的过程中遇到的问题以及如何分析解决、如何选取更为有效的学习方法。长此以往，就培养了学生爱动脑筋、乐于总结反思的习惯。教师的成长对于提高自身职业能力以及对学生的发展都有至关重要的作用。

中学语文教师应不断提高语文基础修养，语文教师的表达能力对于学生接受能力具有重要影响。语文教师具备良好的听说读写能力能够促进和提升学生的学习效果。语文教师应爱读书、多读书、会读书、勤张嘴、多练笔，自觉地做学生听说读写的楷模。同时，一名优秀的中学语文教师还应该具备一定的文学欣赏和文学评论能力，对课文中的人物形象进行感知，把握作品的艺术形象，引导学生进一步理解形象或形象世界所体现的现实的本质的深层意义，并且能够实事求是地评论作家创作得失，总结出具有规律性的东西，引导学生更为全面深刻地感受作品所蕴含的美感。教师在日常的教学过程中注重营造氛围，启迪心智，不断提高学生欣赏美、品味美、鉴赏美的能力。

中学语文教师应该掌握现代教育技术，熟练从事多媒体语文教学活动。语文教师应该充分利用电子计算机存储、查找资料，用人机对话的方式练习口头表达，还可以用电子计算机阅读、写作或做其他语文练习。教师还可以使用幻灯、投影仪、电影、微课、录音机等先进的教学设备和方式，生动、形象地配合语文教学，从而激发学生的学习兴趣，提高学习效率。中学语文教师要定期参加职业技能培训班，提高对现代教育技术的掌握能力。

第二，中学语文教师在强化自身的硬技术之余，更应该提升精神境界，树立正确的教学理念，以学生为根本，坚持教学反思，不断改进教学。要自觉地、坚定地拥有正确的教育理念。对于语文教师来说，教育理论是其必修课，而且应该是贯穿整个教学生涯的。要使教育理论进一步深化，除了阅读一些教育学、心理学、教学方法的书籍之外，还可以读一些教育哲学方面的书籍，教育哲学所探讨的正是教育理念，即教育的根本道理。当下，语文教师正处于新旧教育体制更替的过程中，要处理好应试教育与素质教育之间的关系。处于两难中的教师，一方面要帮助学生用最少的时间、最有效的方法获取知识，另一方面要最大限度地拓展素质教育的空间。语文知识庞杂，所以语文教师更应该善于确定知识点中必须牢固掌握的要点，避免学生在次要的细节上耗费时间。教师引导学生进行知识点的梳理与反思的同时自身也要进行教学反思，不断地改进教学，从而提高自身的职业能力水平。

第三，保持良好的心态，加强沟通与合作。教师在教学岗位上能否保持积极向上的健康心态，直接影响着教学效果的好与坏，阳光的心态更是中学语文教师职业能力的一个体现。保持阳光的心态，自我激励，在工作中遇到的问题应理智面对，积极找寻解决办法，面对工作压力时，找寻恰当的方式解压、自我放松，从容自信地进行语文教学工作。树立快乐工作的理念，明确认真工作是一种自我满足，自我享受。不因荣誉、地位等小挫折而减少对工作的热情，只有热爱学生、热爱教学工作，才能全身心地投入到语文教学中，才能提高语文教师自身的能力，体现出教师的价值。中学语文教师应加强同学生家长的沟通与联系，及时全面地掌握学生的学习与思想动态，以便更好地开展语文教学工作。语文教师之间应增强合作与互动，多与同事进行互评，弥补自身教学的不足，多参加集体备课、听课、评课、公开课活动，提高语文教师自身的职业能力。

另一方面，就提高中学语文教师职业能力的客观环境而言，可以从以下几点入手。第一，改善中学语文教师的待遇，合理定位中学语文教师的社会地位，提高语文教师的工作积极性。新形势下，传统尊师重道的观念逐渐被淡化，社会大众对语文教师认同感降低，语文教师的社会地位下降，得不到认同的语文教师很难以饱满的热情投入到工作中去。教育相关部门应多发掘与树立语文教师的典范，以此增加语文教师的职业认同感。提高教师待遇，既要合理增加教师的工资待遇，也要完善教师的医疗保险和养老保险待遇，定期组织教师参加体检，保证教师拥有健康的体魄投入到教学工作中去。[①] 提高教师的待遇以及社会地位有利于促进语文教师职业能力的提升。

第二，相关教育部门定期开展语文教师继续教育的课程。继续教育的形式应该是多样化、多渠道、多类型的紧贴时代要求的动态课程结构。可以采取集中培训、教师研修、单科课程培训、专业课程培训等方式，对语文教师的教学理念、教学方法、教研能力、教育基本技术等方面进行培训，并定期做出考核与反馈，真正使语文教师的职业能力水平在经过语文教育的继续培训后得以提升。

第三，学校建立合理的管理机制，为中学语文教师的自我提升和专业发展提供服务。开展科学合理的语文学科的研究课题，调动语文教师投入教研活动的热情，做到人人参与，提升语文教师的理论水平、教研能力、综合素质。建立合理科学的评价激励体制，对不同科目的教师应根据实际情况设立标准，将教学教研活动及成果纳入体制中，给予语文教师合理的鼓励和评价，使语文教师取得的成绩得以肯定、不足得以完善。同时加强不同学校语文教师之间的交流互动，在不同学校语文教师之间的交互中，学习长处，调整自身。学校内部也可以开展师师之间、师生之间、老师和家长之间的匿名互评，在不同的声音之中找寻共性，突破重难点，使语文教师的职业能力在解决实际问题的过程中得以提升。

新形势下，教育体制改革、语文分数增加，对语文教师来说既是机遇也是挑战，只有不断地提升语文教师自身的职业能力，才能为现代化建设培养出合格的人才，真正实现语文教师的自身价值与社会价值的完美结合。

（作者：罗娟）

---

① 郭秀兰.试论新世纪语文教师素质［D］.长春：东北师范大学，2003.

语文教师与文化认同的关系研究

语文教师的教学活动与文化认同具有直接的关系。本文试对语文教师在文化认同中的地位和作用，以及当前语文教师的教学活动在文化认同上所存在的问题，以及如何解决这些问题，进行初步的研究。

一、语文教师在文化认同中的地位和作用

语文教育对文化认同具有特殊的作用，在文化认同上具有不可替代性。语文教育对文化认同具有经常性、基础性、固化性等特点。作为语文教育中的具体实行者，即语文教师，在文化认同中的地位和作用也就显得尤为重要。

文化认同的形成，是各种必备因素综合作用的结果。第一个最重要的因素，应该是民族性，即同一民族的血缘性，通过代代相传而形成了独特的行为方式、独特的思想和要求，并由于生殖繁衍而形成了同族同种的鲜明特色，这对文化认同的形成是至关重要的。第二个因素，是与民族性相连的地域性，即在同一地域的人们所形成的共同生活方式、生活习惯，这使文化认同具有了地域性的强烈色彩。第三个因素，即教育，也是文化认同形成的重要条件，尤其是运用母语的语文教育，对文化认同具有不可或缺的意义。而直接从事语文教育的教师，在文化认同的教育中，就具有了基础性、直接性和传承性的特点，这使语文教师在文化认同中的地位十分特殊，无论是历史的自然传承还是其他的方式，都不能代替语文教师在文化认同中的独特地位。

语文教师在文化认同中发挥的作用如下：

（一）母语的规范运用作用

这是语文教师的重大历史使命，是其他人所不能代替的。母语在流行的过程中，由于地域、外部影响等诸多因素，会发生许多变异。这正是语文教师需要加以纠正和规范化的。如我国，闽南话与北京话，就有着一定的差异性。如果不能坚持正确的语言读音和运用，其在地域上的不同就会导致同一民族交流上的困难，从而影响到同一民族的文化认同。

因而，作为语文教师，按照民族语言的规范性要求，对学生传输正确的语言知识，包括语言的书写、读音、字词的理解和运用、文本的解读等，使同一民族的语言运用规范化、通用化，就成为其重大历史使命和社会使命。这样，同语而同宗，就构成了一个民族的强固联系。由此看到，语文教师的母语的传授对文化认同的影响。

（二）民族精神的塑造作用

身份认同，是文化认同的重要内容。而身份认同的本质，不仅外化于每个人的行为标志，更是表现为一种内在的精神，一种相同的理想追求，一种地域性的长期的生活风俗习惯，甚至表现为思维方式的同质性。他们有着共同的图腾崇拜，有着共同的英雄人物，有着对大自然相同的恐怖和宗教般的信仰。

而语文教师，对这种身份认同具有复制性、长期性、固化性的影响。在母语的教授中，语文教师都是通过载体进行传授的。载体的内容，决定了语文教师的选择。例如勤劳勇敢的民族精神，爱国主义精神，人定胜天的精神，等等，这都是民族精神的表现。语文教师正是通过各类的图文，把这些精神传授给学生。由于这种传授是由一个人的幼年到成年的长期过程，所以其体系性、渐进性的特点十分明显。而其他的宣传、鼓励的方式，与语文教师的教学活动是没法相比的。例如官方的典型树立、文学艺术的张扬、民间的口口相传等，都难以达到语文教师的深度与完善性。语文老师的这种强化作用，使民族精神融化成了一个民族成员的精神的总体表现。

（三）民族文化的开放传承作用

从文化认同的角度看，各个民族的文化都不是单一的，而是在历史长河中吸纳不同的文化逐渐形成的。文化认同中的原文化、新生文化以及外来文化，共同形成了一个民族的文化。尤其在近代，随着世界的开放，外来文化越来越多地涌入，因而吸纳新文化，就成为每个民族必须正确解决的问题，正如同民族精神的塑造一样。

以我国而言，自从儒家学说成为民族的精神支柱之后，一代代的各类的语文教育，包括家学、私塾、官学等，都无不以儒家学说作为正统内容。儒家学说在长期的发展中，吸收了释、道的精神内涵，由此形成儒、释、道三者并立并存的局面，成为中华民族文化的代表。而"五四"新文化运动，虽然对传统文化造成了一定的冲击，但语文教师所传授的内容始终没有完全离开这些文化内容，只是在每一个时代都在这些传统之中加进了新的文化内容而已。中华民族的文化认同，是不断加入许多的新内容而丰富壮大的，这是社会发展的需要，是世界开放的需要，也是中华民族自立于世界之林的需要。所以，吸收外来文化，是每一个民族文化不能缺少的内容。

二、当前语文教师在文化认同教育中存在的问题

对于语文教育在文化认同中的作用，无论是专家、学者，还是一般的语文教师，都有着一定的认识，都认为语文教育确实对文化认同具有其他门类和形式所不可代替的作用。但是，在具体的实施中，仍然存在着一定的问题。

（一）文本解读的价值取向问题

文本解读是语文教育中的重要内容，是语文教师的一项任务能力。通过不同方式的文本解读，给学生带来的是不一样的感受与冲击，因而对文化认同产生的影响也不同。例如目前所流行的关于《灰姑娘》一文的解读，就是一个很鲜明的例子。美国的语文教学，教师对《灰姑娘》的解读显然与中国有着差异。美国的语文教师认为，作品中的后母虽然对灰姑娘的态度不好，但她并不是没有爱。她的爱心，表现在对她自己亲生女儿的关爱上。而中国传统的语文教学中，对后母是完全持否定态度的，并没有关涉到她对自己女儿的爱。

那么，以上两种观点，究竟谁是谁非呢？很明显，如果全面否定后母，确实缺少一种公正客观的态度，也不符合我国传统文化的基本内容。我国传统

文化中，许多思想是弥足珍贵的，即便在今天，仍然发射着人性的光辉。我国的"仁义礼智信"本身就是对人性的善的要求。我国传统的佛教，更是如此。如著名的偈语"身为菩提树，心如明镜台。时时勤拂拭，莫使惹尘埃"，揭示了人应该具有广阔的胸怀和容纳江海的气势，时时警告自己，努力追求完善，"勿以善小而不为"。再比如"己所不欲，勿施于人"，等等，都是如此。因此，在文本解读中，必须秉持宽广的胸怀和海纳百川的气势，进行正确多样的解读，给学生们传达正能量，真正把文本分析透彻，分析到位。

（二）传统文化的深度传播问题

传统文化在语文教学中应该具有什么样的地位，在前几年还表现得非常尖锐。在教材的编写中，就可以看出，传统文化的内容相对较少。经过 2016 年的改革，此问题得到了较好的解决。传统文化在广度上、内容上都大量增加，因而在语文教育中占据了更加重要的位置，这为语文教育的文化认同打下了良好的基础。但是，这仅仅是开始，而如何深化传统文化的教育，如何传授其内容，却是每个语文教师在教学中都中不可回避的责任。

在这方面，目前来看，存在的主要问题就是对传统文化的教育内容浅尝辄止，开拓得不深、不足。传统文化的内容是以各类载体的形式出现的。以《水浒传》这本书为例，在中国历年的语文教材中，都会选择部分章节以供学生欣赏、辨析，"杨志卖刀""智取生辰纲"等情节为学生们耳熟能详。书中的鲁智深、李逵等形象已经深入人心。根据最新的研究，对其中一些人物的分析产生了新的看法。如李逵，有的学者认为李逵并不是什么草莽英雄，而是杀人不眨眼的恶贼，"抡着板斧排头砍去"是书中的精彩用语，也表现出了李逵的惨无人道。那么，对这种内容应该如何理解，很多语文教师并没有及时研究，这导致在学生的学习中出现了理解不深不透的问题。

（三）外来文化的融合度问题

这应该是个非常明显的问题。由于在语文教育中加大了传统文化的力度，很多语文教师对外来文化产生了认识上的偏差。主要表现：一是认为外来文化的内容在社会上宣传、传播就足够了，不需要在语文教育中再加大内容，加强力度。因为现在的科技十分发达，那些不同类型的作品，不论是影视还是游戏，都大量改编于外国文化作品，学生们完全可以去欣赏、学习，而语文课主要是应该进行传统文化的教学，不需要再加大外来文化的内容。二是在教材的编排上，重欧美文化，即发达国家或地区的文化，而忽视其他地区或国家的文化，这导致在外来文化的学习上缺少系统性、完整性。三是重视应试教育的内容，而对非应试的内容，尤其是外国文化的内容，基本上只要求学生自己领会，教师再不做深入的剖析，所以造成外国文化教育上的缺失。

三、全面加强语文教师在文化认同教育上的强度

针对以上问题，必须全面加强对语文教师在文化认同上的教育力度，以保证语文教学功能的正常发挥。

（一）端正语文教育价值观的文化认同

语文教师需要在语文教育价值观上取得一致的认识。必须认识到，语文教育是文化认同的重要阵地，关系到一个民族的精神塑造，关系到民族的凝聚性、民心的同质性、文化的同构性，所以不能等闲视之。例如，目前在研究香港的问题上，有的学者就认为，香港回归之后中国大陆有一个重大的失误，就是没有及时地坚决地进行"去殖民化"的工作，在教育领域没有肃清殖民地时期的原做法，以至于流毒至今，使香港回归后的新青年没有接受中华民族的传统教育，在文化认同上产生了差异。因而，端正语文教育价值的认同，是十分重要的工作。

（二）形成文本解读多样化的文化认同体系

文本自身就是一个较为复杂的整体，它既有对当时历史的记录，也有现时的价值，还有历史性的"刚性隐藏"。所谓历史性的"刚性隐藏"，就是随着历史的发展、社会的变革，文本所载有的内容会不断地衍生出多样的解读。以中国的母语汉字体系来说，在计算机刚发展时，很多人认为汉字体系实在庞杂，是不适合于现代生活的需要的。但是，随着计算机技术手段的进步，汉字与计算机结合的方法越来越多，汉字的功能性也越来越强。由汉字所承载的文化内容，经过计算机的解析，更多隐藏的内容被解析出来。因而，给"刚性解读"开拓了极大的思路和方法。也就是说，从文本解读角度看，不论是

技术手法还是解读的理论内涵，都有了坚实的基础。

作为中学语文教师，必须切实掌握文本解读的方法。笔者认为，最高层次，应该是能够利用计算机建立解读模型，对文本的方方面面进行全面的分析，从而为学生的解读建立牢固的基础。退而求其次，也应该掌握各类的解读理论，能够从不同的角度去研读文本。再其次，应该掌握与学生互动的方式、方法，师生共同研究。目前这方面的研究，在国内有许多教授学者做出了努力。例如钱理群、孙绍振、王荣生、郑国民等，他们的研究成果值得重视并推广。只有通过建立这种文本解读的多样化体系，才能为文化认同打下良好的基础。

（三）对语文教师进行文化认同的专题培训

把对语文教师的培训加进文化认同教育的内容。培训的内容不应该是泛泛的，而是成体系化、专门化的。应该从这几方面展开培训：弄清文化认同的基本内涵，对民族、国家的意义；掌握语文教育在文化认同中的地位和作用，以及发挥作用的方式、方法；掌握如何进行文本解读的诀窍，真正地挖掘文本的意义，从而达到文化认同的深度；同时，还应该明确，中华民族的文化认同都包含何种内容，现在在文化认同上有什么复杂情况，如何采取措施解决这些问题；等等。

总之，只有深刻认识到语文教师在文化认同上的重要作用，使语文教师承担起这个历史赋予的重任，才能使语文教育发挥应有的功能，推进语文教育的进一步发展。

（作者：刘宁宁）

语文教师专业化发展的几点思考

随着教育改革的不断推进，教师的专业成长问题显得越来越突出。许多教师由于缺少专家、名师的引领，缺少系统完整的培训，容易囿于习惯思维，更有很多教师随着任教时限的增加，反而出现了知识储备、教学能力倒退的现象，这不得不引起我们的反思。

一、为什么出现年龄增长课堂吸引力反而下降的现象

在大多数学校会出现这样一种情况：年龄大的教师，在课堂上反而没有年轻教师吸引学生。哪怕是刚刚毕业的大学生，也往往会比一些工作了十年、二十年的教师更加让学生喜欢，甚至在学生的学习成绩上，也往往会出现年轻教师任课的班级成绩远高出老教师的现象。

究其原因，我想有以下几个方面：

首先，长期从事教师工作，产生职业倦怠感。初为人师的青年教师，往往会带有极强的责任意识和成为一名教师的荣誉感、使命感，认真备课、上课，指导学生的课后作业。但时间一长，有些人就会产生对于前途的茫然和职业的倦怠，久而久之，对待工作的热情降低，会出现消极情绪，对待学生态度冷漠，这不但不利于教学工作的顺利进行，也会阻碍教师自身的专业发展。

其次，一些教师教学凭经验，不求进取，得过且过，不愿接受新鲜事物。孔子说"学而不思则罔，思而不学则殆"，但是我们很多教师在工作了一段时间以后，便自以为羽翼已丰，不愿再学习，只依靠自己原有的知识吃老本，一些教师积累了相当的经验之后，就变得稳定性强，创新能力差，在业务上

缺少更高层次的追求。当教师在业务上停滞不前时，他的课堂也必定难以与学生碰撞出思维的火花，甚至于一些教师，在课堂上害怕学生提问，阻止学生的发问，这样的课堂又怎能为学生所接受呢？

再次，应试性教学导致对学生学科素养全面培养的投入不足。大部分教师课堂上只讲与中、高考相关的内容，而忽视了对学生学科素养以及综合能力的培养。古人讲"六艺"，即礼、乐、射、御、书、数，跟语文最密切的就是一个"书"，可是在一些语文课上，有的教师只是一味地带领学生做习题，甚至于在学段起始年级的课堂上，开始就反复强调高考考点，部分教师重视对习题的讲解，而忽视了对文本的分析和对深层文化的解读。这就是韩愈所说的"小学而大遗"吧，这样的课堂必定是枯燥乏味的，也将严重影响学生的进一步发展。

最后，少数教师过分追求经济利益，加之家庭生活负担牵扯，致使精力外流和分散。对于大多数教师而言，随着年龄的增长，必然要面对"上有老、下有小"的境遇，家庭负担重，精力不够。原本单一的生活、充足的时间也会被生活琐事切分得支离破碎，再加上近十年来，中小学教师课余时间补课之风的盛行，很多教师一味地追求自己课外的经济利益，而忽视了对自身业务能力的培养。

二、语文教师应实现专业化发展，做语文教学的引领者

（一）做专业型教师

华东师范大学唐玉光博士说过："要成为一个成熟的教育专业人员，需要通过不断的学习与探究历程来拓展其专业内涵，从而达到专业成熟的境界。"语文是一门难度较大、知识博杂的学科，这就要求语文教师不但要具有丰富和厚实的专业学科知识以及相关知识，随时关注社会动态、热点问题，还需要教师掌握一般社会成员不了解的教育知识、技能和教育教学规律，完成从"普通人"到"教育者"的转变。高尔基先生说过："一个人追求的目标越高，他的才力就发展得越快，对社会越有益。我确信这也是一个真理。"语文教师除了具备相关学科的知识和技能外，还应具有深厚的教育理论修养、广阔的教

育前沿视野、敏感的教育问题意识、过硬的教育科研能力、丰富的教学实践经验，并且要有对与语文专业、语文教学相关知识的深入系统研究，这样才可能成为学习型教师。我们的追求绝不只是做一个只会教书的语文教师，我们要做一个学生成长的引路人，做一个有理想有追求有情怀的教育工作者，做一个有使命感的教育科研领跑者。

要成为一名学习型教师，笔者以为以下几点至关重要：

1. 探索研究备课方法

作为一名一线教师，备课是我们每天必须要做的事情。但是随着教龄的增加，特别是在经历了一轮或是二轮的大循环之后，很多教师对于备课这件事出现了一种懈怠的情绪，甚而很多人出现了没有备课就上课的情况。

在笔者看来，备课是一名教师职业生涯中最为重要的事，务必要将备课进行到底。语文教师作为一种专业性职业，需要教师具备专业化教学研究能力和水平。要做到即便是再熟悉的课文、再熟悉的知识点，也要认真准备，要针对学生的特点进行有效的课堂设计，正所谓"常教常新"。而且随着年龄的增长、阅历的增加，教师的认知也会不同。专业型语文教师备课时不是承袭现成的材料，而是不断以研究的方法提炼课文要点，做好教学设计。这样才会呈现出有个性的课堂，才会成为有自己独到观点的教师。

如，对于高一语文教材中《兰亭集序》的讲解，笔者就经历了这样一个认知变化过程：初入职时，讲授此文，觉得这篇文章有些晦涩难懂，即便是认真研究教参、查阅相关资料也觉得并不能真正读懂作者意图。因此，在授课时，仅就文章中的知识点进行讲解、梳理，而对于作者的思想则一笔带过。然而，随着年龄的增长，特别是在阅读了大量的东晋时期的政治、文化、历史方面的书籍后，渐渐地了解王羲之所处时代的社会风尚，也就真正能读懂作者的悲从何来。因此，当再次教授《兰亭集序》时，课堂的广度和深度就与之前有了明显的不同，学生对于这篇文章主旨的了解也就更加明确了。

2. 以学习的方式提升教学反思与研究能力

知识没有重量，却能无限提升我们人生的质量。一名有着丰富知识储备的语文教师，他的课堂一定是精彩的，他无时无刻不在用自己丰厚的学识为学生点亮世界。德国的第斯多惠曾说过："教学的艺术不在于传授的本领，而在于激励、唤醒、鼓舞。"我们的课堂应该是让学生课前有一种期待，课中有一种满足，课后有一种留恋。

作为一名学习型的教师，除了要阅读本专业的书籍外，人文社科、哲学、历史等方面的书也都可以读，教者如泉，厚积薄发。我们不但自己要读书，要有一个厚实的底子，还要培养学生读书的兴致和习惯，帮助他们拥有读书的旨趣和眼光。时代的发展日新月异，特别是网络大环境的普及，使得我们的学生知识面越来越广。现在的课堂上，学生的思维越来越活跃，学生的见识越来越广博，经常会提出一些教学范围以外的问题，这既是对我们教师的一种考验，同时也是一种督促。一个拥有雄厚知识储备的老师会让这种提问成为展示自己的机会，你的引经据典、条理清晰的解答会让学生由衷地敬佩你，并以你为榜样，成为知识渊博的人。

3. 善于向他人学习，善于掌握语文教学前沿动态

正所谓"尺有所短，寸有所长"，作为一名学习型的教师，一定要抓住一切机会向他人学习。向同事学习，即便是再年轻、缺少经验的教师，他的课堂也会有一两处闪光点值得学习，多听课，多交流，对于语文教师的专业水平提高都有很大的帮助。我们应该重视每一次的教学研讨会，不断地从他人那里汲取营养，碰撞出思维的火花。

语文教师还要善于掌握语文教学前沿动态。如今教育界各种新兴的教育教学方法层出不穷，这就需要语文教师随时关注语文学科的教学前沿动态。我们可以通过权威的学术期刊获得相关的信息，在实践教学中进行探索和尝试，通过这种方法不断提升语文教师的专业水平和教学设计能力。

4. 要敢于展示自己

面对各级各类的公开课、竞赛课，很多教师选择逃避，实在躲不过时，也满腹牢骚、抱怨，而不能积极乐观地面对。殊不知，对于每一位一线教师来说，每一次公开课、竞赛课，都是展示自己、提高自己的最佳机会。首先，自己会格外精心地备课，查阅资料，更重要的是，同组的教师及校领导会为我们提出很多颇具建设性的意见。最后，在参赛过程中，我们还可能遇到种

种突发状况，有利于提升自己课堂的应变能力。因此，一个学习型教师，必定是一个勇于展示自己的人。

（二）强化责任感、使命感

我们会发现有很多名人在诉说自己的成功经历时都会提及某几位对他影响至深的老师。所以我们说教师这份职业是幸福的，这份幸福来自有人在多年后能够记得自己，来自我们看到了学生的进步与成就，来自教师应有的那份责任与使命。正如托尼那段著名的颁奖感言："真正优秀的教师具有一个重要的品质，那就是能够读懂故事，他知道每一个来到自己跟前的孩子，都有一个独一无二的故事。好老师不仅能够读懂故事，还能够把信心和成功写入孩子的故事，他帮助孩子编辑错误，和孩子一起创作更美的故事。"

作家毕淑敏曾经写过一篇散文《我很重要》。在文中，她呼吁我们每个人都应该认识到自身存在的价值，清楚自己对于身边人的重要性。作为语文教师，我们更应该意识到自己的重要性，特别是对于我们培育的学生，我们真的很重要，我们要有强烈的责任感和使命感。我们是学生未来道路上的引路人，我们培养的学生就是祖国的未来，我们的职业就意味着我们要有担当，有奉献意识。这绝不是唱高调，而是语文教师必须肩负的责任。

马斯洛将人类需求像阶梯一样从低到高按层次分为五种，分别是生理需求、安全需求、社交需求、尊重需求和自我实现需求。自我实现是人类追求的最高层次。因此，我们要对自己的职业有更高的定位，如果你把职业定位于为学校工作，为学生、家长工作，那只有外在的肯定和夸奖能够满足你。这样也许可以成为一名合格的教师，但恐怕还难以成为一名优秀教师。如果你把职业定位在为实现自己的理想，最大程度发挥自己的能力，为实现自己的人生价值、人生需求而工作，这时，你就绝不会因为已取得的成果而停住前进的脚步，不会因为部分学生与家长的肯定而沾沾自喜，而是会不断前行，不断超越自己去挑战那未知的极限。

（三）与时俱进，有大视野大格局

在这个飞速发展的时代，作为一名语文教师一定要与时俱进，有长远的目标，有大的格局。很多时候，我们不愿意接受新鲜事物，是因为我们对未知的恐惧，因此，我们选择故步自封，逃避这个飞速发展的时代。这是一个我们只有跑步才能跟得上的时代，知识每时每刻都在更新，人才每时每刻都在出现，学生每时每刻都在成长，传统的教师角色已经被重新定位。我们应该成为一个"学者"，能够提供更多的新知识；我们应该成为一个"智者"，解决许多突发的课堂状况。一百三十年前，李鸿章即言"此三千年未有之大变局"，笔者认为今天依然如此。作为一名语文教师，我们必须要耳聪目明，与时俱进，只有这样，才能和学生的思想保持同步，才能真正做好我们的教育。

此外，我们的语文教师要胸中有大的格局，既然选择当教师，就是选择了一种职业生活方式，选择了一种对幸福的阐释，选择了一种生命的意义。我相信在每位教师心里，都有一个属于自己的教育理想，这就是我们的教育梦，也是我们追求自身价值的过程，绝不只是把中、高考成绩作为我们教育的唯一目标，更不能一切围绕着中、高考这根指挥棒前行，应该将我们的目标定得更远，办影响学生一生的教育，为学生的终身发展负责，只有这样的教育，才能称之为真正的教育。

泰戈尔说："天空没有鸟的痕迹，但我已飞过！"作为一名语文教师，我们要意识到自我存在的价值，意识到我们对于学生未来的重要意义！因此，我们要永不停止，不断追求，不断提高自己，实现人生价值！

（作者：潘颖）

新世纪语文教师应具备的专业素质

科技与经济社会的高速发展，对语文教育提出了新的要求，这是语文教师面临的机遇，更是巨大的挑战。21 世纪之初，教育部发布了以"工具性与人文性"为核心的语文课程标准，近年来，"大语文""新文科""国学"入校等概念兴起，显示出语文教育教学改革创新进入到新阶段。全面提升我国语文教育教学水平，关键是要追本溯源，解决当前语文教师的专业素质问题。

一、当前语文教育存在的问题

任何学科的一线教师要面临的都是三个基本问题：教谁、教什么以及怎么教。而当前的语文教学在这三个层面上都存在着问题。

第一，学生对语文课缺乏兴趣。语文教师在教谁？这是教学的接受对象问题。常常有一线教师感叹，现在的学生不重视语文学习，将语文课当作休息课，这一点在高中阶段表现得尤为突出。其实究其本质，学生的"不重视"在于对语文课堂的"无兴趣"。这种"兴趣"一方面可以来自功利目的，也就是学生对语文课堂学习什么、能学到什么并没有具体的认识，甚至认为在语文课堂无所得；另一方面则可以来自纯粹的喜欢，学生能够在语文学习过程中得到认知性知识以外的东西：感性的体认、审美的体验、真善美的触及。那么目前大多数学生的"无所得"及"不喜欢"来自于什么呢？应当是语文教师对教学接受对象需求的认知漏洞。现在的学生大多是"一〇后"，这一代孩子自出生起就与网络接轨，被碎片化的信息与短视频占满娱乐空间，从小接受着大量的"信息轰炸"。他们了解多样而便捷的信息获取渠道，因此语文的认知性知识对于他们来说并无太大吸引力。而这种"信息轰炸"带来的弊端则是，这些学生习惯于"知其然"的"浅阅读"，而无法静下心来进行"知其所以然"的"深阅读"，这一代学生表现出明显的"耐心匮乏"的特征。而目前的许多语文教师讲课依然过分依赖教参，传输给学生"已知信息"，自然无法吸引学生。接受者的新特征要求教师做出相应的改变，照本宣科的传统语文教学已经不能有效地组织学生，语文教师也需要"吸睛"。因此许多学校招聘教师时格外注重教师的仪表，然而这并不是解决问题的关键。语文教师应做到的是对学生的学习期待做出适时的反应，以自身的课堂魅力吸引学生。而这有赖于语文教师深厚的专业素养，好的语文教师应当是灵魂启迪者，是艺术家，是诗人。

第二，缺乏系统性的语文课程。语文课堂应该教什么？目前社会对几个版本的语文教材的合理性都存在着一定的争议，语文教材大多按照文体编写，而这也造成了语文学科知识体系的断裂性和无序性。教什么成为困扰大多数语文教师的最大问题。据调查发现，七成以上的教师曾打乱教材顺序安排课程，一半以上的教师对教材进行了删选，而高中阶段更是有教师只应对高考讲解文言文及诗歌。语文教材编写的无序性在一定程度上与语文学科博而杂的特点相关，但是不难看出，以文体为区分组织教材是更注重语文学科"工具性"的表现。部分教师的"选讲"是出于对教材以及语文学科的整体把握，而大多数的教师选讲教材则是从应对考试的角度出发做出的选择。总而言之，语文的"人文性"并不能被很好地强调。其实，教材只是教学的工具，语文是一门有生命力的"活"的学科，太过拘泥于教材并不一定会有良好的教学效果。因此，教师根据自己对语文学科的把握对教材进行合理删减、调序是可以的，关键在于运用教材进行教学的教师如何看待语文，认为语文课堂应当给予学生什么以及看似"无序"的语文在其知识结构中是否有序。事实上，任何一门学科都不可能是不成系统的，教师首先要丰富自己的学识，对自己的学科专而精，形成自己的语文观和知识系统，才能化无序为有序，在有限的语文课堂中给予学生广阔的学术视野。

第三，形式主义盛行。语文学科到底怎么教？新课标中明确表示，教师应"灵活运用多种教学策略和手段"①这一要求间接导致了"形式主义"的盛行。许多教师开始在教学方法上用力，让人眼花缭乱的多媒体被引进课堂，千奇百怪的活动模式被生搬硬套，激起学生短暂热情之后则是无所得的空洞感。这些徒有其表的策略与手段不能有效地辅助教学的同时，反而转移了学生的注意力，使教学效果适得其反、事倍功半。教师应明确，一堂精彩的语文课的"灵魂"与"眼"在于其内容的发人深省、直切要害，而非形式的新颖与多样。科技让课堂更为多样灵活了，但要以教学为主、以方式为辅，使形式服务于内容，否则就是舍本逐末了。

二、新时期教师应具有的专业素质

（一）树立"大语文"观

"语文"是什么？"语"即语言、口语，"文"即书面语。自中国开启现代史以来，"国语运动"的开展使得"白话文"代替了"文言"，成为现代教育的主流。20世纪中期，叶圣陶将"语"与"文"并称，"语文"成了受到普遍认同的名称概念。现在，语文的内涵大致有三种解释：第一，语言和文字，这种解释强调的是语文的听说读写基本实践能力，要求语文教学重点偏重字音、字形等认知性知识的传授；第二，语言与文学，这种解释将文字改为文学，扩大了语文的教学范围，不再困于语言范畴，而是将文学基础知识以及鉴赏能力纳入其中，目前我国中学语文教学尚处于这一内涵范畴；第三，语言与文化，这一内涵将语文所承载的历史文化体系以及传递的传统价值观纳入其中，赋予了语文"文以载道"的重任。这也是部编教材中强调语文的"人文性"的价值所在，是今后的语文教学努力的方向。

美国教育家华特提出："语文的外延与生活的外延相等。"也就是说，语文并非孤单而封闭的系统，小到个人的生活与情感，大到一个国家的文化传承、一个时代的价值取向都与语文息息相关，互为表里。我国现在正处于社会主义核心价值观弘扬之际，基础教育的力量不可估量。作为一线的教育工作者，

---

①吴桂兰.当前语文教育的缺失与解决对策初探［J］.读与写杂志，2015（12）.

首先应树立"大语文"的教育观念，有大人格、大气魄，将语文教育与国家、民族、时代紧密相连，而非仅仅是为了应对一场考试，拿到一次高分。教出"大写的人"才是语文教育的最终目的。语文教学应当有接续千载历史文化的思想深度，也更应该有广博开放的世界性现代视野。

好的语文教师，也应担起更多的社会责任，争做一名合格的"阅读推广人"。比起教授知识，更难得的是让学生热爱阅读、热爱生活。语文教师不应被三尺讲台的物理空间束缚，不应被45分钟的时间长度限制，而是应当将山川大河、人间草木带进课堂，将白云苍狗、千古风流装进行囊，从教室里的小课堂扩展到社会上的大课堂，以此为标准与理想目标，让语文教学影响孩子的一生。

除此之外，语文教育也是在培育一个人的思考能力与思维方式。一个有创新力的民族，必然是一个有怀疑精神的民族。作为教育者，语文教师本身就应是一个善于思考、有"叛逆"精神的人。这样的教师才能活跃思维，带领学生敢于"反权威"，形成"生生争议、师生争议、与主流争议"的良性学习氛围，培养出"吾爱吾师，吾更爱真理"的新时代人才。

（二）精而博的知识素养

丰富的知识储备是每位教师必备的基本素养，而语文学科的特殊性也决定了语文教师的知识储备必须是更加精深而广博的。

"精深"在于对自己专业知识的深度掌握。孟子有云："贤者以其昭昭，使人昭昭。"所谓"学高为师，身正为范"，试问为师者怎能"以其昏昏，使人昭昭"呢？因此，"知其然"并且"知其所以然"是语文教师应做到的第一步。首先，是对专业知识的系统掌握，清楚基本概念、理论及其由来，了解古今中外文学的发展过程、发展规律，了解语言的发展过程及发展规律。其次，是对本学科方法论的掌握，清楚学科的发展过程、规律及趋势，了解每一阶段的代表人物以及代表事迹。这些有助于教师在教学中渗透、教会学生基本的学习方法以及思考问题的方法等。再次，应掌握学科最前沿的研究问题，关注学科发展的动态，并引导学生产生关注学术动态的兴趣，以接受最新、最鲜活的信息，使学科真正活起来。最后，语文教师自己应当有文人的情怀，能够写一手漂亮的字，对文学作品有自己的审美判断。语文教学，尤其是中学阶段的语文教学，侧重的并不是认知性知识的传授，而是审美能力的提升、对真善美的认知与感受。语文教师应当是在无形中感染学生的。

袁腾飞之所以能将历史讲解得格外精彩、引人入胜，就是因为他熟悉了每一个历史的细节，让学生对其知识之博敬佩，摸透了历史发展的本质规律与历史环节的深层关系，因此透过现象在知识的深度上让学生有醍醐灌顶式的顿悟。黄玉峰让学生直面大家、直面文学、直面生活的教学实践的成功也说明了语文教师的知识底蕴直接决定了其学生对语文的兴趣、水平甚至人生态度、价值取向。

"广博"在于语文教师应在专业的基础上，多摄取广博的人文、科学知识。这是一个大数据时代，大量的信息不期而至、扑面而来。学生在课堂上已经不能满足于对单一学科的知识获取，他们渴望得到更多的信息，更为关键的是在教师的引导下建立学科之间的联系。尤其是语文学科，作为人文大科，很难明确为它划定范畴，人文、地理、历史等似乎都要涉及。这就要求教师积极地学习、摄取相关知识。另外，相关学科知识的获取也有助于语文教学的深化。如目前对于文言文的学习，大多数学生都容易陷入"古人想法难以理解"的固定思维，以致主观上加大文言文学习的难度。然而事实上，只要教师在文言文教学过程中结合当时的历史语境、作者的身份处境等帮助学生进行理解性学习，那么学生也会发现文言文并非"难啃的骨头"。

总而言之，在新时期的特殊历史语境与时代要求之下，语文教师应夯实自己的专业素质。一方面，开阔眼界，放眼世界，时刻关注学科的最新动态，提高对自己水平的要求、课堂质量的要求，不要做时代的"落伍者"，做专家、学者而非匠人。另一方面，回归传统，革故鼎新，将优秀的历史文化传承下去，延续民族的血脉。而要做到这些，"终生学习"应当是当下每一位语文教师对自己的根本要求。

（作者：孙雪松）

以理念改变促进语文教师专业成长

　　时代在变化，教材、教学内容不断在变化，学情和教师自身也在不断变化。语文教师应该如何适应新的教育形势，发展自己的专业，在学生的生命中播下文学的种子，让语文教学真正发挥作用，这是亟待解决的问题。基础教育课程改革既要突出"改"，又要突出"新"，这就要求教师要积极地向着课改要求的方向改变，不断按照课改的要求发展自己，循着课改的脚步，迈出新的步伐。

　　解决问题的具体环节很多，牵扯的因素更多，但从本质上看，问题主要来自教师。教师是课堂教学的策划者、驾驭者，教师的变化如果只在形式上，没有实质性、全方位的课改理念的引领，不能从本质上改变课堂，更不能与课程改革相关联，就不会带来教学的真正变化，在课堂教学的设计架构、课堂问题的预设、教学环节等方面不符合新课改的理念要求，还会造成知识点的混乱、课堂教学的低效、教师的"魔咒"（讲了很多遍，学生还是不会）等不良现象。只有教师的转变才会真正带来教学、课程的全方位的变化。

　　教师的转变来源于教师专业素养的提升。语文教师专业素养提升的路径很多，在源头上提升必定是教师教学理念的真正更新。只有教学理念的更新，才能在课堂教学的不同时期带来相应有益的改进。只有更新理念，在教学实践中满足学生、课改和时代的需求，才会实现语文教师专业素养的提升。

　　所以，课改背景下，教师专业素养的提升主要源头应是符合课改要求的教学理念的变化。

一、树立学生是儿童的学生观是教师专业素养提升的前提

课改要求课堂上以学生为主体，这就要求教师在课堂教学中必须在正确的学生观的指引下设计教学。教师心中要有学生，要有真实的学生，而不是教师理想中预设的学生。以真实的学生为基础设计教学，要求教师树立学生是儿童的学生观。

教师是成年人，以成年人的思维方式思考问题，学生是未成年人，学生的思维水平与教师的思维水平不同，学生个体的思维水平也存在差异，这就决定了教师和学生以及学生个体的表达方式是不同的。支撑教师在课堂教学中表达的思维方式如果没有差别，那么知识表达的方式也会是同一的、无变化的，当教师用同种表达方式进行课堂教学时，学生个体接受的效果就会不同。

与教师的思维方式相近的一类学生，从教师的表达里接收到的信息必然较多，这样的学生就会成为教师眼中的"优等生"；另一类学生，他们的思维方式与教师有相似的地方，同时又有与教师不同的体现特定阶段儿童特点的思维，这些学生虽然在一开始时的表现没有教师预设得好，但是学习一段时间后他们往往能够自如地将教师思维与自己的思维特点相结合，对教师讲授的内容有更加深入灵活的理解和运用，这类学生会成为学习成绩的"潜力股"，他们不会成为差生，在后期的学习中会有更加优良的表现；而第三类学生的思维方式与教师的思维方式完全不同，他们有完全所属自己年龄段特有的思维发展特征，他们的变化会是一个很慢的过程，因而在学习的过程中这类学生会慢慢地表现出知识基础越来越差的现象，成为所谓的学困生、差生，也就是教育上称的"儿童"。实际他们能够听懂教师的表达，但是自己表达不出来，或者他们的表达方式与教师（成年人）完全不同，究其根源是他们与成年人的思维方式完全不同。

在语文教学中会出现这样的例子：教师提问"冰融化了是什么？"有的学生回答是"水"，有的学生回答是"泥泞"，而教师的标准答案却是"春天"。回答是"水"的学生理解的是本义上"冰的融化"，回答是"泥泞"的学生理解的是现实生活中的亲身经历，而教师的答案是有寓意的"冰的融化"，是文

学意义上的"冰的融化"，对概念理解的错误本源并不在学生身上，而是不同的思维方式和表达方式造成的。教师要想讲得生动高效，就一定要了解学生的思维方式和学生生活中的语言，使用学生的思维方式和生活中的语言表达方式实施教学，与学生沟通。

树立学生是儿童的学生观的教师，在丰富的知识基础和较强的实践能力支撑下，会主动地改变成年人的思维方式，进而改变自己的表达方式，运用适合学生年龄段的学生的思维方式和语言进行教学和沟通。教师改变原有的学生观，树立学生是儿童的学生观，会关注到不同层次的学生，主动了解学生的真实现状，利用符合学生的思维方式和表达方式教学，提升教师专业素养，实现教学的高效目标。

二、在新课改理念的引领下设计语文教学是教师专业素养提升的依托

教师有了正确的学生观，在教学中还应有符合课改要求的教学设计理念，在这种理念的支撑下进行教学，教师的专业素养会向更高的层级提升。

（一）基于符合新课改要求的理念设计教学

课改倡导学生在"做中学"，课堂教学要有体现探究和学生的自主活动的教学环节，很多教师在课堂教学中设计了大量学生活动的教学环节，在课堂上也消耗了大量的时间让学生活动，可是很多的学生活动并不是学生自主的活动而是在教师强势要求和生拉硬拽的指引下的活动，这种活动仅是形式上的活动，并不能体现学生自主学习、自主探究的过程。

在《热爱生命》的教学中，教师设计让学生自读课文的环节，学生读课文的同时，教师在黑板上画出表格，读过课文后老师要求学生以小组为单位完成教师在黑板上画的表格。这一环节的设计表面上是学生的自主活动，而实际上学生并没有自主地思考，只是在教师的规定和限制下，选择文本内容完成表格填写。

如果教师的教学理念符合课改要求，设计这一环节时，就可以转变为学生阅读文本前提出要求：边读边思考，文本中写了什么内容？学生在读过文

本后，根据自己关注的不同点个性化地结合文本内容表明自己的发现，这时老师可以引导学生将这些内容分类，明确分类标准。

这样的设计只是理念稍稍变化，即符合课改要求的"教师引导下学生自主探究"的教学理念，符合学生在"做中学"、在思考中自主学习的理念。

将教学理念转变为符合课改要求的理念时，教师就会在不断的思考中设计教学的方方面面，在不断的设计中引发教师的思考，让思考走向深入，教师在教学设计方面的专业素养就会不断提升。

（二）基于有效问题设计，创造学生连贯思维以及流畅表达的机会

在语文学科的课堂教学中，许多教师因为课时量、教学内容量、教学进度等原因，设计课堂问题时，多以是非问、选择问为主，借此类问题推进课堂教学，教学内容中的绝大部分是由教师讲授完成的。在回答这类问题时，被提问的学生仅仅回答"是与非"，选择 A 或者 B，学生不会得到语言表达的训练，更不会得到深层次思维的训练，如此的语文教学使学生失去了语言实践的机会，语言表达能力不会在课堂教学中得以提高，更谈不上思维能力和写作能力的提升。这类问题既不能引发学生的思考，又不能训练学生口语的表达，而是成为课堂教学中的无效问题。

学生语言能力的提高是在语言实践中习得的，这就要求语文教师在课堂教学中减少是非问和选择问，负责任地设计出能够引发学生思考、要求学生思考后进行连贯思维流畅表达的问题。

在《祝福》的教学中，教师将问题"概括祥林嫂的性格特点"改为"从不同角度分析祥林嫂是否是有福之人，筛选原文的信息，证明你的观点"，学生在回答问题时需要将自己的思考筛选、整合，用个性化的语言将自己的思维过程和思考结果表达出来，这样的问题，既训练了学生的思维，又会在思维的基础上训练学生的语言表达。因为语言是思维的外衣，只有思维有了足够的活动时间和空间，才能有外在的语言表现。

在教学设计中，教师关注问题设计后，努力设计出能够引导学生深入思考、形成流畅思维的段落式表达，有效问题的设计，同样促进教师深入思考教学内容，在深入思考的过程中获得专业素养的提升。

三、保持对语文教学的热情，创新教师反思前提下的基于学生已有学习经验的阶段性课程设计，是教师专业素养提升的动力

在周而复始的教学过程中，有些教师渐渐消散了原有的激情，降低了原来的热度，对教学问题的敏感度慢慢钝化，在教学中也表现出或轻或重的麻木感，教学研究的兴趣渐渐减少，导致教师专业成长的速度减慢。

作为与青春时刻相连的职业，教师应保持自己对教育教学的热情与热度，不断转变教学理念，发现教学研究的新兴趣点和生发点，在思考中不断创新，在创新中提升专业素养。

以高中写作教学为例，近年来，为了对接高考，适应市级每个年级期末质量监测的要求，在高中写作教学的初始阶段，教师便对刚刚走进高中的学生进行缺少规划和设计的议论文写作训练，多数学生经过三年的写作训练，在高考的试卷中依然出现文体不清、缺少论述、思维肤浅等问题。究其根源，有些高中语文教师并不了解初中阶段学生已有的写作能力，因而不能以学生已有学习经验为基础，设计适合学生的写作训练课程，导致写作教学无力、无效。

而实际情况是，学生在初中阶段，写作教学的训练主要以写记叙文和散文为主，学生基本没有接受到真正意义上的议论文写作训练。学生对议论文的认识只停留在初级阶段：能够在给定的文本中准确找到论点，明确说出文本中运用的论证方法，了解议论文的基本结构。

进入高中后，学生直接近距离接触议论文写作时，教师不了解学生的现状，一味对接高考，学生在议论文写作中便觉得束手无策，摸不着头脑，延续初中的写作习惯，议论文中存在大量的记叙、"论点加论据等于议论文"的情况比比皆是。

仔细研读教材，在教材写作训练的设计中不难发现是以写出复杂记叙文的训练为主，"写人要写出特点"，"写事儿要写出波澜"……

学生的作文写不好，不能满足考试的字数要求，作文中不能表达自己的真情实感，不会运用学过的写作手法，主要原因是学生缺少教师引导下的长

时间的细致观察，缺少教师的细致、耐心的基于学生已有经验前提下的写作指导。因为缺少观察经验，所以缺少个体的感悟，在作文中更不会有深入思考后的具有思辨意味的分析和思考，学生的作文自然不能呈现出具有深入的思考后的深刻表达。

提高学生写作能力是语文教师的责任，语文教师必须改变原有的写作教学的理念，了解学生已有的学习经验，基于学生已有的写作经验，设计以学期为时间单位的写作训练课程。

学生九月入校，第一节写作训练课教师应明确学期写作的安排和要求：以自由写作为原则，要求学生任选自己喜欢的事物（动物、植物或其他），每天观察其变化，用观察笔记的形式进行记录，记录的字数不要求过多，一周选择二至三天记录（多者不限）。

记录所观察事物的变化、观察过程中与之相关的事情、观察过程中的个性感受、观察后独立思考得到的个体启示，等等。每隔两周在写作交流课前进行师生交流，在课上进行生生交流；每月按照教师的要求进行完整的大作文写作训练。

第一次作文训练，要求学生写作内容为以介绍所观察对象变化为主的说明文；

第二次作文训练，要求学生写作内容为与所观察事物相关联的记叙文；

第三次作文训练，要求学生写作内容为自己观察过程中的感受，联系与之相关事件，写作散文；

第四次作文训练，要求学生写作内容为在观察过程中明白的人生道理。

在每次大作文之前，教师对学生进行有范例作品分析的文体知识介绍和小篇幅的写作练习。

经过一个学期的训练，就会完成写作训练由初中到高中的过渡，由记叙文写作到议论文写作的过渡。高二高三年级设计、进行细致的议论文写作训练模块，学生的写作训练便会有一个渐进的过程。教师转变理念，设计阶段性写作训练课程，帮助学生顺利完成初、高中阶段的写作教学的引桥与过渡。

语文教师保持对教学的兴趣与热情，不断在教学中找到自己的兴趣点和研究的生发点，了解、研究学生已有的学习经验，在深入思考的前提下，基于学生已有的学习经验设计阶段性的课程，提升个人专业水平的同时，提升学生的语文素养，在教学工作中收获快乐与幸福。

四、借助群研实现个体专业素养的不断提升是教师专业素养提升的助力

教师的工作时刻与学生相关，与青春相遇，语文教师也不例外，更要永葆青春。

课改实施后，教师的教学任务加重，许多教师多年从事一线教学，经过几轮高中三年的教学循环，对备考复习有着丰富的经验，常常靠个人经验进行教学，备课时对教学内容、教学环节、教学手段以及课堂生成的敏感度渐渐钝化，对教学创新的想法和思考变得麻木，看到教材文本时总会下意识、习惯性、条件反射般将自己的头脑变为"X光机"，与考纲、考点相链接的试题类型与答题的思路、技巧如同人的骨骼一样，被剖析得一清二楚，接下来的课堂教学就会变为答题思路和答题技巧的详尽解析，在教学中忽略了文本的主体信息、文字隐含的文化、对字词的深入探究。都说身教胜于言教，当语文教师满眼、满脑、满嘴都是考纲、考点、考题时，学生又怎么会在真正意义上注重文本文化的体味与感悟，文本应有的视觉、听觉的冲击变得毫无力量，语文教师一边在形式上成为课改的奴隶，另一边又在抓紧时间以大量习题固化学生的解题思路。教师间关于教学的交流也越来越少，常常以个人经验备课、授课，不能适应新形势的要求。课改的教学要求教师转变原有的钝化思维，以群体教研的理念代替个人单打独斗式的教研理念。

借助教研组的力量，向学科领军人物学习，向所有教研组内的教师学习，实现个体引领下、群体支撑下的专业发展。在有规范、有文化、有研究氛围、有合作交流和思考的学习型教研团队中借助群体教师的力量，在教研中研讨学情；不同版本的教材，优选资源，选择与生活联系密切、生动有趣的事例，找到适合学生学习的最近发展区，借助每位教师所长，对教学内容、教学环节和教学流程进行研讨；借助教学研讨在课前呈现出教学内容的最优预设，

让众人的帮助成为课堂教学的"热身运动";利用身边教师推动自己思考教学,研究教学,让思考和交流成为工作和生活中必不可少的习惯。

教师理念的问题带来了教学的问题,抑制了教师专业素养的发展,毫无疑问,这些问题会成为教师专业发展的阶梯,在教学实践中,真实地改变教学理念,切实地研究问题,发展、分析问题,在教师理念变化的前提下,解决实践教学中的问题,教师的专业素养就会不断地发展、提升,教师的教学理念变化,必会带来教育、教学的变化,在教学实践中教师的专业素养也会不断提升,长此以往就会形成良性循环,最终带来学生的转变。具有先进课改理念的教师,在教学的路上,一定大有可为。

（作者：逄劼凝）

新时代语文教师专业发展的问题与途径

2018年1月31日《中共中央国务院关于全面深化新时代教师队伍建设改革的意见》中提出，"到2035年，教师综合素质、专业化水平和创新能力大幅提高，培养造就数以百万计的骨干教师、数以十万计的卓越教师、数以万计的教育家型教师"。2019年《国务院办公厅关于新时代推进普通高中育人方式改革的指导意见》也提出，"到2022年，德智体美劳全面培养体系进一步完善，立德树人落实机制进一步健全。普通高中新课程新教材全面实施，适应学生全面而有个性发展的教育教学改革深入推进，选课走班教学管理机制基本完善，科学的教育评价和考试招生制度基本建立，师资和办学条件得到有效保障，普通高中多样化有特色发展的格局基本形成"。以上意见的出台都表明，新时代背景下国家对中小学教师的素质和能力提出了更高的要求。这对于广大中小学教师来说是挑战，更是专业发展的机遇。

教师专业化概念于20世纪80年代通过译著介绍进我国，我国学者叶澜认为，"专业性应体现在具有专业的理论知识和专门的技能，应承担相应的社会责任，在本行业内具有专业性的自主权"。根据她的观点，我们可以看出教师的专业发展也是一个要顺应时代发展、不断丰富和完善自己的过程。"教师专业发展是一个长期的、复杂的、动态的社会化过程，也是教师个体不断形成专业自我的发展过程。"

目前，更多的"教师专业发展"关注的是个体的发展而不再是群体的发展，在这种专业发展中，教师个人的能力提升、思维转变、道德增长才是更多的"教师专业发展"所关注的内容。在"语文教师的专业发展"问题上，本文主要探索义务教育和普通高中的语文教师在个体专业发展中面对的困难和解决的途径。

一、新时代对语文教师专业发展提出新的要求

语文教师的专业发展首先要跟上国家对于中小学语文教师的硬性要求以及社会对于语文教师的期待。无论是《义务教育语文课程标准》（2011年）《小学教师专业标准（试行）》（2012年），还是《中共中央国务院关于全面深化新时代教师队伍建设改革的意见》（2018年）等文件都勾勒出了对于中小学语文教师的专业要求。

培养德智体美劳全面发展的社会主义建设者和接班人，教师首先要以德施教，具备较高的思想政治素质与职业道德水平。《中共中央国务院关于全面深化新时代教师队伍建设改革的意见》（2018年）提出，"引导广大教师以德立身、以德立学、以德施教、以德育德，坚持教书与育人相统一、言传与身教相统一、潜心问道与关注社会相统一、学术自由与学术规范相统一，争做'四有'好教师，全心全意做学生锤炼品格、学习知识、创新思维、奉献祖国的引路人"。《小学教师专业标准（试行）》（2012年）和《中学教师专业标准（试行）》（2012年）中也明确指出师德为先。教师必先立起身，才能言传身教，"以德施教"，这对于教师的个人素质和职业道德都会有更高的要求。同时，还可以发现，语文教师的职业素养兼及语文学科的人文性与工具性的特点，对于通识类的自然与人文社科知识、教育现状、艺术欣赏、信息技术等知识都要广泛地涉猎，这就需要语文教师具备宽广的知识面、丰富的语文教育知识。

在专业能力的培养方面，语文教育教学的职业能力被看作语文教师的基本专业能力，在专业发展中也更注重语文教师的语文教育教学能力提升，以完成语文学科教学的本职工作。《中学教师专业标准（试行）》（2012年）对于教师的专业能力分为教学设计、教学实施、班级管理与教育活动、教育教学评价、沟通与合作、反思与发展六大项。这意味着语文教师的专业能力不仅包含语言文学专业知识与能力，还包含语文教学的诸种能力。《义务教育语文课程标准》（2011年）在课程资源开发与利用建议中指出："语文教师应高度

重视课程资源的开发与利用，创造性地开展各类活动，增强学生在各种场合学语文、用语文的意识，通过多种途径提高学生的语文素养。"语文课程资源的开发与利用都是语文教师需要具备的专业能力。在《普通高中语文课程标准（2017年版）》（2017年）中的教学建议部分也明确提出了对于教师的要求："教师要注意引导学生在自主学习的基础上，学会倾听和分享、沟通和协作，掌握探究学习的方法，提高实践和创新能力。""探索信息化背景下教与学方式的转变。……需要进一步探索教学流程、资源支持、教学支持、学习评估等影响学生学习的各种要素所发生的新变化，积极探索信息化环境下的语文教学模式。""提高课程开发与设计的能力；应努力适应、积极参与语文课程改革，持续学习，更新观念，改进实践，提升教学水平。"课程标准在教学各个环节对语文教师所提出的要求，需要教师与时俱进，持续学习，不断创新，在学习创新中实现自身发展。

二、语文教师的专业发展的困境与成因

尽管国家发布的《中共中央国务院关于全面深化新时代教师队伍建设改革的意见》（2018年）等系列文件，提出推进教育改革，加大力度培养教师队伍，鼓励教师追求专业发展，广大教师也有职业发展的需要与愿望，在学校环境内投入了大量的时间与精力，但事实上语文教师的专业发展并不如意，许多教师的职业发展面临着一种困境。究其原因，主要有语文教师所处的外部环境与个人内在要求两个基本方面。

在现实环境中，学校与教师受到的外部评价与学生家长的期待是现行的职称评审体系和考试成绩、升学率，并不注重教师的专业发展问题，因而没有建立起有效的教师专业发展的评价标准，没有形成激发教师专业发展内在动力的环境，学校与教师均没有明确的专业发展规划与措施，语文教师的专业发展处于原生状态。这并不是说语文教师拥有大量闲暇时间，不求进取。相反，大多数教师都承担着繁重的工作和超长的工作时长，这不是一个学校的问题，而是一种常态。语文教师基本上都兼任班主任，需完成自己的日常教学工作，承担晚自习的课程，及时批改大量的学生作业，同时，需全天候关注班级学

生的动态，处理紧急事件，保障学生安全。时间、精力在以上方面大量消耗，能留给专业发展的就不多了。

学校对教师发展的重视程度会影响到教师发展的质量与水平。学校对教师专业发展持什么观念、制定什么政策、采取什么措施都会影响到教师专业发展的目标、内容、方法与效果。如果学校没有明确的目标、政策与措施，教师个体要想实现专业的可持续发展，就会面临更多的困难。据观察，中小学阶段学校大多会组织集体备课，同一门课程、同一个年级的教师会对教学进度、内容，以及相关的教学设计有一个大体上的把控，但这只是一个教学环节的规范化、统一化活动，虽然它是教师专业发展的一个重要载体，但远远不是全部。如果仅停留在这一环节，教师的专业知识与能力就会局限在这一较小的范围，语言文学本体知识的不断积累、研究水平的提高，语文教学研究能力的提高，语文教育管理能力的提高等，均无从谈起，久而久之，语文教师的职业能力发展只局限在处理教材方面。如果学校管理制度中未将教师的专业发展列为考核的必要指标，并创造发展的条件，忽视校本培训的重要性，教师缺乏机会参与教育知识、课程知识、教育教学和研究能力的学习和交流，就无法为教师的职业发展提供良好的岗位环境。

家庭生活对于语文教师专业发展的影响也是显而易见的。性别的特点使女教师承担更多的家庭责任，生儿育女，子女的健康、教育，赡养老人等需要为家庭必要的付出，常常会与学校工作的繁忙、工作时间长、占精力多相矛盾，如果处理不好两者关系，强调客观理由，完成学校的本职工作可以聊以自慰了，专业发展的内在动力就会不强了。

抛去外在客观因素，教师本人的主观能动性也占很大一部分原因。正如沈妙君在《高中语文教师专业发展现状及影响因素研究》中提到，教师的个人主观能动性会受到生活经历、教学实践经历、自我认知能力、自我发展意识、专业学习经历等因素的影响。在繁重的工作之下，教师本身就容易产生倦怠，对于额外的付出可能会具有抵触情绪。如若教师的自我发展意识不足，不追求更高层次的发展，专业发展意识不明确，则更容易放弃。此外，教师的经历可能也会对专业发展的渴求产生影响。往往已经有丰富的教学实践、专业学习经历的教师更容易实现自我的发展，相对来说主观能动性也会更强。反之则可能成为主观上最大的阻力。

三、教师专业发展的有效途径

针对以上困难，语文教师的专业发展需要社会、学校、家庭、个人多个层次的通力合作。

首先，教师的工作量直接影响其自主发展的主观能动性和其实现专业发展的可能性。因此突破专业发展可能性，首先就要合理降低教师工作量。尽可能简化不属于"语文教师"范畴日常事务性工作，给教师提供更多的时间开展教学研究。其次，学校在语文教师的队伍中，制度性地安排"非师范类专业教师参加相关培训项目"，从而提高非师范专业老师的专业能力，补齐短板。再次，学校为教师提供充分的交流、探讨的机会，促进语文教师们的专业发展。与传统的孤立教学相比，今日的语文教学强调培养学生"自主、合作、探究"的能力，那么同样的在教学过程中，教师也要培养合作与交流的能力，在交流的过程中获得启发，形成"专业学习共同体"。在专业发展中，这种共同体形成的较为明显的成果就是"校本教研"。沈妙君在实际的调查中发现，"学校为教师设计了系统的教研体系，为教师合作提供了发展的平台，围绕着教育教学实践，教师有组织、有计划地开展观摩课、公开课、课题研究等一系列教师合作活动"[1]。这无疑是对专业发展的极大促进。最后，学校还可以寻求高层次的专业引领者与开展校本培训，这都是引入先进力量、展开校内培训的方式，经过试验均有助于教师个人的专业发展。

从语文教师的个体角度看，只有主观上认识到了专业发展的重要性，形成自主发展意识，才能真正实现专业发展。正如沈妙君的观点："当务之急是要转变教师的角色观、职业观和发展观，进而明确自身专业发展的地位，走自主发展之路。"[2] 在这个过程中，要扭转语文教师觉得当老师是可以一眼望到

---

[1] 沈妙君：高中语文教师专业发展现状及影响因素研究［D］.漳州：闽南师范大学，2019.
[2] 沈妙君：高中语文教师专业发展现状及影响因素研究［D］.漳州：闽南师范大学，硕士论文，2019.

头的、一成不变的，一门课一套教材教十年的观念，在专业发展中获得职业归属感，提高自主能动性。同时也要更新教师对于语文教育的理解，近十年来针对义务教育与普通高中阶段的语文课程标准都进行了修订，高中教育以及高考的要求也发生了巨大变化。这对于语文教师来说是挑战也是发展的机遇，只有不断追求专业发展，才能跟上时代的发展，达到新时代对语文教师的新要求。

（作者：张家毓）

语文教师专业发展的四个关键词

在"专家""名师"满天飞的时代，自己仍然徘徊于"专家""名师"的队伍之外，内心里其实是非常惭愧的，但所幸我一直走在成为名师的路上，一直没有放弃对语文教育之真的思考和追求，一直向着期待的彼岸走近，说来也颇值得欣慰。回想24年的语文生涯，虽教训多于成绩和经验，不过整理这一路走来的思想，也还有些心得。这里，我将从以下几个方面谈谈我在语文教师专业成长方面的一些体会。

一、语文教师，没有爱，就没有发展

所有的事业，都起步于热爱。对语文的爱，对学生的爱，会燃起一个语文老师内心深处成为一个优秀语文教师的渴望，而这是一切努力与执着的原动力。因为爱，我们通宵达旦地阅读；因为爱，我们在语言的世界里栖迟；因为爱，我们将艰辛看作人生的喜剧，苦中作乐，乐此不疲；因为爱，我们为了抵达可能的世界而尽着最大可能的努力；还是因为爱，我们不改初衷，一直在坚守。

著名语文特级教师、清华大学附中的王君老师总结自己成功的经验时这样说："我的职业就是我的理想。我的岗位就是我的兴趣。我正在做的，就是我最想做的。我因此而兴致勃勃地做下去，再难再苦也没有停下来。我只是用最初的心做永远的事，我因此而发现了自我，成就了自我。我的职业成长和生命成长，天人合一。"对老师这个职业的爱，对语文教师这个岗位的爱在她的专业成长中起了决定性作用，我想，这也是所有名师共同的经验。

其实想想，这样的名师，身边也有，丹东二中的朱俊锋老师，从教近30年来一直兢兢业业、孜孜以求，把爱心和汗水抛洒在语文教育这片热土上，年过半百依然保持着年轻人一样的热情，尽管教材已经烂熟于心，可是对待每一节课都如同对待新课，让每一节课都葆有鲜活的生命力，在课堂这座他心中的圣殿上，安守一名语文教师的本分，保持着一名语文教师应有的节操。在他所带的班级取得辉煌的高考成绩后，面对各方赞誉，他淡然处之。他这样对学生说："我们刚刚攀登了一座山／抖落征尘／我们又站在另一座山前／别再说你刚才爬了多高／我只想知道／将来谁能走得更远。""为师应有自己的操守／树人需要爱的力量／每个生命都该绽放／善良才是最美的阳光。"为学生"计深远"是他在语文教育中更高的追求，守住了人品，造就了学品。

语文课堂应该是充满"爱"的课堂。

相对于"春蚕""蜡烛"的比喻，有人觉得，教师更像是夜色里的一盏盏路灯，低调谦和却不失暖意温柔。在夜的最深处，将自己站成一种姿态，用爱烛照他人。这样的比喻，不禁让我想起初登讲台时，我还是教师队伍中的"小学生"，要代表学校参加课堂教学大赛，语文组里那几位谦逊包容、善良仁爱、学识渊博、教学功底扎实的老教师，一次次帮我调整教学方案，听我试讲，然后评课、修改，最后伴着一盏盏路灯柔和而温暖的光，匆匆行走在夜色里，那背影令人难忘！于漪老师总结她几十载从教经历时说的"以人格塑造人格，以情感塑造情感，以学识塑造学识，德才兼备，方为人师"，说的就是这样的老师吧！他们让我明白，我要给学生的，也不仅仅是知识，更是爱。所以当学生在周记本中向我敞开心扉时，我当他们的知心姐姐；当他们在课堂上因性格内向而羞于表达时，我给他们以鼓励……我努力把爱的种子播进他们的心里。成为教研员后，我也要求自己秉持这样的理念。当学生若干年后还能清晰地回忆起当年学习困难时、内心苦恼时、遇到困惑时老师那温暖的眼神、暖心的话语，我就深刻地感受到作为一名语文教师的幸福！有时，我们不缺少教育理论，也不缺少教育方法，但我们缺少了爱。没有爱的语文教学，就像没有甘霖滋养的花朵，可以绽放一时，却不能芬芳一世。只有内心有温暖的老师，才会真正微笑地面对学生，才会唤起学生内心的爱和悲悯。

二、语文教师，不读书，就没有发展

读书是语文教师自我提升最有效的途径。

民进中央副主席、著名教育学者朱永新先生说："一个人的精神发育史，实质上就是一个人的阅读史；而一个民族的精神境界，在很大程度上取决于全民族的阅读水平。"叶圣陶先生说："唯有老师善于读书，深有所得，才能教好书。只教学生读书，而自己少读书，或者不读书，不容易收到成效。"余秋雨说："生命的质量需要锻铸，阅读是锻铸的重要一环。"窦桂梅说："读书是最好的精神化妆。"

可见读书之于国家民族以及个人成长的重要性。教师不阅读，教育就没有希望，而对于语文教师来说，阅读更是重中之重。综观无数优秀教师，无一不保持着良好的读书习惯。他们喜欢书籍，近乎痴迷，阅读已成为一种他们不可或缺的生活方式。福建青年名师何捷老师在《名师的共性》一文中，讲述了他在外出讲学或上课时与于永正、贾志敏、高林生、王崧舟、吴琳、吉春亚、管建刚、林莘等名师相处的短暂时间，发现他们的共性就是抓住一切可利用的时间，如饥似渴地阅读。不可否认，名师们取得成就有多方面的因素，然而有一点是可以肯定的，其成就与阅读息息相关，是阅读的习惯成就了他们。可以这样说，一名教师不好读书、善读书，没有阅读的习惯，是不会有出息的，更不可能成为名师。可见，只有博览群书，广泛涉猎，我们的精神才不会枯竭，思想的源头活水才会源源不断，自身的学养和底气才会渐渐丰厚，那么我们距名师又近了一步。

那么，该读什么书呢？我笼统地将之分成三大类。

（一）读文学作品，读名家名著

可以读《三国演义》《红楼梦》《平凡的世界》《约翰·克利斯朵夫》，也可以读《活着》《巨流河》《大江大海1949》《千山外，水长流》；可以读鲁迅、沈从文、老舍、巴金，也可以读史铁生、周国平、阎连科、毕飞宇……多读书，让我们拥有思想的深度和广度，那些隽永的文字，那些令人难以忘怀的人物和故事，那些美好的情怀，都会成为我们生命的底色，无法抹去。曹文轩说，当一个人的情感由于文字的陶冶而变得富有美感的时候，其人格力量丝毫不亚于一个观点深刻、思想丰富的人。语文老师有责任让学生受到文学的熏陶而不只是习题的训练，有责任让学生体会到语文的美感而不单单是课件的精美，有责任让学生感受到思想情操的伟力而不仅仅是背诵主旨的无奈，有责任用爱的情怀感染学生，让他们感受沈从文的悲悯，领略艾青诗歌的朴素深沉，走进梭罗为我们构建的永远的精神家园……这才是语文、学生、教师三者共同的幸福。

（二）读专业书籍，读大师大家在语文教育教学方面的论著

语文教师要读语文教育方面的论著，这是我们专业性的体现。叶圣陶、朱光潜、于漪、李海林、黄厚江、钱理群、温儒敏、陈平原、曹文轩等都是知名的语文教育专家，语文方面的一流高手，如果有可能，他们的著作要认真地读，他们的言论要多多地关注。有人认为王栋生、孙绍振、王荣生、余映潮分别代表了教育思想、文本分析、专业研究、课堂教学领域的最高成就，我想作为一名语文教师，这几位大家的作品更不能错过。通过阅读他们的文章和专著，了解当前语文教育界的主要观点及中西方语文教育的现状，结合自己的实践经验，形成自己的心得，转化为自己的思考。

（三）对语文教学有帮助的跨界书籍

语文的外延就是生活的外延，语文教师需要博览群"书"，一些有价值的电视读书节目、报纸杂志、名师博客，甚至"生活"这本无字之书都要"读"。我们常对学生说，要想学好语文，要读好书，读整本书，读名著、读电影，读人文、读历史，要走进图书馆、阅览室、博物馆，去亲近山川河流、花草云雾、文物古迹，那么作为语文老师，我们首先就应该做到这些。我们经常说"学高为师"，其实就是说教师应该拥有较渊博的学识，而渊博的学识来自广泛涉猎、多方阅读。

回想自己从教之初，对语文怀着一种非常敬畏的心理，对上好语文课心怀忐忑。曾到其他语文教师的课堂上去寻找灵感，有时会在听过课后稍稍放下心来：哦，原来这样就可以；曾在连续任教高三与学生一起埋头题海时暂获安逸，觉得只要把题讲好就万事大吉，也曾经在备课时"一看教参二上网，

看看别人怎么讲，各种说法记心上，课堂与生来分享"；曾经为自己在课堂上的出色表演而沾沾自喜，也曾因看到有些教师将文本习题化，课堂上带领学生逐一解答并按照高考评分标准打分而陷入迷茫……真的这样就可以了吗？语文真的这么简单，这么单薄吗？是大家著述让我走出困惑，确信只有知识点没有情感、只有练习没有文化、只有答案没有见解、只有理性分析没有生命和审美体验的语文课是不完整的，语文教育必须关注语言文字背后的"生命意识"与"文化意识"；是大师的指点让我不再迷茫，明白了作为语文教师，基本功就是读作品，就是作品分析的水平和方法，就是能够深入体察作品的奥妙，明白了没有教师自己的观点、教师主体缺失的文本解读是没有感情的，宣读别人对文本的理解、"传声筒"式的课堂也是没有灵性的，明白了只有多读书，才能形成自己的观点，才会对文章有自己的理解，才会不照搬教参或别人的教案；才能积淀深厚，才能提高修养，讲课时才能信手拈来，语言才会有"磁力"，才能带给学生惊喜与期待，明白了课堂上显示自我，只能将学生置于从属地位、次要地位，"以生为本"才是教育的根本目的。

因此，在我看来，书是教师进步的阶梯，一个教师读书的厚度，决定了他站在讲台上的高度。那么，该怎么去读呢？许多教师也有多读书的愿望，但有时却找不到读书的方向。吉林教育学院的张玉新教授在他的《在形下之作与形上之思间徘徉》一书中的"围绕教材做拓展式阅读"，为我们指明了方向。

具体说来，语文教材选取了古今中外很多名家的优秀作品，我们在遇到某一位作家时，除了阅读教材中选取的文章，可以尽量多地阅读该作家的其他作品并介绍给学生，帮助学生全面了解这个作家的风格。如学习毛泽东的《沁园春·长沙》，可以读《毛泽东诗词》，顺便讲讲《蝶恋花·答李淑一》《忆秦娥·娄山关》《采桑子·重阳》，这是从作家角度进行拓展阅读。

还可以从主题角度进行拓展阅读。比如，教授苏轼的《江城子（十年生死两茫茫）》时，可以借此好好研读"悼亡"题材的诗词，还可以扩展到其他体裁的"悼亡"作品，如孙犁的《亡人逸事》、巴金的《怀念萧珊》等，通过比较阅读的方法让学生感受这类作品的魅力，既丰富了自己，更让学生受益。

还可以从专题角度进行拓展阅读。如从李清照到婉约词进而扩展到宋词，从《祝福》到鲁迅，从《荆轲刺秦王》到《战国策》，从《鸿门宴》到《史记》，等等。我们的阅读量会以教材为中心日渐增大，我们的阅读素养也会以教材为依托逐渐提升，而只有这种以良好的语文素养支撑的语文教学才可能会是理想的语文教学状态。

还可以从节选课文出发，拓展阅读全文或整本书。如从《窦娥冤》《雷雨》《哈姆莱特》《装在套子里的人》等篇目的节选到全篇或整本书，《从林教头风雪山神庙》到《水浒传》，从《林黛玉进贾府》到《红楼梦》，等等。

当然，选择可读之书的方法有很多，可以读那些经过时间淘洗的名著，也可以选择自己感兴趣的内容进行深入阅读。总之，作为一名教师，在这个浮躁的社会，静下心来多读几本书，既可提高自己的教学品位，也可能会让学生受益终身。

张翼健教授认为，目前语文教育的主要问题是语文教师自己不读书。那么就让我们一起读书吧，让"读破万卷书"打破现如今语文教学中"做滥万套题"的局面，同时也为自己的专业发展打下精神和文化的底子！我始终觉得，对于一个语文教师来说，拥有深厚的学养才是根本！

三、语文教师，不思考，就没有发展

子曰："学而不思则罔，思而不学则殆。"同样道理，只读书不思考，就会变成书的奴隶；只思考不读书，就会架空书本，得不到真知。所以语文老师要想在专业上有所发展，除了善于读书，还要善于思考。

善思考首先表现在教师要有独立的思想。著名语文特级教师李镇西说："只有个性才能造就个性，只有思想才能点燃思想。让没有思想的老师去培养富有创造性素质的一代新人，无异于缘木求鱼。"李镇西老师其实是在告诉我们语文学科是一个思想性很强的学科，语文教学不只是为了培养学生运用语言文字的能力，同时还肩负着培养学生独立思想的使命，这一特点，决定了语文教师必须是思想者，具备相当的思想素养，才能做到不盲从，不让自己的头脑成为别人思想的跑马场，才能在日常教学活动中引导学生反思时代，反思人生，开展时事评论、电影评论的收集，每堂课给学生几分钟的时间思考、

讨论时事，着力培养学生独立思考习惯和理性地建立自己观点的能力。

善思考还表现在对教育教学现象的反思上。反思贵在否定和超越，综观个人和名师的成长经历发现，应该让反思成为习惯，时时反思，处处反思，只有经常性地反思，警醒自己，才能不断进步，获得专业发展。

"失"要反思。我们每个人的从教之路上，可能都会或多或少的有些失败的经历，可能是试讲不成功，可能是公开课没有达到预期的效果，也可能是课堂沉闷或是被学生挂在黑板上，这个时候一定要向自己问一声"为什么"，认真思考不成功的原因在哪里，是知识储备不够丰富，还是缺少经验，缺少应对突发教学事件的机智，还是教学实践不丰富、不深刻、不全面，或者根本就是对自己的业务发展之路缺少规划……通过反思找准症结，然后对症下药，这是提高个人业务水平一种非常有效的手段。"得"也可以反思：思考本节课有多少学生积极参加并成为行为的主体；学生学到了多少知识，能掌握到何等程度；本节课的成功之处在哪，学生有多少创新见解；如果再教这节课该如何设计。在不断思"得"、思"失"中，提高自己教学设计的能力、教学组织管理能力、教育教学交往能力、教学机智、反思能力、教研能力、创新等能力。只有在反思中不断地改变和完善自己，语文教学之路才会越走越成功。

四、语文教师，不动笔，就没有发展

如果说阅读是站在大师的肩膀上前行，写作则是站在自己的肩膀上攀升。

语文教师写作，应该是分内之事，也是应有的专业素养之一。潘新和教授认为，一个不热爱写作的语文教师，不论他在语文教学中如何尽责，都不能成为一个真正优秀的语文教师。写作教学是语文教学的一部分，教师要教会学生作文，自己首先要会作文。在评析作文之前，语文教师自己动手写一篇同题作文，然后再定评分的标准尺度，评讲时就会更贴近学生作文的实际，评分就会更公正，对学生的写作提升效果会更好。如果能坚持这样做，写作教学的效果一定比不写好得多。朱永新先生也说，如果语文教师每布置一道作文题目都写下水文，可以触发学生的写作兴趣，更可以与学生一起成长。所以，语文教师写作，对于修炼自身、体察学情、指导教学，都有重要作用。

江苏省特级教师王栋生，也就是杂文家吴非先生说过，"语文教师更应重视写作的体验，把写作作为一种职业素养"，之所以这么说，是因为"写作的实践，使我对语文教学、对作文教学有了更大的把握。作为语文教师，有一些写作的经历，肯定有助于他的教学"。

语文教师写作还有一个重要内容就是写教学反思，包括写自己的阅读思考、体会和收获，写教学随笔、教育叙事、教材分析、教学设计、教学案例，等等。在读书与反思的同时进行写作，可以促进语文教师的专业化发展，从而实现自我人生层次的提升和生命的升华。但很多教师对此认识不足，或有畏难情绪，觉得自己不是写作的料，或借口工作忙没时间，等等。其实教师写教学反思说难也不难，写论文做课题可能很难，论文要求理论原创，而课题研究有些远离中学教师实际，但是作为实践工作者，把自己的实践经验总结并呈现出来，应该还是可以做到的。教学设计是教师每天都要做的事，把自己认为精彩也受到专家认可的教学设计写下来，课堂实录呈现出来，或把建立在对课文深耕细读之上的思考和心得写下来，把对某一个小问题的深入探究写下来，把课堂教学中生成的亮点记录下来，都可能成为很好的教学论文。甚至有的教师在多年的教学实践中有着丰富的命题经验，整理出来，也可能是很好的经验介绍或教学论文。前面提到的丹东二中朱俊锋老师就将丰富的命题经验总结成文发表在全国中语会核心期刊《语文教学通讯》上。等到有了一定的时间经验的积累和写作基础，再写一些理论性强的论文，乃至做一些课题研究，也并不是遥不可及的。总之，语文教师的写作要从自己的教学实际出发，循序渐进，不要贪大求全，追求高深。

影响语文教师的专业发展的因素有很多，善读书、常反思、勤写作并始终对语文饱含深情是撬起教师专业成长的支点。语文教师只有自觉地去阅读、思考、实践、自省，他的课堂才会丰富、深刻、灵动，他才能关注自我生命并引领学生生命成长。语文教师追求生命自觉，师生才能够站成一道独特的属于语文的风景！

（作者：谢虹）

语文教师专业发展可持续性的几点思考

回顾改革开放四十年来教育的发展历程，笔者发现在教师队伍建设方面逐步向法治化、规范化、标准化发展。然而，国民接受优质教育的强烈需求与满足需求的教师能力间的差距也随即凸显，于是研究者们开始对教师专业发展进行更多的关注和研究。从关注发展的结果转变为关注发展的过程，即从关注教师获得教学实践的基础知识、基本技能和教师的智慧品性等转向关注教师的终身学习，强调教师专业发展的终身性和可持续性，正所谓"活到老，学到老"，"学无止境"。有些教师认为完成教学工作任务的能力就是教师的专业发展能力，显然这种错误的观念阻碍了教师的专业发展。笔者从语文学科的角度，对其做了一番探究和思考。

一、影响教师专业可持续发展的因素

教师专业发展是教师通过自身努力，借助外部条件的支持和促进，习得专业知识、提高专业能力和水平、优化专业修养、改进教育教学实践，不断自主学习的过程。教师在专业发展过程中，应该是持续的、伴随着工作而进行的、贯穿整个职业生涯的终身学习和终身成长，因此教师专业发展应具备持续性和终身性特征。教师的发展是一个长期的过程，大体包括三个阶段：师范生阶段，即职前准备阶段，这一阶段形成的专业能力更具学术性和系统性；新教师阶段，属于教师将教学理论应用于教学实践的衔接过渡阶段；职后教师阶段，是直到教学生涯结束的整个过程，这一阶段教师的专业能力更具实践性和个人专业化。由此可见，教师在入职后出现专业发展缓慢甚至停滞现象并非教师个人或是某个发展阶段单方面因素所致。

影响教师专业发展的因素，一方面包括教师教育制度、教育经费、教师管理、教师评价、教师待遇、客观环境等外部条件因素，另一方面包括教师自主学习、不断提高自身教育教学能力和水平、转变观念、吸收新型的教育教学理念、改进教育教学技巧的思想意识等内部个人因素。

二、促进语文教师专业可持续发展的策略

（一）关注教育政策变化，与时代为伍

语文教育可以说是世界性难题。《义务教育语文课程标准（2011 年版）》"前言"中指出："时代的进步要求人们具有开阔的视野、开放的心态、创新的思维……也给语文教育的发展提出了新的课题。""善之本在教，教之本在师"，如果教师都不能紧跟时代步伐，又何以培养出时代所需求的学生？当代社会，人际交往频繁，信息量膨胀，学习任务随时代发展不断更新，将来的"文盲"也不只是指"不识字的成年人"。学会如何运用语言文字才是语文课程的最终目的，小则关系生活基本信息的传递和交流，大则关系国家安危和存亡，"一言可兴邦，一言可丧邦"的警示名言绝非夸张。教师作为教育教学活动的组织者和引导者，在这样的形势下，如果依旧停留于过去一个时期的语文课程中以"知识""能力"为主要内容的体系，再配以机械"训练"的教学方式，享受着传统教学模式固化中的便捷，忽视以人的解放为核心的现代化要求，忽视新课程坚持的"基本理念"，不了解语文教师专业标准和语文教师资格制度的培养要求等国家教师教育体系的发展变化内容，没有语文学科的专业素养，就会很容易被时代淘汰，更不要说自身的专业发展问题。

（二）社会应关注"教师焦虑"这种心理现象

"教师焦虑"这种心理现象同样成为教师专业发展路上的一个阻碍。面对新课标提出的许多先进的教学理念、教学方法等内容，教师虽表示认同和接受，但是在教学实践中往往面临"心有余而力不足"的状况。比如说教师在教学过程中有意识地做到语文工具性和人文性的统一，知道语文课程应该是培养学生运用语文的实践性课程，注重学生语文核心素养的养成，强调自主、合

作与探究的学习方式等，但是面对有限的教学时间不知如何去把控，面对传统教学模式的固定化，造成教师心理焦虑现象严重，反而影响课堂教学质量，影响教师的专业发展速度。此时就需要在社会支持系统和教师专业发展需求间建立紧密联系。首先，学校可以为教师提供相关的缓解教师压力、调节教师心理健康的书籍、讲座，当然提供成功的新课改教学课例观摩学习或培训，提升教师教学能力还是最根本的。其次，社会应建立减低教师焦虑程度的政策，如奖励制度，以激励教师战胜教学压力，克服心理焦虑。最后，国家教育行政部门应适应时代需求，紧跟时代步伐，不断完善教师教育培训体系，将职前职后一体化的教师教育培训体系落实，以提高教师的专业能力和职业能力。

（三）教师要有超越自我的需要意识

教师自我超越的需要意识是教师专业发展的原动力。马斯洛的需要层次理论中显示，生存需要是最基本和最低层次的需要，满足了生存需要并不能推动教师的专业发展。教师出现专业发展缓慢，职业能力止步不前，也是因为多停留于功利主义层面和生存需要层次。诚然，从哲学角度出发，只有认知、道德、情感需要所表现出来的真、善、美的追求才是教师专业发展的最终目标。笔者以反思意识的认知需要为例做以下解释。

发展中的教师一定要具有反思意识。"反思"本是一种自主、自觉的行为意识，这种意识一旦形成便是一种可持续性行为。"反思是教师对于教育事件进行理性选择的一种思维方式和态度，是教师对教育事件的元认知。"在语文教育教学中可以表现为：

1. 学科反思意识

教师要明确语文学科的课程性质，时刻思考语文课程到底要传授给学生什么内容。比如沈从文《边城》的"人情美，风情美，风俗美"，教师就容易讲成了地理课，还有把语文课讲成政治课、历史课的，可以说比比皆是。那么呈现这样的现象，何故？语文到底该讲些什么？这是值得教师时刻去反思的一件事。我想这是因为没有理解语文学科课程性质"工具性与人文性的统一"这一内涵。就其性质，笔者认为语文就是用你的眼睛去观察，用你的心灵去感受，用你的大脑去思考，用你的文字去记录，最后用你的语言去表达这样的一个过程。

2. 理念反思意识

教师要不断跟进党的教育方针和教育思想，牢记课程标准的指导思想和基本原则，奉行语文课程改革的理念。在此基础上，结合教育思想和课程理念进行教学实践总结和反思，以达到最佳的教学目的。比如教师在教学过程中可以利用好语文课程的育人功能，充分发挥语文课程在继承和弘扬中华民族优秀传统文化方面的积极作用，培养学生的文化自信和民族自信，增强学生的伟大使命感和社会责任感。还可以有意识地培养学生的语文核心素养，为学生提供体验和感受性的语文学习活动，让学生不仅在语文教育中获得知识的积累、良好的语感、基本的学习方法，还要让学生养成良好的学习习惯，更重要的是培养学生的审美能力和思维品质，以适应现代社会对人才多样化的需求。教师要想提高教学水平，实现教师专业可持续发展，就要具备理念反思意识，把研读科研文章、关注学科发展当作日常，进而运用到语文教育教学实践之中。

3. 学习反思意识

教师要想实现专业的可持续性发展还要具备终身学习的能力，将自主学习和自觉反思贯穿到整个职业生涯。语文学科不同其他学科，"只教书，不读书"的语文教师不是合格的教师，读书除了育人外，还可以育己。疫情期间，教育行政部门出台了"停课不停学"教学指导意见，以"在线教学"为主要教学模式。这无疑对教师学习能力与专业发展带来了极大的挑战，尤其是中老年龄段的教师队伍，在网课期间，因不能熟练地操作电脑、手机等电子设备，不会将视频、音频及时切换而导致教学效率下降，教学效果减半。这无疑是因为在信息时代外在环境的背景下，教师缺少学习反思意识，没能做到在跨媒介的语文教学实践中自觉提升自己的信息化教学能力。教师要做到将信息化教学融入传统的课堂教学中去，确保教学质量和教学水平的提高。更重要的是教师要用生命去教书，要看到课堂教学质量、学生的学习和发展对于教师个体生命质量的意义，做到自在和自为的统一，教师专业发展也就实现了最高理想境界。

作为教育教学的实践者，只有具备自觉的反思意识，才能在教学实践、课程建设与改革等方面发挥积极作用，同时为自己的专业能力和职业能力的可持续性发展提供可能。无论是今日教师或是未来教师，若能时刻保持不断超越自我的需要意识，距离实现自身的可持续性专业发展也就不远了。

（作者：沈越）

专家型教师的培养途径研究

专家型教师指的是在教学领域中，具有系统的本专业的知识、较强的研究与教学能力，能够就提升学科核心素养、培养学生等提出自己的观念和理论，有效地解决教学中的各种问题的教师。

专家型教师的培养要经历从青年教师到骨干教师再到专家型教师的过程。有了一定教龄的教师成长为骨干教师，就有了可能成为专家型教师的基本条件，但是还要在各方面不断积累，创新发展。主要在以下几个方面。

一、重视自我修养，有强烈的职业追求

从教多年后，教师常常会对教学工作感到得心应手，自己也积累了一定的经验，工作也做得比较出色。但是随着时代的发展，这些教师中的一部分人会突然发现现在的学生不会教了。其实，不是不会教，而是教师追求更高的教学效率，追求学生的能力有更大的提升空间。北京师范大学附属中学的王树声老师总结了教师发展有三个"高原期"：一是站讲台后的3—5年，这个时期的年轻教师有很强的上进心，他们积极进取，不满足已经掌握的知识和驾驭课堂的组织能力；二是从教后的8—10年，应该说已经成手了，但是随着教学形势的变化，他们会发现自己的教学技能不能满足一堂精品课的需求；三是从教20年左右，一部分教师面对新的教学要求，自觉教学经验不能满足现有的需要，要与时俱进，知识结构和能力结构还需要完善。[①] 但是并不是每个教师都能突破高原期获得第二次发展的，它更多的靠的是教师的主观能动

---

① 徐世贵，于美.名师启迪与骨干教师培养［M］.北京：教育科学出版社，2013：62.

性。自主地选择学习的内容，包括教学经验和教学方法，主动地结合自己的工作实际学习，这样自觉地重视自我修养，才有可能成为专家型教师。

二、博采众长，向名师学习

许多名师拥有超出常人的胸怀和对事业的热爱，他们穷尽毕生的经历总结出了很多经验。这些经验就是骨干教师成长的财富。骨干教师可以从名师身上学到很多宝贵的经验。

1. 树立远大的目标

很多骨干教师认为自己常年干一样的活，早已轻车熟路，可以凭借经验推着干。有的教师在具备了一定资历后就容易产生自我满足的情绪，而表现为不思进取。因为缺少更高的奋斗目标，就丧失了成长为专家型教师的机会。因此，骨干教师要向名师学习，要立志当名师，树立当教育家的远大目标。

2. 培养高尚的人格

所谓名师，不只是教学业绩突出，更重要的是他们全身心地爱学生，懂得尊重学生，愿意倾听学生的心声，急学生所急，想学生所想，他们不仅是学生的老师，更是他们的知心朋友。

面对困难，名师们大多拥有一颗豁达的心，不计名利得失，不惧怕偏见和指责，他们能够坦然面对一切艰难困苦。骨干教师要努力向他们学习，培养自己拥有阳光的心态和高尚的人格。

3. 历练自己的胆识

骨干教师不敢突破自己，常常是因为惧怕，怕自己不成功被人笑话。若遇到领导听课，他们会很紧张，精心备课，可是没有领导来听课，他们大多会长舒一口气，表示庆幸。在这点上，特级教师窦桂梅主动争取上公开课机会的做法也许对这些骨干教师会有一定启发。窦老师为了能上公开课，主动给校长写信，表示自己的想法，她的行为终于打动了校长，也为她自己争来了公开课的机会。经过反复研磨，她执教的《王二小》一课一炮打响。窦老师因为敢闯，才闯出一片新天地。一些骨干教师不敢主动出击，殊不知"机会是属于有准备的头脑的"。与其羡慕身边的教师发展得快，不如增强自信，把握住每一个参加教研的机会，历练自己的胆识。

4.提升自身的素质

名师，善于学习，他们认真研究有关教育的理论，大量阅读有关的书籍、报纸、杂志，他们能够站在一定的高度看待教育现象，看待课程改革，他们善于思考，善于理论联系实际，研究自己的教育教学方法，逐渐形成了独特的教学风格。

骨干教师要成长为专家型教师，就要把这些作为自己的自觉行动，把写作、科研与自己的工作实际结合起来。这样既锻炼了自己的能力，又为自己节省了时间。

5.统筹劳逸的时间

骨干教师常常是学校各项工作的顶梁柱。因此，平日里有很多繁杂的工作，他们不是没有学习的意识，而是缺少真正静下心来读书的时间。对于一个有志于有所建树的骨干教师来说，怎样解决时间不够用的问题呢？徐世贵老师提出了具体的建议：教师在时间管理上要学会规划，学会节省，学会开发，学会拒绝，学会休息。邹仁国老师在《会工作、会学习、会生活》一文中的做法非常值得借鉴：工作有效率，学习有计划，生活有趣味。[①]

6.建立良好的人际关系

《学记》中说"独学而无友，则孤陋而寡闻"，这句话也可以作为教师需要团队合作的佐证。骨干教师要懂得与人交往的原则，学会与同事、领导、学生交往，学会合作，学会扩大人脉，拥有更多的人来帮助自己，促进自己的提升。这离不开集体和团队的支持。所以骨干教师要善于合作，在同事和领导间建立起和谐的人际关系。

以上，我侧重谈了骨干教师自身主动发展成为专家型教师的方法。其实，开展教师培训是骨干教师迅速成长的一个重要途径。

---

① 徐世贵，于美.名师启迪与骨干教师培养［M］.北京：教育科学出版社，2013：62.

三、开展系统、有效的业务培训

1.组织进修学习，培养骨干教师深厚的理论素养

教育行政部门每个学期都会举行各种各样的教师培训学习，包括新教材培训、学科教研活动，也包括对骨干教师的集中培训，等等。骨干教师可以通过听专家讲座，按照一定的模块参与讨论，完成作业，来提升自己的理论水平。在培训中，骨干教师可以对照先进理念，对自己的实际教学进行反思，也可以有意识地按照科学的思维方式去进行教学的改革。

一所学校对骨干教师的培训，一般采取两种方式：走出去和请进来。学校组织部分骨干教师到教育发达地区参加现场会，听公开课，听各种讲座，给自己的思想充电。也可以充分挖掘本地区优势教师资源，如请学科教研员或者科研所的领导对全校教师进行培养，这种讲座，对于骨干教师的成长颇为有益，会使他们尽快成长为专家型的教师。

2.组织校本教研，增进骨干教师之间的交流

学校还可以开展校本教研，为教师搭建交流的平台。比较常见的做法是学校为教师提供阅读的教育类书籍，要求教师结合教育教学工作撰写心得体会。学校还可以举办读书交流、经验交流等活动，让骨干教师向老师们介绍自己的做法，和大家进行思想的碰撞。这种交流碰撞对于骨干教师的成长具有很大的促进作用。

3.承担课题研究任务，调动骨干教师参与科研的积极性

为了提高骨干教师的业务能力，学校常常鼓励骨干教师承担课题研究任务。这对于骨干教师来说，又是一个非常好的成长平台。

骨干教师如何成为研究者？

首先，学校要创设优良的科研环境，为教师成为研究者提供发展空间。学校要重视教科研工作，建立一种激励机制，鼓励教师们结合实际进行教育科研；有条件的学校可以提供必要的研究经费、必要的设备等；学校要定期组织教师间、教师与专家间的交流，努力营造一种适合研究的氛围。

其次，骨干教师要加强自身科研能力的提升，在实践中不断探究，勤于

思考，不断向学者型、专家型的教师方向发展。要认真学习和掌握教育研究的基本方法和相关的理论知识。要树立教育科研意识，自觉地思考如何更好地提高教学质量，如何更好地引导学生、塑造学生人格等，学习并实践一些先进的做法，并结合实际不断改进，总结出一套行之有效的办法。

此外，教育行政部门也要充分考虑到骨干教师从事科研的物资保证。领导也要给予他们应有的精神关怀与尊重。要注重从精神上满足骨干教师的自尊心和荣誉感，要努力挖掘骨干教师中拥有潜力的年轻教师，把他们吸收到专家型教师队伍中，让他们学习并不断地传播专家的理念。或者，让专家承担指导任务，带动年轻教师尽快成长。新一轮的中高考改革和课程建设，呼唤有更多的专家型教师从事学科教学研究。教师一定要树立远大理想，向名师学习，积极参与课程改革，主动开展教学研究，努力做专家型教师，做学科改革的参与者和领头人。

（作者：王军）

从魏书生的管理智慧看语文教师的专业发展

我国进入改革开放以来,语文教育事业蓬勃发展,语文教学改革不断深化,涌现出大批积极探索的优秀语文教师,这些优秀的语文教师均有代表性的著作使之理论系统化。在这些优秀语文教师的熏陶下,逐步形成语文教育流派,产生了群体效应。一个成熟的语文教育流派,需要有一名或者数名语文研究型学术领军人物或者代表人物。魏书生是语文教育管理派的领军人物,被誉为"穿西装的当代孔子",被列为中国当代 16 位教育家之首。他曾任盘锦市教育局党委书记、局长等职务,代表作有《语文教学探索》《班主任工作漫谈》等,早在 20 世纪 80 年代,就蜚声我国大江南北,连国外的教育专家也频频访谈。吕叔湘先生早在 1984 年,就希望"辽宁省能够保护这样一位不易多得的先进工作者,让他能够实实在在地、长长远远地在教学岗位上发挥先锋作用……"吕叔湘先生坦言:"我很惭愧,没有及早认识魏书生同志。我要是年轻一半,我一定要拜他为师,向他学习。"[①]此话微言大义,是对魏书生语文教学改革的赞誉与肯定。

魏书生的确"神奇":他不出考试卷,管理学生出考试卷;他不批改作文,管理学生自评互评作文;他不留作业,管理学生主动自留作业;二百节课的工作量,他只需花费二十节课的时间进行面授……结果是,学生语文能力好得出奇,一次全市测试,他班学生的语文考试平均成绩高出别校 7.8 个百分点。每年,他停课、离校达 4 个月之久,他的学校管理方面依旧和谐有序,语文课堂依旧生动鲜活。究其原因,魏书生在他的语文教学改革实践中,充

① 白宏太.魏书生的教育哲学 [J].管理,2010(2):32、33.

分吸纳了管理学、教育学、控制论、信息论等相关理论学说，教育与管理学之间关系密切，魏书生能够做到管理与教学互相结合，让学生学会了自我教育、自我管理，创造了语文教育界"懒老师"的奇迹。教育智慧是教师专业发展的需要，本文以魏书生为代表的管理派的教育智慧为抓手，结合其语文教学实践，探寻语文教学规律，以期对当下语文教师专业发展有指导意义。

一、探索宽容智慧的艺术

"智慧的艺术，就是懂得该宽容什么的艺术。"魏书生的语文课堂，没有差生的概念。他把学生形容成一本长部头的、厚重的大书，他总是带着宽容的眼光来管理学生："每一个学生都是一本打开的书，仅看封面是不够的，因为很可能看见的是最好看的也是最表面的部分；仅仅看大家翻过的那几页是不够的，因为很可能只看见手指翻动书页留下脏兮兮的痕迹。要真正认识一个学生，就要打开这本书，从第一页开始看下去，一直仔细看到最后一页。如果书中有错的字或者标点符号，你要帮助他修改过来；如果书中有精彩的段落，你应该为他高兴并喝彩；如果书中出现断层，需要你替他补充，你要和他一起创造新的内容。"① 由此看出，魏书生的宽容智慧的前提是需要对学生认识深刻，了解学生的内在与外在。在打磨学生的过程中，需要诚心、热心、细心、耐心与爱心，非一日之功。

2011 年底出台了新的《义务教育语文课程标准》，强调要发展学生的创造思维，成为语文课程改革的理念之一。从一定意义上来说，魏书生的课堂语文教学的预设计划与其生发的创造性有叠印之处。这时，他预设的教学计划会即兴地变化。当学生在能够产生创造思维时，魏书生深谙"当其可之谓时"的教育之法，及时"割舍"预设的教学内容，从宽容的角度与学生共同生发创造新的教学内容。魏书生善于在课堂上创造出宽容的教学模式，令学生记忆深刻。例如，他在教授周敦颐的《爱莲说》一文时，故意将"颐"字的"口"写成"巨"字的中间部分。此举马上得到大多数学生的"温馨提示"。魏书生

---

① 魏铁炼.魏书生教育教学理念的活学活用［J］.成功，2007（4）：59.

神态自若，首先根据掌握的学情，问爱写错别字的学生是否是老师写错了。得到此学生的肯定回答后，再以宽容的心态让此位学生上台纠错，最后"赞许"此学生，鼓励学生敢于发言，不怕"亮丑"，让其收获知识的同时，收获认真观察带来的愉悦感。学生的天分不同，但是渴望获得教师与同学的尊重的期待大都趋同。魏书生的宽容智慧，收获了极强的亲和力，获取了同学们极大的信任，播下了学生对教师的爱的种子，进而生发为对语文学科的爱。"思路决定出路"，管理派宽容的智慧决定语文教学的出路，教师以宽容之心解决语文教学问题，是实现教育智慧的有力保证。

　　同时，教师需要具备颇高的语文素养，善读善写善创造，用欣赏的眼光激励学生，注重学生"隐性工程"的开掘。魏书生说："我喜欢读哲学，读马克思主义哲学，也读一点古人著作，《周易》《道德经》《论语》《孙子兵法》便放在我的床头，读了许多遍……我最喜欢的还是人物传记，梅林的《马克思传》是我读得最长久的传记，当然也读《列宁传》《毛泽东传》《周恩来传》《爱因斯坦传》《爱迪生传》，也读《丘吉尔传》《林肯传》《释迦牟尼传》《戈尔巴乔夫传》等。"[①]语文教育的"三老"（叶圣陶、吕叔湘、张志公）均是善读善写的光辉典范，如叶圣陶就曾一针见血地指出："语文教师的本钱，就是善读善写。"魏书生自己不但坚持读书，而且坚持写日记。而且更让人叹服的是，魏书生能"弯下腰"和学生一起"创造""新"的内容。唯有教师做到善读善写，学生才会善读善写。魏书生针对学情，及时捕捉到学生回答问题时的闪光点，高兴并喝彩，对于断层之处及时补充。事实表明，"在任何情况下，创造性工作都不受预先构思的观念和设置的程序的约束，否则机器也能做创造性的工作"[②]。

二、发挥群体智慧的力量

　　《义务教育语文课程标准》强调"自主、合作、探究"的学习方式，这与

---

①张蕾，林风雨.中国语文人（第一卷）［M］.北京：首都师范大学出版社，2010：351.
②J.P.戴斯，J.A.纳格利尔里，J.R.柯尔比.认知过程的评估——智力的 PASS 理论［M］.上海：华东师范大学出版社，1999：88.

魏书生语文教育思想的群体意识观念不谋而合。在语文教学改革中，魏书生充分拓深了学生的"群"的概念的内涵，他善于"管理""群"，是星级管理级"群主"，群体智慧被魏书生激发得酣畅淋漓。同时，他又视自己为群里普通一人，地位与学生平等。师与群生合作，群生相互合作，生与书籍、报纸、杂志合作，可以称之为语文管理派教学实践的一大创举。在课堂上发挥群体智慧的力量，一是有利于学生形成团队意识，二是有利于学生提高交际能力，三是有利于促进课堂的和谐有效。此外，锻炼了学生良性竞争与筛选信息等能力。

魏书生以改革家的战略眼光，大胆地把"民主"与"科学"引入到语文教学之中，为群体形成良性竞争意识奠定了基础。他首先明确教与学、师与生的关系。如，魏书生与学生共同商量文言文学习计划的制订，教师不给学生抄写文言文的写作背景、写作特点、文言文的翻译等，而由学生在自我完成的基础上，通过群体的力量验证解决问题。又比如检查学生作业，方法有随时检查、个别检查、通过班会检查等。魏书生在日记中记载了班会上群体检查的方法——高松岩：记忆的方法，包括理解记忆法与重复记忆法（课前用两三分钟制定出本节任务）。王晓平：预习，概括每章内容，利用课后一个5分钟，预习本节内容。集中全部精力，认真完成作业。复习，记忆模糊时及时复习。晚上总结全天，预习第二天课程。李娜：自学、复习、预习结合在一起……通过学生群体相互交流学习的最佳方法，便于取长，找出更适合自己的提高语文学习效率的最优化方法。荀子认为，人之所以能驾驭主宰自然，关键在于人能"群"。他指出，"人力不若牛，走不若马，而牛马所用，何也？人能群，彼不能群也"。任何一个群体，均有进取性、竞争性、发散性、思维活跃性等共性。从初中生阶段，即开始立足于语文课堂来培养学生的群体观念，足见魏书生这位管理派改革家的高瞻远瞩性。叶圣陶先生曾经指出，教育的核心是教会学生学会合作。人类教育有三个阶梯：一是向学生传授知识，二是不仅向学生传授知识，而且培养学生的创新能力；三是不仅向生传授知识，也不仅培养学生的创新能力，而且要在一种艺术化的氛围中，在审美的愉悦的合作的情景中实现这一切。人不能离开合作而独立生存,发挥群体智慧，加强合作，有利于促进学生形成大语文智慧，促进社会大发展。

拥有群体智慧的前提是培养学生的自主与自我教育能力。比如，魏书生把语文知识整合成语文知识树，让群体明确每天所学知识在"树中"的位置，辅助以"六步课堂教学法"。其中"讨论"一步，他引导学生做到"预、时、逊、摩"，具体做法是"道而弗牵，强而弗抑，开而弗达"。魏书生认为，要提高学生的语文水平，培养听说读写的能力，非培养学生的自学能力不可。自主学习与自我教育的过程是提出问题并解决问题的过程，在实施过程中，学生能够及时发现问题，可以通过群体的力量最终解决（实在解决不了，再找老师解决），促进了学生群体积极思维。

三、重视责任感的熏陶

以魏书生为代表的管理派的语文教学模式，好多教师效仿效果甚微。究其主要原因，主要是对教育事业的责任感的认识高度不同，对教育境界的理解层次不一，对语文教育的追求不执着。对责任的承担，更需要智慧。魏书生的高明之处在于，他拥有了"对学生心灵的穿透力"，潜移默化地影响着学生，促使学生拥有责任意识。他自 28 岁起，开始在中学任教。他曾经写了150 多次申请，夙愿方以得偿。之后，他始终不曾离开过他深爱的讲台。他鼓励学生少抱怨，促进学生从根本上发现自己的优势，学会适应，让自己在困难中求发展，在"夹缝中求生存"，而非让社会适应自己。"在教学第一线，只要有一缕阳光，他就能积蓄力量，绽放出灿烂的花朵，只要有一寸土壤，他就能挖掘出学生的天性，履行教师的天职，探寻属于自己，更属于中国教育的理想天空。"[1]魏书生注重责任的熏陶："其身正，不令而行，其身不正，虽令不从。"他要求学生写日记，他首先做到；他身先士卒，与学生一起进行每天"十里道德长跑"；他把看听新闻广播当成与学生每天雷打不动的任务，师生听看之后，拿到课堂上讨论。魏书生认为，此举乃是语文实践的主要手段之一，功能多元化：不但锻炼了学生听说能力，而且让学生积极思维；不但让学生

---

①王晓霞，隋国成.魏书生教育思想概论［M］.沈阳：辽宁人民出版社，2008.

了解国内外动态，关心国家时事政治，而且提高学生的主人翁意识，加强社会责任感与使命感。

拥有责任意识的前提是教师做到"含德之厚，比于赤子"。魏书生在日记中写道："要深切地理解人，尊重人，同情人，关怀人，与人为善，要有以德报怨的胸怀。"如，班级一名叫张斌的学生自知作文不合格，不愿承认，目的是急于离校。魏书生当面深刻剖析了此生不愿承担的心理，说其脑子里有两个"小人"：一是知道自己写得不合格，愿意留下重写；另一个也深知作文不好，想快点回家游戏，毛病以后再改。他也表达了为人师的两种观点，一是，作文不合格，非师的责任，理由是，张斌的作文乱写了8年，师才教一年。此时，魏书生见学生张斌的表情不悦之后，施展了管理者责任智慧的艺术，表达第二种观点，再不严格依照规定修改，还可能再乱8年、16年、32年，为了将来见面都不惭愧，今天即使费力，也要帮你写好。最后，此生心甘情愿地撕掉三页近千字的作文，选择了重写。魏书生怀揣着对教育的责任之感，以学生心灵引路人的身份，让学生拥有理想与志向，自觉接受他的思想，自觉地接受他的教育，自觉地走上人道之路。《国家中长期教育改革和发展规划纲要》的第十七章指出，"要严格教师资质，提升教师素质，努力造就师德高尚……高素质专业化教师队伍"。语文教育的过程是春风化雨、润物细无声的过程。如辽宁省的特级语文教师孙永河，形容教师上课就如厨师做菜，讲究"火候"，急不得。对学生尚且如此，作为教师修养责任意识更应如此。

"凡是教，是为了达到不需要教"，教育智慧的最高境界是不用教育，以达"凡是管，是为了达到不需要管"。以魏书生为代表的语文教学管理派的教育智慧，引起了中国教育界的一场深刻变革。在这场变革中，中国教育正努力摒弃传统的"仓库理论"，中国语文教师正努力抛弃固守多年的"师道尊严"和"单一目标"。魏书生在不断的尝试之中为我们带来了以"自主学习、自我教育为基石"，以"教育民主化、科学化为梁柱"，以"自立自强、社会强者为顶棚"的双三角建构思想系统。魏书生从教学改革实践中生发出来的教育思想，带着泥土的芳香，滴着时代的露珠，显示了旺盛的生命力，其中蕴含的内容丰富多彩，比如育人、行为、物质、整合、超学科等智慧，仍需要广大投身语文教育事业的奉献者不断积极探索。"路漫漫其修远兮"，关心语文教育事业就是关心中国的未来，让我们共同期待语文教育管理派改革的又一个春天的到来。

（作者：王晓霞　韩雨展）

语文教师专业化发展的不平衡与改进策略

近几年随着我国综合国力的增强，国家和党中央对教师专业化队伍建设日益重视，《国家中长期教育改革和发展规划纲要（2010—2020年）》中也明确指出，"严格教师资质，提升教师素质，努力造就一支师德高尚、业务精湛、结构合理、充满活力的高素质专业化教师队伍"。虽然随着基础教育和新课改如火如荼的进行，我国教师专业化发展得以日益提升，但仍与欧美许多发达国家存在巨大差距，仍存在教师专业化发展缓慢、教师科研能力薄弱、教师进修学习机会较少等现象，因此如何提高教师专业化发展，在当下语文教育改革的大背景下仍是值得讨论和研究的问题。

一、教师专业化发展的概念界定

刘薇认为："教师专业化是指教师职业具有自己独特的职业要求和职业条件，有专门的培养制度和管理制度。"叶澜提出："当今时代对于教师的专业化要求体现在诸多方面，如教师的专业精神、教育理念、专业知识、专业能力和专业智慧。"

目前针对教师专业化这一教育专有名词还没有明确的概念界定，虽然众学者议论纷纷、说法不一，但笔者认为众学者界定的概念都清晰、简洁地概括出教师专业化发展的内涵，教师专业化发展是教师职业成长的必经阶段，是教师通过内在修炼和外在技能的培训，使自身个性品行、职业道德、教学智慧、人文底蕴得到飞跃发展和提升的重要过程。

二、提高语文教师专业化发展的意义

1. 有利于教师形成自己的教育思想 [①]

言之无文，行而不远；教无风格，泯然众人。教育思想，个性化存在，又与教师的专业化成长经历息息相关。众所周知，教师教育思想的形成不是一朝一夕的，而是教师通过长期的实践经验和理论学习总结而成的。翻看任何特级教师的专业化成长经历，他们教育思想的形成无不是在个人教育成长道路上所逐渐积累下来的点滴硕果。辽宁省特级教师、当代著名改革家魏书生老师"民主与科学观""六步教育模式"等核心教育思想的提出就是魏老师以教书育人为理念，通过长期在教育一线中不断积累和开凿教育"泉眼"所不断流淌出教育成果的结晶。魏老师在工作中始终保持勤奋、宽容、智慧、奉献的心境，始终坚守洁净的职业操守，逐渐涵养自己的教育教学风格，进而提出了对整个教育界具有深远影响的教育思想。

2. 有利于提升自己的文学素养

随着素质教育和课程改革的不断推进，教师传授的不仅仅是课本之内的知识，而是要求教师要站在更高的高度，给予学生内心更为丰厚的学养，让语文课充满浓浓的语文味儿，以此提升他们的人文底蕴与道德情怀。青年语文教师在工作中充满激情、充满活力，但由于工作时间短，缺乏理论基础和工作经验的积累，在教育教学上还不够成熟，因此提升语文老师的文学素养是促进青年教师进步和发展的根本途径，同时也是成为高效课堂最重要的基础。我国许多著名的教师几乎是饱读诗书，可以说是把书当作自己精神的食粮、灵魂的挚友，所以教师要养成每天都读书的好习惯，让书中的文字汇成知识的泉眼，使教师不断与时俱进，从而具有更坚实的理论基础、更高超的教学技能、更鲜明的教学风格。

3. 有利于教师提高自身科研意识

黄山谷说过："人胸久不用古今浇灌，则尘俗生其间。"在素质教育盛行的

[①] 顾明远，石中英 . 国家中长期教育改革和发展规划纲要（2010——2020 年）解读 [M].北京：北京师范大学出版社，2010：20-30.

今天，作为一名教师，绝不能站在前人的肩膀上停滞不前，乐而忘忧，而要坚持科研引领，在总结前人教学经验的基础上开拓属于自己的教学领域。一方面，教师要准确地把握[①]课程标准、学科本质和学科核心素养的培养要求，知晓学科边界及学科发展前沿动态，善于捕捉教学一线中的前沿问题。另一方面，教师要有科研意识，在不断求索的途中发掘科研精神，让教育科研走下神坛，保持平民性，走出殿堂，保持实用性，服务教师，提升教师课程领导力，从而使教师能够真正把自己研究的科研课题、理论运用到实际课堂教学中，使科研能够促进教学，从而真正做到为课堂教学服务。

三、教师专业化发展不平衡的表现

1. 教师专业化发展与教师学历的不平衡

素质教育盛行的今天，虽然许多学校放松了以学历为教师招聘的唯一标准，但是对教师学历的要求仍是学校衡量教师是否可以胜任的重要标尺和条件。许多优秀大学本科或研究生学历的年轻教师在走上工作岗位几年后，相比资质深厚的老教师而言并没有开辟出属于自己独特的教师专业化发展道路。相反，有的年轻教师甚至亦步亦趋、邯郸学步，最后使自己迷失方向，甚至错失自己最好的职业发展阶段。

2. 教师专业化发展与教师教龄的不平衡

许多教师陷入这样一个误区，认为只要教龄越长，自己的专业发展道路就越发清晰、明朗。实则不然，通过深入一线的调查与访谈，我们了解到实际专业化发展进度缓慢甚至停滞不前的人数中教学年龄、教学年限较长的教师占有较大比例，这些拥有一定教龄的教师往往因为操持家庭、职业倦怠、缺乏科研意识等因素而疏于自身专业的成长和发展，这不仅对自身职业发展产生巨大影响，同时也会在一定程度上阻碍教学设计的个性化和创新化。

---

① 潘施施. 中学语文教师专业发展个案研究［D］. 南昌：江西师范大学，2012.

四、提升教师专业化发展的改进策略

1.情意为本,将教育事业视为崇高理想

教师要想做好教育工作,要想规划好自身职业成长之路,首先要把教书育人视为一份崇高的事业,并要以学生为本,坚定信念为桨,在情与意的舟中不断地前行。著名教育专家李吉林老师认为,情感是语文教育的"渠道""灵魂"和"根",一旦学生心灵的"情"被燃起,我们的语文课堂就能迸发出生命的光彩。特级教师窦桂梅多年来始终把"以情育人"作为自己的教育理念。窦老师认为,在课堂教学短短的时间里,情是语文教学的根本,教师只有用真诚的情感打动学生,学生才能被文本中的真性情所感染,进而让学生真正热爱语文。语文教育不是单纯的学识技能的教授与训练,而是内心的碰触与情感的感通,是生命与生命之间的对话与关怀,是心心相印,是真,是爱。情不仅是语文教学的基石,同时也为教师的专业成长道路添砖加瓦,从而使教师的专业化发展道路熠熠生辉。

2.学无止境,努力提升自身的专业意识

教师专业化发展的特点之一就是教师能够对所学教材进行删减、重组、整合和评价,以自己的视角形成对教材的理解,这就需要教师具有丰厚的知识底蕴,拥有前沿的专业意识,增强自身专业能力。我国著名作家季羡林先生曾说:"即使我每天读一本书,这辈子都读不完家里的藏书。"但他依然不会为了读而读,会坚持思考和写作,日积月累的坚持与写作使得季羡林先生不仅精通12国语言,在学术研究方面也实现梵学、佛学研究并举,中国文学、比较文学、文艺理论研究齐飞。我国特级教师钱梦龙仅初中毕业,但辍学在家后通过自身不断努力,自学完成大学专科的所有课程。钱老师不仅精通语言学、现代汉语等语文专业基础知识,还对教学论的发展史有自己独到的见解。通过30多年在教育一线的不断求索与学习,在以学生为本的教育理念的促进下,提出了"三主三式"的教育理论。广大教师尤其是刚走上工作岗位的年轻教师一定要充分发挥自己在校学习的专业理论知识,努力提升自身专业意识,最终在自我理想实现过程中达到职业奋斗的目标。

3. 善于总结，反思中得到人生目标的实现

考尔德希德说："成功的有效率的教师倾向于主动地创造性地反思他们事业中的重要事情，包括他们的教育目的、课堂环境以及他们自己的职业能力。"我国古代著名的教育家、思想家孔子就强调"吾日三省吾身"的重要性。作为一名语文教师，一方面，我们可以通过写教学反思日记记录经验或失败的教训，并为自己今后从事教育科研提供一份具有价值性的参考资料。另一方面，广大教师尤其是拥有较长教学年限的教师可以把多年积累下来的丰厚的教学经验当作一本"活"的教科书，通过在对一个个鲜活、生动的教学实例的反思和研究中形成自己教育事业的宝贵财富，从而为实现自己的人生目标奠基。

教师专业化发展不是一蹴而就的，而是一个螺旋式的、持续上升、渐进的过程，教师专业化发展道路也不是一帆风顺的，其中会面临许多荆棘和坎坷，这就需要教师在专业化成长过程中不断汲取知识的养料、丰富自己的教学技能、提升自己的科研能力，在教学实践中不断壮大自己。期待所有教师的专业化发展之路能够绿满大地，为我国语文教育事业的蓬勃发展奉献出自己的一片绿意。

（作者：南奇杭）

从母语教育看语文教师对语文教育的理解能力

语言是人类沟通和交流的工具，母语是人类从出生那一刻起就接触到的第一语言。本民族的思维方式、风俗习惯、生活方式孕育在母语中。汉语是中华民族的共同语，是多数人共同掌握和使用的语言，它不仅作为一种交流工具，更重要的是在语言历史发展的变迁中，凝聚了世世代代人民的精神痕迹，蕴含着民族的思想和情感。母语是民族的"根"，母语教育则是血脉的传承。因此，母语教育事关重大，关乎民族的未来。不只中国，世界上任何一个国家都十分重视母语教育。母语教育的目的，不仅让受教育者获得准确使用语言、文字的技能，还要培养受教育者的文化认同感，加深对民族的情感。

在全球化的今天，母语教育面临着机遇与挑战。一方面受到外来语言的"侵略"，另一方面也有了汉语对外传播的可能。中国国家实力的增强，掀起了"汉语热"，每年有大量国外留学生到中国学习汉语，中国也在海外建立了孔子学院，满足世界性的汉语学习要求，促进了汉语和中国文化的传播。然而，在国内的情况却相反，"英语热"持续高温。一方面，学校、家庭将大量时间、金钱投入到英语学习中，结果一部分儿童混淆了英语与汉语拼音；另一方面，无论在正式或非正式的表达中，汉语的表述呈现了"英语化"倾向，出现"长句""倒装"等。这些不得不让人担忧，英语对中国人的思维方式的改变，其背后是否有意识形态的渗透？新世纪以后，现代科技与互联网技术的发展，新媒介的快速、及时性，又给语言生活带来新的面貌：传统的语言规范受到挑战，同时伴随着社会物质生活的改变，出现了新的词汇、语法、句法等。

母语教育在新的历史状况下，面临新的任务。语文教师作为母语教育的重要实践者，如何在尊重语文教育规律的基础上增强学生对母语的情感？如何提高学生母语的语言应用能力？如何在母语教育中传达出人文内涵？如何在母语教育中实现民族情感和社会理想的建构？母语教育应该如何面对第二语言学习的挑战？母语教育如何面对全面开放的互联网时代？语文教师应该具有怎样的专业能力和职业能力以适应新的时代？等等。在中国社会发展逐步进入信息时代，在中国走向世界的全球化背景下，在中华民族振兴的历史趋势中，这些问题都是语文教师需要思考的宏观问题。

一、语文教师要理清"语文"的内涵和外延，深刻理解什么是"语文教育"

我们今天通用的"语文"名称是叶圣陶先生提出的，但什么是"语文"，在中国现代语文教育史中有着不同的诠释，如语言与文字、语言与文学、语言与文化，但笔者认为语文是要包括语言、文字、文学、文化的。语文课堂是推广母语教育的重要平台。语文教育是为培养学生母语能力，传达母语人文内涵而开展的最核心的教学活动。语文教师又是这块平台上的执行者。语文教师要明确母语教育的目的，不仅要使受教育者掌握语言运用的能力，还要认同母语文化。基础教育阶段的语文课程标准明确规定了语文的工具性和人文性相统一的课程性质。2011年版的《义务教育语文课程标准》明确规定了语文的课程性质："语文课程是一门学习语言文字运用的综合性、实践性课程。义务教育阶段的语文课程，应使学生初步学会运用祖国语言文字进行交流沟通，吸收古今中外优秀文化，提高思想文化修养，促进自身精神成长。"在"母语教育"和更广阔的社会、历史、科技的时代发展视野下看当代的语文教育，语文教师职业素养的培养应基于对语文学科教育的自觉认识，为思考和实践语文教育奠定基础。

语文教师要认识到母语的实践性。我们生活的环境，是脱离不开母语的，因此也无不关乎语文的。语文教师要树立"大语文"的语文教育观念。"语文教育"是一个广义的概念，除了建立在听说读写之上的传统的"教学语文"，还有社会语文。语文教师要重新梳理自身的语文教育观念，除了要在传统的

"必修课""选修课"以及教学计划内的"名著拓展"部分中提升学生的母语语言应用能力，完成人文内涵的建设，还要将语文教育延伸到更广阔的社会生活当中，在社会生活中感悟、学习中，让语文成为"活的语文"，真正实现语文的实践品质。

语文的实践品质意味着语文教师自身要积极地发现生活、感受生活、品味生活。语文学习的素材不仅是一种"文献式"的，更是"活"在人们日常的社会生活中的。语文教师要引导学生在生活经验中获得语文的灵感，并且更加热爱生活和生命。生活的真实场景远比课堂上刻意创设的情境能触动和激发学生。语文学科自身的独特性——实践机会和实践资源处处存在，无须像数学学科等的循序渐进性，也让语文学习变得更加灵活而多样。在实践中学习不必系统化，这也对语文教师提出了很大的考验，努力引导学生面对"琐碎"的生活，能够自主地体验生活、认识生活和评价生活，观察、阅读和理解当代社会生活。

因此，语文教师要在"大语文"观上，提高语文教学能力，尤其是写作的教学能力。写作是对什么是"语文"的重要的理解过程，也是对母语运用能力的重要考查手段，而写作教学也是语文教育中的难点和易忽视点。语文教师在教写作之前，首先要有练笔的习惯，缺少写作经验的语文老师，又怎样与学生交流写作？要将写作教学回归生活，在点点滴滴中，丰富学生的人生经验，提升学生的文化品位，培养学生的精神境界。语文教师要培养学生形成认识和评价生活的能力，这样在汉语写作中就不会出现无话可说、千人一面，说着公共的套话、正确的废话的文章了。

二、语文教师要完成提高母语语言运用能力的任务

重"文"轻"语"是目前语文教育中存在的问题之一。教师要认识到语文课堂对母语传承的重要性，关注母语的交际功能，关注课文的语言形式。语文教师要关注汉语言文字的学习特点，培养并训练学生的语言表达能力。这就需要语文教师提高自身的汉语言专业基础，正确而规范地使用汉语言，这样才能以良好的语言行为影响学生。

第一，语文教师在教学中提升学生语言运用能力时，要建立在掌握母语的规律与特点的基础上。其一，把握汉语的文化内涵。汉语不同于英语的表音体系，是以象形、表意为原则，是具象与抽象的统一，其中蕴含着中华民族天人合一的哲学观念。语文教师要掌握汉语的构词法及其文化意蕴，以此加深学生对词汇的理解和掌握。其二，着重对语言表达的学习，培养语感。现代汉语的语音特点在于其阴阳上去的四声变化，在阅读过程中能够感受到抑扬顿挫的起伏之美，而如古典诗词，更是能在平仄与押韵中感受到汉语音韵的博大精深。培养语感可以通过接触大量的语言材料，尤其是名家名篇，因为那些典范的白话文对语言的运用更加鲜活。在"阅读"中，关注语音、词汇、语法、标点、修辞等的用法，形成自然、健康的表达习惯，并发现母语本身的优美。

第二，语文教师要自觉地在日常生活中规范地使用文字。互联网时代的汉语危机，首先在常规的汉语运用。键盘输入代替书写，经常性地不进行纸笔书写，出现了提笔忘字的情况，而在具体的写作中，汉字书写不规范、错别字连篇、标点符号乱用、语句不连贯、逻辑混乱、修辞不恰当，时常发生。其一，面对汉语的书面表达危机，语文教师要从自身做起，经常进行文字书写，规范用法。语文教师要重视职前教育的专业积累，强化现代汉语、古代汉语、语言学的基础知识学习。其二，进入互联网时代，语言环境更加混乱，语文教师要用包容的心态，直面在交互信息时代出现的不规范的语言应用，但要矫正学生写作中出现的不良表达，维护母语的纯洁性、高效性、即时性的传播需要，造成语言表达相对传统书面语呈现出口语化倾向；在网络环境中，出现了英汉混搭，词性转换，语序变异，状语后置，后缀附加等现象……

语言是随着社会的发展，伴随着新的现象而更新的，语文教师要以开放的胸怀看待网络用法对传统表达习惯的突破，积极面对词意、句法的迁移。不过，我们要看到，一些网络语言如"给力""点赞"等确实丰富了汉语词汇，而且具有活力、创造力和表现力，但是如"屌丝"等则要加以判断其性质。语文教师要有能力鉴别出来，引导学生形成健康的语言表达习惯。

三、语文教师作为母语文化的传播者，要有挖掘和传授语文人文内涵的教学能力

语文教师作为母语文化的传播者，应当注意教学内容的价值观念取向和人文内涵。语文教育是一种人文教育，关怀着人的生存问题，关注着人的尊严、理想和命运。语文教师强调教学中的价值观取向与人文内涵，并不意味着要把语文课上成政治课、文化课，或是道德教化课，而是要真正地回归文本，在文本中挖掘出"真""善""美"，让学生在切实的感受中树立民族观念，健全人格，丰富精神世界。学生学习的时间、精力有限，要同时面对多门课程，因而，语文教师要充分利用课堂教学时间，并且在有限的教材资源中，最大化地挖掘出其中所蕴含的丰富内涵，包括关乎道德的、人性的、生命的、理性的、审美的、情感的、逻辑的，在多角度的探讨中，锻炼学生的思维能力。反思当下，有的语文课被上成了词汇分析、文学常识介绍、段落层次划分、中心思想概括的"标准答案"的确认课。在这种结构性、模式化、技术化的教学中，充满韵味的文本被肢解了，学生不仅无法感受到母语的美感，而且丧失了对语文学科的兴趣。语文教师在面对文本时，要回到文本的历史语境，要确实地回归到文本当中，在语句的把握中，品味文章的情绪，并要探索出在现时语境下的文章内涵的发展性。

发展语文教师挖掘和传授语文人文内涵的能力，需要语文教师要有能够不断发展自己的理论修养、文学修养、创新性的能力，培养自身独立思考、坚持阅读、终身学习的习惯。语文教师要有甄选经典与淘洗当下的能力。然而，当下的语文教师多数不仅不阅读，更很少进行独立思考，文学原理、文学史、文学批评与鉴赏的理论准备不足，缺少分析和解读的能力，几乎不能充分挖掘出作品的人文内涵。当下的语文教学实际由于应试的压力，课堂教学中有限的教材资源又被压缩了讲读空间，常常只讲一部分，留下时间去面对为了升学而准备的试题。语文教师在讲读部分又基本上完全依赖教学参考资料，讲备考的知识点，不敢跨出"标准"丝毫。这样，"应试化"的教学也削弱了教师发展自己的理论水平和写作能力的内在动力。不过，随着高考改革的深化，

考试制度的调整，语文教师必须处理好"应试"与"人文精神"的关系问题，在面对阅读题目时要能体会出文本的核心内涵，感受到文章的情绪，而不是如现在简单讨论表现手法及其作用。

四、语文教师增强母语教育的研究与教学能力，适应国家考试制度的调整

以英语作为官方语言的国家在世界上最多，在国际事务中通常使用的语言也是英语。在某种程度上英语有着世界语的性质。随着中国对外开放程度的加深，在全球化的影响下，有了对英语的需求，但却是不合乎理性的。英语学习贯穿在几乎所有阶段的学习中，在高等教育阶段仍然以必修课的形式出现，而相反，大学语文即使只是选修课也少有人问津。在这个教育阶段，英语的投入时间之多，而实际上仍然难以满足日常交际，只是为了应试。在各类升学考试中英语都占有很大比重，甚至起到决定作用，影响到很多具有高素质的专业人才的继续发展，甚至有"得英语者得天下"的说法，在一些就业、职称、选拔考试中，外语也成为了衡量标准。当前，在中国英语学习愈发呈现低龄化趋势，汉语拼音尚未辨认清楚的儿童，张嘴都是 26 个英文字母。我们不得不意识到问题的严峻性。目前，国家通过教育政策的调整，来提高母语教育的地位，以引起整个社会对母语学习的重视。在《2017 年的高考改革方案》中，英语将退出新高考，并逐渐实行英语的社会化考试，提高语文分值，以此确定语文的基础性地位。语文教师要增强母语的研究与教学能力，适应国家考试制度的调整。在某种程度上，如何考决定着如何教。语文教师要有能力解读出新的高考政策，并在具体的教学中根据考纲，调整教学计划与教学方法。在新的高考方案中，"将加强对中华民族传统文化的考查，注重考查内容与社会生活的联系"。由此可见，在新高考中，文言文及古典诗词将成为新高考的评价重点，并强化语文教育作为母语教育的实践性与应用性。在高考指挥棒的指导下，在以分数为前提的语文课上，语文教师更要研究学习规律：在文言文教学中，反复诵读经典篇目，培养语感，扎实对文言实词、虚词、语法的掌握，在拓展的文言文语料中灵活运用；在古诗文教学中要注重对中

国典故、文化的推介；语文教师在教学中要注意对生活情境的解读，让语文教育回到母语环境中来。

五、信息时代，要发展语文教师将母语教育与现代科技相结合的能力

新世纪以来，现代科学技术的发展，拓展了人类的生存空间。无限的互联网虚拟空间，给人们提供了学习、娱乐、交流的新方式与新平台。互联网日益渗透到全部的社会生活中。新的媒体技术已经走进中小学课堂，作为辅助性的教学手段，加深了学生对知识的理解，活泼了课堂氛围。语文教师在传统的教学空间之外获得了更广阔的天地。因此，新媒体时代，要求语文教师要具有媒介操作能力。语文教师掌握现代科学技术能够促进语文教学，因此，语文教师要能够与时俱进，培养科学素养，但是也要防止作为手段的科技成为教学的目次。在《全国中小学教师资格考试各科目笔试大纲》中，对申请语文教师资格人员的基本能力做出了规定，首先就提出了信息处理能力："具有运用工具书检索信息、资料的能力；具有运用网络检索、交流信息的能力；具有对信息进行筛选、分类、管理和应用的能力；具有运用教育测量知识进行数据分析与处理的能力；具有根据教育教学的需要，设计、制作课件的能力。"可见，信息技术能力已经成为新世纪语文教师的基本素养。

语文教师要掌握查找资料的方法，利用百度、中国知网、万方等数据库查找最新的教研成果，引用到教学当中，以更好地完成教学目标。现代的信息检索能力的提高解决了语文教材经典性有余而知识滞后的弊端，有助于更新知识。从《全国中小学教师资格考试各科目笔试大纲》中对信息处理能力的要求可见，媒介能力信息时代对语文老师的新的要求不仅是技术性地操作电脑，利用网络查找资料，使用多媒体、翻转课堂、慕课等丰富教学，更重要的是要求教师要形成在全媒体中获取、分析、筛选出有效信息的能力。在知识大爆炸的今天，获取知识变得异常容易，互联网搜索可以分分秒秒提供答案。但是面对碎片化的信息，语文教师要有梳理信息，建立知识体系，寻找到信息之间的相互关联性，归纳、总结出本质性的东西的能力。

　　在信息时代，语文教师要有将母语教育与现代科技相结合的能力，以此拓宽教学渠道，变革教学模式，丰富教学手段，灵活教学内容。语文教师可以积极主动地借用新的媒介平台，如微信、博客等，延伸语文教学的时空，扩大知识的容量，分享讨论问题。语文教师可以基于互联网，建设教学平台，发展在线教育，形成对话机制，努力开发和设计出满足不同学习能力、不同学习基础、不同发展方向的学生的多层次课程内容，让语文的学习变得开放起来，更好地培养学生的自主学习能力。信息时代，语文教师可以借助现代科学技术，努力构建具有时代性、基础性、选择性的母语课程，做到因材施教。

　　在新的时代面前，语文教师要承担起母语教育的责任与义务，要让母语的教育和语文的学习回归文本、回归自然、回归生活，并将科技与人文、现代与传统、民族与国际统一起来。尤其在信息时代，语文老师要不断地发展自己的专业能力、职业能力，不断完善自我，改变教育观念、思维方式、教育方法，以培养出符合未来时代要求的人。

（作者：李金花）

新世纪高中语文教师的语文教育观

语文教育观问题由来已久，许多学者针对这一问题做出了多种解释。在本文中，主要针对高中语文教师语文教育观问题加以阐释。笔者认为，语文教育观是"语文"与"教育"这两个概念的叠加。所谓"语文"即是叶圣陶提出的"语和文"两个概念。所谓"教育"，笔者认为这一概念同样是由"教和育"两部分组成。因此，语文教育观即是指"语、文、教、育"这四个概念的相互渗透、相互融合，不可厚此薄彼，否则，都会略显偏颇，都会在语文教育的道路上蹉跎不前。

一、语文教师语文教育观的现状

正如前文所述，语文教师的语文教育观应该是"语、文、教、育"四位一体的概念，不能厚此薄彼。然而在实际的教学环境中，作为语文教育具体实施者的教师很难全面把握，往往顾此失彼，使语文教育走入了一个怪圈，难以摆脱，导致语文教育的步伐停滞不前，给学生及学生家长，乃至整个社会造成消极影响，让语文教育陷入尴尬局面。

（一）以高考为指挥棒的教学

高考是决定一个人命运的时刻，其重要性不言而喻。因此它成为一名高中学生的核心价值体系，高考成绩的高低成为评判一名高中生素质高低的唯一标准，这使得社会上唯高考高分论的论调一浪高过一浪。全国各地的高中更是以高升学率、高分率、高名校录取率标榜自己。作为高中教师而言，在这样的论调下，难免进行功利性教学，而这种不分学科的功利教学，会给学生带来不利的影响。特别是语文这门学科，语文是带有其学科特殊性的一门课程，叶圣陶曾在《认识国文教学》一书中提出："语文是生活上的一种必要工具。"它并非是在追求功名利禄道路上的试金石，而是实实在在的表情达意的工具。当然，其重要性远远不只是"生活上必要的工具"那么简单，它还承载着传承文化等更重要的使命。

然而在高考的指挥棒下，许多教师将语文课变成了高考语文试卷答题课，非高考出现的知识不讲，非高考能用到的知识不授。在这简单的不讲、不授过程中，语文教材被删减得七零八落，忽略了教材的完整性，同时也忽略了语文学科的特殊性。课堂由此而变得沉闷、乏味，学习语文也仅仅就徘徊于高考的几种题型之间，学生缺乏学习的兴趣，再加之语文并非仅仅练题型就能提高分数的特点，使学生更讨厌学习语文。长此以往，形成一种恶性循环的态势，极不利于语文教育的发展。

（二）囿于时间、教材和教学方法的教学

45分钟，是语文课堂教学的时长限制；教材，是语文课堂教学的内容限制；教学方法，是语文课堂教学的形式限制。语文的课堂教学往往囿于这几种固有形式，学生的学习也似乎习惯了这种时限、教材以及师教生受的形式。语文的课堂没有课外的延伸，学生的学习也仅仅限于这45分钟之内和几本教材之间，除此之外，再不"越雷池半步"。

语文具有其学科的特点，它是一门集工具性、思想性、知识性、社会性等特性于一身的学科，教师的教学任务也应是多职能的体现，其最终目的是为了提高学生个人素质修养。而一个人的个人素质修养，也绝非是通过一两节语文课，或者一两篇课文就能够提高的。纵观语文教材内容，十年前的教材与十年后的教材大同小异；在教学过程中，要求学生掌握的知识点也近乎雷同。当然，也有人会说，经典的研读还是要遵循经典的办法，这也不无道理。然而在社会飞速发展的今天，除了研读经典之外，我们总会觉得语文的教育似乎少了些什么。而在这种缺位的语文教育观念中，何谈提高个人的素质修养，又更何谈语文独具特色的学科特点呢？

二、语文教师教育观转变的必要性

上述问题存在于我们实际教学的过程中，这已经在高中的语文教育教学中产生了不良影响，许多学生消极怠学，缺乏学习兴趣和学习欲望，丧失了语文学科的功能。在这种情况下，我们应该重新审视自我的语文教育观念。语文教育，不是一个微缩的世界，应将语文教育从微观世界中解救出来，建立大语文教育观念，真正实现语文的价值。这也是语文教育改革过程中势在必行的一步。

（一）新课标的要求

《普通高中语文课程标准（实验）》在课程性质部分中明确指出："语文是重要的交际工具，是人类文化的重要组成部分。工具性与人文性的统一是语文课程的基本特点。高中语文课程应进一步提高学生的语文素养，使学生具有较强的语文应用能力和一定的审美能力、探究能力，形成良好的思想道德素质和科学文化素质，为终身学习和有个性的发展奠定基础。"[1]基于这样的课程性质，在课程的基本理念部分中明确规定："全面提高学生的语文素养，充分发挥语文课程的育人功能；注重语文应用、审美与探究能力的培养，促进学生均衡而有个性的发展；遵循共同基础与多样选择相统一的原则，构建开放、有序的语文课程。"[2]在这样的课程性质和理念下，转变语文教育观，成为教育工作者迫在眉睫的任务。

（二）人才培养的需要

关于"人才"的定义，不同人也有不同的解释。就高考而言，高分获得者可以称之为人才；而就社会而言，"人才"的定义可能要更广泛一些。究其最终目的，还是为社会培养人才。社会的人才培养，也就是人们生活能力的培养，其中包括多方面的内容，最重要的也就是人才作为社会一员时，与人交往、交流的能力，这是一种生活技能的培养。也许有人会质疑，与人交往、

---

①《普通高中语文课程标准（实验）》：普通高中语文课程标准研制工作组发布，中华人民共和国教育部制订（2013.5）.

②《普通高中语文课程标准（实验）》：普通高中语文课程标准研制工作组发布，中华人民共和国教育部制订（2013.5）.

交流的能力在咿呀学语时就逐步形成了，然后这种能力会随着年龄的增长而变得日趋成熟。但在这个过程中，如何能恰当、得体地与人交际、交流，这就是语文学科的独特性能够解决的问题。

叶圣陶曾讲过："尽管运用语言文字并不是生活上一种奢侈的要求，实在是现代公民所必须具有的一种生活的能力。"在这里叶老强调的是一种生活能力，这也就决定了这种能力与生活有着密不可分的关系。既称之为生活能力，就要求人们在实际生活中反复磨炼而得，在不断的反复打磨中造就人才，人才的培养过程也就是能力提升的过程。有人说："一夜可以成为富翁，但一夜却不能造就贵族。"文化的积淀、素质修养的提高绝不是一朝一夕就能解决的，也不是微观的语文世界能够窥见的。

（三）社会大环境的期待

随着国力日益强盛，文化软实力的提升也越来越受到人们的重视。语文作为文化传承的载体，其教育教学也越来越受到瞩目。

就国内社会环境而言，国学逐渐被人们所推崇，笔者看来，这是一种文化的追本溯源，一种文化寻根。在历经一个多世纪以来的文化迷茫中，找到了真正的自我。这种自我就是中华民族的根，是自我的真实存在，也正是这种真实存在成就了现在的中华民族。因此，国力的强盛即是民族的振兴，民族的振兴即是文化的振兴。

从国际社会环境角度来看，民族的振兴必然会吸引众多的国际目光，这种目光同样也会聚焦在文化上，无论传统与现代。因此作为文化传承载体的语文就显得尤为重要了，其担负着国际间合作与交流的任务，是展示中华民族之魂的媒介。在这样大的背景之下，语文教育早已不是简简单单的听、说、读、写能力的培养，其承载着更多的历史使命。在此种情况下，现存的语文教育观是远远不能承载如此艰巨的任务的。

三、语文教师语文教育观转变的可行性

面对语文教育如此现状，及时做出调整是必要的，其可行性大致可以分为以下几个方面。

（一）提高语文课堂教学效率

语文课堂教学效率不高，学生收效甚少，学生整体语文水平不尽如人意，这都是常常困扰我们的问题。就这一问题，人们将原因归结为教材、教法等因素。究其根本，笔者认为主要是教育观念存在问题。语文具有其学科特殊性，这种特殊性决定着语文课堂的教学就不应该仅限于学校内课堂教学的内容，仅仅局限于固有形式和内容的教学，其收效一定是甚微的。

从教师的角度出发，教师应树立起一种大语文教育观念。这种观念与我们现在的微观语文世界是相互对立的。在教学过程中，以朗读为例，师生的朗读也就仅仅是为了朗读而朗读，教师在这个过程中并没有引导学生怎样去体会，怎样借鉴，怎样将所学为己所用。再如分析课文的过程中，许多教师注重分析和讲解，忽略学生的形象感悟，这种填鸭式的教学自然会扼杀学生的感悟能力与想象能力。因此，在教师的这一环节上，我们就应转变观念，教师不应仅仅是知识的传递者，更应该是文化的引路人。教师的教是为了以后不教，语文课堂应是建立在激发学生学习兴趣的基础之上，引导学生积极主动探索知识，这样的课堂教学效率自然就会提高。

（二）开辟多种语文教学渠道

如果说语文课堂教学是培养花朵，学校的固有形式教学则是将花朵置于花盆之中。若想花朵开得鲜艳欲滴，只有将学生的学习扎根于广袤的土地之上。因此，社会才是语文教学的大课堂。有人说"读万卷书，行万里路"，读书与社会生活联系在一起，有助于对书本所学印象的加深，也有助于建立良好的语文背景。与此同时，在社会生活中，我们能学到书本中不能获得的知识。鉴于这一点，我们在教学中也更应该重视文化背景，将书中的理论经验与社会生活的实践经验有机地结合在一起，置身社会，审视人生，才是真正的语文教育观应有的价值。

在理论与实践相结合的教育过程中，往往要比纸上谈兵来得更容易些。以《语言文字应用》选修教材讲授为例，让学生在题海中总结病句的规律，不免会有疲劳感。不如在实践中求得真知，带领学生走上街头，研究街头巷尾的牌匾，从而达到纠正规范汉字的目的，这不失为向实践学习的最佳机会。

利用节假日，举行远足活动，纵情山水，体会昔人兴感之由，其作用可能远远大于坐在教室里大声诵读《赤壁赋》。

语文的学习也不应仅仅局限于在语文课堂上跟随语文教师的学习形式，也可以从其他学科教师那里学习，还可以从同学及家长那里学到。要注重语文的工具性，注重语文与其他学科的融合性与艺术性，将语文回归到社会中去，真正实现语文的社会功能，只要是对语文学习有益的形式我们都可以尝试。

总之，语文的教学渠道可以是多种多样的，它不应是囿于某种形式的教与学，多渠道的教学有待于我们逐渐开发。

（三）强化语文环境的积极影响

无论是教学方法还是教育观念，都离不开社会大环境的衬托。只有将语文的教育置于良好的文化氛围内，才能真正实现大语文教育观的理念。

学生是社会关系非常单一的个体。他们所处的社会环境无外乎学校和家庭，真正能接触社会并实践社会的机会甚少。所以，作为教师与家长，就应为学生提供良好的语文环境。作为学生家长，一定要正视这种大语文的环境。

在家庭生活中，往往许多家长谈课外书色变，更不用说其他的课外活动。家长在认识上存在很大的误区，他们往往认为，只有书本才能出真知，实则不然。"开卷有益"并不是空谈，语文的学习需要广泛的涉猎，只有广泛阅读，开阔视野，才能有丰富的知识，才能有终身受益的语文能力。语文的学习是无处不在的，不要让观念束缚了学习。

在社会大环境中，语文的学习同样无处不在。语言文字是人类一切精神文明成果的载体，语文的学习也必然要与社会生活紧密联系在一起。同样，社会道德风尚也会反作用于我们的学习。我们曾经讲"文以载道"，实则"道亦释文"。"文道并行"才是当下社会应该给我们提供的大环境。

（作者：陆丝雨）

高中语文教师应具备的文学素养

"为人师者，当智如泉涌；为人师者，思想当永远年轻；为人师者，当为人之模范。"新课程、新高考、新标准呼唤着师者的新思想、新知识、新方法，师者唯有自我提升才能丰盈教育生命，唯有自我提升方能绽放智慧之花。

一、着眼现实，正视文学素养缺失的现状

观察多年的语文教学经验、多年的语文专业培训，都暴露出一个问题：高中语文教师的文学理论素养、文学鉴赏知识以及文学鉴赏能力、对文学现象的关注程度和对文学与高中语文教学的关系的认识把握都是不尽如人意的。

高中语文教师文学素养缺失具体表现在以下几个方面：

1. 对文学教学地位的认识肤浅

文学是从知（认知活动）、情（情感活动）、意（道德活动）三个方面，通过审美认知沁润读者的心灵的。文学教学的目的是陶冶学生的性格情操，发展学生的品格德行，提升学生的审美素养。而一些教师并没有认识到，仍然在简单地、机械地、枯燥地教授知识点、解读文学作品。

2. 对热点文学现象的关注缺少

随着教师职业的倦怠，有些教师的研究对文学发展、文学现象失去了兴趣，缺乏文学敏感度，眼光狭隘，缺乏对文学作品的个性解读，在信息时代，达不到教学具有创造性、个性化的要求。

3. 对文学理论的实践应用脱节

在教学过程中，有些教师将文学欣赏课上成知识点记忆课，只能将一个

个"知识点"灌输给学生，将艺术精品解读得支离破碎。只关注"教"，忽视了文学鉴赏，长期没有更新的文学理论日渐老化。

4. 对文学作品的阅读兴趣淡薄

很多教师忙于工作，忙于教学，不再阅读，尤其缺少古典文学作品的深度阅读，对新出现的优秀文学作品也较少了解，个人文学素养得不到应有的提升，提升语文教育的境界更无从谈起。

二、更新观念，注重文学素养提高

真正有知识、有素养的人，应具备三种品质：良好的思维习惯、广博的学问知识、高尚的品德情操。语文教师的文学素养与语文教师的学科素养密不可分，与语文教学的质量密不可分。

1. 文学素养的内涵

"文学子游，子夏"，这是"文学"一词最早的出处。最早的"文学"可以解释为"文学艺术"，涵盖着史、文、经、哲等所有艺术和文化方面的著作，当然也有少数的文学作品。随着文学形式、体裁的发展，学术方面的作品被称为"学"，词章方面的作品被称为"文"。到了南北朝时期，韵文和散文则被称为"文学"。现在，我们所说的四大文学体裁——诗歌、散文、小说、戏剧，指的是文学修养。

2. 高中语文教师文学素养的内涵

高中语文教师应努力提升文学素养，争做研究型教师。一方面要有过硬的语文基本功以及文学修养，一方面要有独到的审美观，既睿智又有思辨能力，博采众长，厚积薄发，将其他学科知识融于教学中。培养思想活跃、具有创新精神的学生，培养人文素养和语言能力较好的学生。

语文教师最主要的文学素养是对中外文学史知识和文学理论知识的掌握，对文学的感悟力和自身的文学批评和鉴赏水平。这就要求高中语文教师要了解文学史、各种流派，了解作家作品的风格流派，要有自主鉴赏的能力，要有培养学生独立的、创造性的审美意识与审美能力的能力，要有文学创作的能力。

3.高中语文学科核心素养的内涵

语文学科核心素养，是在语言的运用活动中不断积累、丰富、构建起来的，并在特定的情境中体现出来的语言品质及语言能力。它要求教师和学生积累、梳理和整合中国语言文字特点和使用规律，形成表达经验，提升沟通交流能力；它要求教师和学生获得思维的发展（如形象思维、辩证思维、逻辑思维和创造思维），提升思维的品质；它要求教师和学生形成正确的审美意识，具有健康的审美情趣，提升鉴赏的品位；它要求教师和学生继承和弘扬中华优秀文化，热爱中华文化，热爱祖国语言，拓宽文化视野，增加文化自信。

语文学科的核心素养既是对学生素养提升的要求，也是语文教师素养提升应遵循的方向。提升语文学科素养，语文教师可以更好地把握教材的自主性、开放性和文学性，可以提升对文本、对语言文字的敏锐的感悟，可以提升课堂组织的调控能力，可以提升学生的审美意识，将美育贯穿于整个教学过程中，在情感熏陶、价值引领等方面更加游刃有余。

三、有的放矢，有效提高文学素养

高中语文教师文学素养的提升是人文素质教育体系构建的一个核心组成部分，是促进素质教育向纵深推进的有效途径。

1.教师的文学修养与诗歌鉴赏

诗歌是中国古典文学的最高艺术成就，"鉴赏"是在作者创造的基础上进行的艺术再创造。语文教师拥有较强的文学素养才能有效提高学生的鉴赏能力。

长相思·春雨（原创）

心初静，风不定。院落桃红羞揽镜，谷雨逗青杏。

蝶双影，思轻应。几番寒暖尘洗净，正填飞花令。

为了提高学生对诗歌鉴赏的兴趣，我常常以自己的原创诗作为拓展素材，从创作者的角度讲意象、情感和手法。讲"心静"与"风不定"的对比，讲

"桃红"与"青杏"颜色的对比,讲"羞"与"逗"的拟人手法,讲"几番寒暖"内心的感受,甚至讲到"长相思"词牌的韵与平仄,以此唤醒学生的鉴赏意识,培养学生的审美能力。

教师自身素养提升才能将古诗词承载的丰厚文化内涵掬捧点滴精粹,将它们润入学生的心田,播种下学生对中国传统文化的自信。

2. 教师的文学素养与文学阅读

造就一代具有创新能力和探究精神的新人,是语文教师必须研究的问题。"以人为本"的教育观念、一切为了学生的发展的教育理念是语文教师应该构建的。在教与学的过程中,学生是我们的合作伙伴,是教学活动的平等的参与者,教师应该充分调动学生的主体意识,引导学生主动探究,将参与、讨论、质疑等权利还给学生。

教师应尝试进行具有探究性的阅读教学。在探究性阅读教学中,教师要以自身的文学感悟引导学生抓住文本的关键字句,通过学生主体的体验感悟,积极与文本交流,从而唤醒文本中的生命,在新活的意象中让文本情感和意蕴得到崭新的呈现。

3. 教师的文学素养与文言文阅读

文言文教学是一个博大精深的文化命题,但是文言文教学中"文""言"分隔的现象,却一直困扰着语文界。文言文教学中"文""言"分隔造成课堂沉闷和学生自主学习能力丧失、传统文学涵养缺失等现象。语文教师要阅读文学名著,培养真正的文学品位。语文教师的底蕴、气度来自于诗词品读,来自于文学作品的阅读。语文教师的浓厚的文学素质,能让学生如沐春风。语文教师应涉猎古今中外的优秀文学作品,尤其是中国古代文学——诸子散文、唐诗宋词、骚体汉赋、四大名著等。语文教师更应该学习文学鉴赏的理论。新课程要求语文教师要独具慧眼,发掘教材中的美的因素。语文教师应建构文学理论知识,加强自身修养,以理论来指导自身阅读。

4. 教师的素养与作文教学

语文教师文学素养还包括写作素养,写作素养是语文教师的基本素养。观察和理解、判断和分析、表达和指导是写作素养的重要因素。观念、习惯、技巧等写作素养是逐渐形成的。写作素养是作文教学的基础，是作文教学的基础和来源，也是作文教学成功的保证。只有具备良好的写作素养，才能轻松便捷地进行作文教学。教师自己必须阅读、思考，并进行个性化的创作，这样才能胜任作文教学。

中国文化博大精深，新世纪的语文教师承担着提高国家人文素养水平的重大责任。高中语文教师的文学素养与教学实践关系密切，语文教师具有良好的文学素养就能以人文精神熏陶学生，就能建设、开发、创新活动课程，就能增强学生的审美能力、创新能力和探究能力。这就要求语文教师不断提升文学素养，引导学生，影响周围的人，继承传统，继往开来，让中国璀璨的文化屹立于世界民族之林。

（作者：赵舒）

教师职业文化与语文教师文化素养

新一轮的课程改革，对教师的职业文化提出了新的要求。教师的职业文化直接影响教学的效果。而语文教师所具备的专业能力和职业素养，更影响着语文教学的整个过程。

一、教师职业文化的内涵

教师作为一个独立的社会群体，具有其特定的职业文化。从广义上来说，教师职业文化包括与教师有关的教育方法、物质和精神等；从狭义上来讲，则指教师在教学活动中所具有的文化素养，包括知识素养、能力素养和道德素养。

教师的职业文化发展，在不同时代的要求也不尽相同。传统意义上的教师，不光对社会发展起着积极作用，其自身也存在着一定的局限性。就当下的教师职业而言，面对新课程改革的具体要求，不论是学生、教师，还是社会、国家，都在呼吁一种新的教师职业文化的产生。在语文专业方面，语文教师也应具备带有其专业特性、能够促进该专业长久发展的职业文化。

二、中国传统教师职业文化的内涵

在中国的传统文化里，教师文化是不可或缺的一部分。翻看古代诗文典籍，就会发现有很多文章、词句是关于教师文化的，其中最有名的当属韩愈的《师说》，而在《论语》和《礼记·学记》中也有很多关于教师、教育的内容。这些对于教师的要求，对于当时的教师职业定位起了很大的影响。当然，这些影响里既包括积极影响，也有消极影响。

（一）积极影响

1. 传道、授业、解惑

在传统文化中，教师经常被定位为"传道""授业""解惑"的人。首先，教师要传授、教育学生道德观念；其次，要教给学生知识、技能；最后，还要能解答学生的疑惑。只有具备了这三种能力，才能被称为合格的教师。韩愈的这一观点对教师工作性质的影响可以说是决定性的。它指出了教师的工作内容，教师不仅要传授知识，也要对学生进行道德教育，还要解答学生的疑惑。这就要求教师具有较高的文化修养和道德品质，所以即使到今天，我们也要求教师能够"传道、授业、解惑"。

2. 三人行，必有我师

孔子说过"三人行，必有我师焉"。语文教学中更是如此，每个学生身上都有闪光点，都有值得他人学习的地方。在这一点上，教师也不例外，因为教师不是全能的，也有不懂之处需要请教别人。因此，教师应该谦虚好学，虚心向他人请教，包括自己的学生。

3. 长善救失

教师所要做的，不仅仅是教学那么简单，还要能够根据学生的实际情况，加以纠正和指导，因材施教，因势利导，将学生的不足之处转化为优点。所以，优秀的教师，不仅要有好的品质、高的学识，还要能够长善救失，这就是对教师的教学能力和教学技巧的要求。

（二）消极影响

不管是私塾还是大的学堂，教师都是权威和真理的化身，教师的思想，或者说教育内容，甚至是国家意识、主流思想的体现，也是统治者意识的流露。虽然孔子很早就提出"三人行，必有我师焉"，但在实际教学中，受传统师道尊严的思想影响下的教师们，很难做到虚心向他人学习，尤其是向学生学习。教师不允许自己的学识、能力被质疑，更不允许被否定，这就抑制了学生的创新意识和创新行为。为巩固自己的权威地位，教师用主流文化的"棍棒"打压学生的思维，师道尊严的思想成为教师职业长远、健康发展的障碍。

所以，部分传统的教育否定了学生在教学过程中的作用，强调教师中心、书本中心，忽视了学生的需求，因此教学内容往往偏离学生需要。教师往往被认为是传授知识的工具，而学生则是接受知识的容器，这样的思想将教学中的教师提到了至高的地位，使得教师安于现状，不求进取，同时又打击了学生的积极性，不利于学生的个性化成长。

三、当下语文教学需要怎样的教师文化

在新一轮的课程改革背景下，课程的目标、结构、内容、实施、评价和管理等都发生了改变。因此，为了教师自身的发展，为了高效、高质的教育目标的实现，当下的语文教学需要新的教师文化素养。

（一）语文教师文化素养要有利于改善中国的语文教育

语文教师文化素养的建立和发展，首先要有助于改善中国的语文教育。传统的语文课堂往往以教师的教为主，而忽略了学生的需求和文本的内涵。因此，在新的教师文化中，教师是引导者，而学生和文本才是课堂的中心。对于所教内容，教师要有所选择，要基于学生的需要、接受能力和文本本身的内容而展开。

中国当下的语文教育，需要的不是能教语文的教师，而是会用语文的方式教语文的教师。语文的教学，绝对不能偏离"语文"这条轨道，这就需要语文教师具有一定的"语文"素养。所谓"语文"素养，既包括语言素养，也包括文化素养。因此，语文教师要具备一定的语言能力和文化底蕴。语文教师教学生如何阅读、如何写作的前提，首先是其自身要能够深刻地理解和把握知识点，并具有较高的读写能力，与此同时，还能准确地讲给学生。只有具有较高语文文化素养的教师才能够提高语文教育水平，改善中国的语文教育现状。

（二）语文教师文化素养要能够培养学生的语文素养

在语文教学中，仅仅是语文教师具有较高的文化素养是不够的，语文教师还要做到把自己的知识、素养准确无误地传授给学生。因此，当下的语文教学对于语文教师的文化提出了更高的要求。过去我们对于语文教师的要求

只停留在有一定的语文知识和教学技能方面，而如今，我们不仅要求语文教师具有较为全面的知识文化，包括历史、政治，甚至天文、地理等，都要有所涉猎，还要求教师有较高甚至独特的教学能力。很多语文教师尽管在语文知识方面颇有深度，在其他领域的研究有广度，但不一定真正能把知识传授给学生，这就是我们所说的"不会教"。所以，作为语文教师，不仅要自身具有文化素养，而且能把这些文化素养教给学生，进而培养学生的语文素养。

（三）语文教师文化素养要对教学改革有重要意义

国家进行教学改革的最终目的是为了学生的发展。教学改革，不仅存在于课程上，教师文化素养的提高，也是教学改革的重要组成部分。

语文教师的文化素养，包括教师的人格品质、职业道德、文化素养等，都在改革的范围内。语文教师自身的改革，也要随着时代的迁移而开展，要符合时代、社会的需要而进行。我们评判语文教师文化素养是否提高、是否有价值的标准，就是看它是否对教学改革有重要意义。如果教学改革没有因为语文教师文化素养的改变而提高，那么，我们就可以认定，语文教师的文化素养显然没有做到整体提高，而这样做的努力也是没有意义的。

四、提升语文教师文化素养的途径与方法

在教育大词典中，教师文化的定义为"教师的价值观念及行为方式"[①]。也有学者在综合了各家观点后，将教师文化理解为"教师共同的价值体系与行为规范的综合，是教师在长期的教育教学行为方式中表现出来的价值信念、教学态度和行为习惯"[②]。因此，语文教师若想提升文化素养，其本质就是提升教师的价值观念和教学态度与行为方面的素养。

（一）提升语文教师的价值观念

在语文教师眼中，语文不应该简单被看作是一种知识，而语文教师本身更不能是传授这种知识的工具。新课程要求教师改变以往的教学观念，树立新的价值观，在反思教师文化的缺陷之后，探寻新的发展路径。

---

① 顾明远. 教育大词典［M］. 上海：上海教育出版社，1998：705.
② 王宇航. 新课程改革背景下教师文化的构建［J］. 佳木斯大学社会科学学报，2008（2）.

对于语文课程，教师要有课程意识和文化自觉。在课程方面，无论是课程目标的制定，还是课程内容的选择与组织，或是课程的展开，教师都要认真参与，从中积累经验，进而指导教学实践；在文化自觉方面，语文教师要对自我文化水平有一定的认知和定位，并在此基础上吸收和接纳多元文化，建立广泛而系统的文化体系。

（二）改善教师的教学态度与行为

教师的教学态度与行为方面的素养不是一成不变的，要随着时代的发展和社会的要求而变化。过去，教师是课堂的主导者；现在，教师是课程实施的引导者。由于角色发生了本质上的变化，所以，教师的教学态度与行为也要发生改变。

为了提高语文教师的文化素养，首先，教师要改变教学的角度。依据语文课程三维目标的要求，从知识与能力、过程与方法和情感态度价值观三个角度去开展教学，教师要"处理好传授知识和培养能力的关系，注重培养学生的独立性和自主性，引导学生带着疑问走进课堂，在实践中学习，学会学习，学会做人，学会生存"[1]。另外，教师要让学生成为教学过程中的主体，鼓励学生的个性发展和创新思维，同时不能忽略文本的意义，要转变教学方式，实现教师、学生、文本三者之间的合作。

总之，在当今课程改革的背景下，语文教师应把提高教师素养作为教师发展的主旋律，采取切实有效的措施来促进语文教师文化素养的养成，提高教学能力，完成历史赋予的伟大使命。

（作者：田甜）

---

① 王菲菲.试论新课程视野下教师文化的反思与重建［J］.教育探索，2012（4）.

语文教师专业发展的关键：
把握好入职的头三年

有人将教师入职的头三年称为教师的新手阶段，被认为是教师发展的"探索期""适应期"，这个时期的教师特点表现为：缺乏实践经验，但他们具备一定的教育学、心理学和学科科学相关的理论知识；他们往往对教师生涯充满激情和憧憬，同时又对能否胜任表现出一定的担心和紧张；他们的专业理论知识已经能满足一般的教学所需，但他们即将面对的问题却千奇百怪，毫无头绪；他们对学生充满爱和期待，也对师生关系的处理充满茫然和未知。

这一时期语文教师不仅要应对教材、学生、同事关系这一系列的所有新手教师都要面对的问题，他们更多的还要面对文化知识素养和文学审美素养对他们的深层考校。目前教育界广泛关注的问题在于：由于受到诸种因素制约，语文教师虽然有愿望、期待，但真正入职后，能力的发展仅局限于应试范围，他们在中国语言文学、教育学、心理学等学科的专业能力，在教师的教学、研究、教育、管理等方面的职业能力的发展方面明显存在着停滞，甚至倒退现象，教师的职业理想、职业追求、职业素养、职业兴趣都未达到社会期待的应有高度。在高考机制、实用主义的管理与评价机制下，语文教师甚至出现职业倦怠、职业道德下滑的倾向。问题虽多，但是不难发现，语文教师这些问题的出现，大部分原因来自于时间精力的限制、社会外在期望值的压力、自身的迷惘和教师待遇所带来的心理落差，而这些问题大多会在教师入职四到五年间开始形成。这个时期教师度过适应期和探索期，对自己从事的职业有了一定的了解，自身的职业愿望与现实的对照形成强烈的落差，使教师产生倦怠、迷惘、停滞的状态。究其原因笔者认为是教师的入职初期处理不当。刘大伟老师曾指出:"教师如果在参加工作的前三年不能很快进入角色,并初步树立自己的教学形象,那么在以后的日子里,充其量也只能成为一个'教书匠',很难有大的作为。"[①]虽然这句话过于绝对,许多名师也是在入职几年甚至四十几岁才有所成就,但是不难看出入职头三年对教师的重大作用。

目前本科生毕业平均年龄为22—24岁,研究生毕业平均年龄在24—27岁,所以一般语文教师入职年龄大致在22—27岁之间。在这期间,语文教师没有家庭的拖累,没有养育子女的困扰,他们具备在师范院校习得的扎实的理论知识和初入职场的"初生牛犊不怕虎"的勇气,他们能够快速地接受新事物,有着对工作最饱满的热情,因此,入职的头三年是语文教师专业成长的最佳时期。语文教师应当把握这一黄金时段,做好如下四方面的工作:

一、目标明确,保持信念

明确的职业生涯目标有助于激励新手语文教师努力奋斗,有助于他们集中精力、调动潜能,有助于他们了解自己的工作状态和成绩,有助于他们产生成就感和发展感,避免职业倦怠的出现。语文教师如果缺乏目标,就会随波逐流,一味地以完成领导交给的任务为使命、以考试为中心,毫无追求、态度被动、形容懒散。

那么语文教师如何制定目标呢?我认为首先要将目标分为长期目标和短期目标。长期目标可以是成为特级教师、成为校长、成为教育名家,综合考虑自身特点,合理制定。短期目标在长期目标的指导下,分阶段完成,可以具体到每个星期或者每天,可以是备课时间的提升,也可以是阅读量的增加,从细小的目标开始,坚持完成。目标的制定同时要考虑当时的政治经济政策、自己的职业前景、所在学校的制度和文化、个人目前的状况和发展潜能等因素,切忌盲目和空设。

傅道春在《教师的成长与发展》一书中提出:"教育信念是一种文化和习惯,

---

① 李秀伟.教师成长寻求自我超越[M].济南:山东教育出版社,2009:103.

是积淀于教师心智结构中的价值观念，它常作为一种无意识的经验假设支配着教师的教育行为。我们有时会感觉到。为什么一些先进的教育理论难以变成教师的实际行动呢？就是因为没有成为教师所真正信奉的东西。"① 教育信念是支撑一位语文教师专业发展的重要心理因素，林肯说过："喷泉的高度不会超过它的源头，一个人的事业也是这样，他的成就绝不会超过自己的信念。"

《教师成长寻求自我超越》中提到特级教师刘大伟的案例，刘大伟老师将自己在教学上的发展大体分为三个阶段。第一个阶段是头三年，他称之为"探索期"。在这个阶段里，对他的成长最为有利的一件事是在他工作不满三个月时参加的"教学百花奖"比赛，在老教师的帮助下，他战胜了所有对手，获得了一等奖。这次成功给了他很大的信心，使他确信"能成为一个好老师"。在这之后，他越来越努力，不断超越自我，最终成为优秀教师。在入职的头三年，新手语文教师应该不断把握机会，不断提升自己、证明自己，在实践中获得自信，不断坚定自己的教育信念，以此为起点，才能最终达成长期目标。

二、脚踏实地，边教边想

制定目标可以让教师看得更远，走得更稳更快，但更重要的是要脚踏实地地迈好每一步。脚踏实地的教师一定是能够做好每一件小事的教师。入职之初的语文教师，要认真地上好每一堂课，根据自己的学生实际设计教学，认真批改作业，积极发展自身，在课余时间不断学习，提升自己的文化底蕴。有人曾说"把每一件平凡的事情做好就是不平凡"。语文教师不需要做多么轰轰烈烈的事情，讲好一篇课文，得到学生热烈的回应，就是一种扎扎实实的成功。

时间和精力是大多数教师所认为的阻碍自身发展的最重要的问题。笔者认为，并非所有的教师都一定要将自己的想法付诸笔端，但是一定要在工作中有意识地去做"想"这件事。福州市执教三十年的一线特级教师林志强在《边教边想》的后记中写道："既然是感想，我的文章自然不同于经院式的论文，

① 傅道春.教师的成长与发展［M］.北京：教育科学出版社，2001：152.

虽然工作忙不是理由，但我还是要说我没有太多时间读很多有关教育学理论的论著。"但是他又说，"因此，三十年来一直都以两个班的工作量躬耕于教育第一线的我，只能边教边想"。①语文教师在入职的头三年一定要养成边教边想的习惯，在教之前认真去想教学设计，在教学过程中注意从学生的反应中想自己教学设计的偏差，及时做微小的改正，在教学之后全面细想整个教学过程的得与失。这里的"想"不同于后文的反思，它是教师自己头脑中的"风暴"，是教师在整个教学过程中的思维运转，不足道，但是在己心。

三、长于反思，善于创新

20世纪80年代以来，教师教学反思能力愈发被教育界重视。从杜威1933年在《我们怎么思考》一书中对"反思"的界定再到如今层出不穷的关于教师反思能力的著作级研究，我们越来越了解反思能力对一个教师的重要作用。一位长于反思的教师一定不仅仅只是一个会"想"的教师。华东师范大学叶澜教授曾经说过"一个教师写一辈子教案不一定会成为名师；如果一个教师能写三年反思，就有可能成为名师"，反思是一个教师快速成长的必要途径。

长于反思的语文教师一定要有厚重的人文底蕴。只有扎实的基本功、厚重的人文底蕴以及对教育的满腔热忱，才能使一个语文教师的反思丰富起来，它绝不像是凭空想象的"空中楼阁"于教育实践无益。长于反思的教师一定要善于接受新思想。新思想从何而来？一是阅读，二是交流。语文教师要主动阅读，主动交流，在阅读和交流中发现前人的优秀经验，学习他人的优秀做法，从而充实自己，发展自己。长于反思的语文教师还要找到适合自身的方法途径。有的教师可能在论文中反思自身,有的教师可能在日记中反思自身,有的教师在整理自己或他人的教学案例中反思。每个人的喜好不同，初入职场的语文教师要根据自身情况选择适合自己的方法途径，然后持之以恒，养成反思的习惯，学会反思，善于反思。

---

① 林志强.边教边想——执教三十年一线特级教师的语文教学心语［M］.福州：福建教育出版社，2013：249.

四、虚心求教，合作共事

荀况曾经说过："力不若牛，走不若马，而牛马为用，何也？曰：人能群，彼不能群也。"群，即"合作"之意。这是一个合作比竞争更重要的时代，谁掌握更多的人脉和资源谁才更有可能成功，在语文教师身上也是一样的道理。语文教师初入职场阶段，严重缺乏实践经验，需要老教师的悉心指导，老教师从教多年的经验是青年教师未经历而不能有的。语文教师要在教学过程中、集体备课过程中不断学习老教师的教学方法、教学理念，取其精华去其糟粕，在前人的基础上推陈出新，逐渐形成自己的教学风格。

语文教师不仅要向老教师虚心求教，还要经常阅读语文大家的著作，了解语文大家的教学理念、教学心得，为我所用。

总之，语文教师入职的头三年是语文教师专业成长的最佳时期，语文教师要在入职初期调整心态，做好充足准备。刘大伟老师曾经强调："全面的素质对于一个有发展前途的青年教师来说是至关重要的。"[①] 这三年语文教师不但要努力提升自己的文化素养和专业知识，要不断地适应社会和学校对自身工作的期待，还要研究学生，处理好与学生、家长及同事的人际关系，为以后的语文教育生涯打下坚实的基础，养成受用终身的习惯，一步步成长为优秀的人民教师。

（作者：贾思琪）

---

① 李秀伟.教师成长寻求自我超越［M］.济南：山东教育出版社，2009：103.

如何提升语文教师课程解读能力

作为入职超过 20 年的教师，尤其从一名教学研究者的角度，我更加注重且行且思考。我经常和教师提的一个观点是：今天的你要做着明天的梦。一个智者能够立足于今天的现状，憧憬美好的未来，必然还有一个不可或缺的前提是把昨天理出头绪来。反思与规划，常常是很多教师的思维盲区。做好今天的工作，学生不出事，讲课不出毛病，就是成功，这成了很多教师的工作指南。但是，课程改革与高考改革又是所有教师和研究人员都无法回避的现实，作为一滴水，决定不了洪流的方向，顺应是唯一的出路。因此，做好职业的反思与规划，提升个人的业务素养和文化修为，在不断提高的专业要求面前，不消极、不被动，有思想、有作为，才能修炼成为学生景仰、家长信赖、同行钦佩、业界闻名的学科专家。

作为教研员，我非常关注教师的专业能力提升，尤其是教师对课程的解读能力。因为今天的一线教学面临的是新版的教材、花样繁多且日新月异的教学模式，即将迎来的是语文分量更重和思维含量更高的新高考。这些新变化、新思路对积重难返的语文教学都提出了变革的要求。用旧方法、旧模式、旧思维来解读语文、传授语文已经无法适应时代的要求，用一套教材包讲语文、几张试卷包打天下的日子已经一去不复返。新时代对人才的要求，也就是对语文教学的要求，更是对语文教师的要求，课上讲教材，晚补游题海，这些只是语文教师最浅层且外显的工作内容，更多更深层的体现应该是教师的课程能力，将语文教学置于课程的架构和大语文的多维度中去理解去剖析去落实，这才是语文教师应该具有的视野与胸怀。

我理解,教师的课程能力构成包括理解(解读)能力、设计能力、实施能力、管理能力和决策能力等。在这几种能力中,管理能力和决策能力或许和教师中的领导者——教研组长、备课组长关系更大。对一般教师而言,每天都会关涉到的就是前几项能力——理解、设计和实施能力。而直接关乎课堂教学质量的设计能力和实施能力则是由教师对课程的解读能力这样一个顶层能力所决定、所制约的。那么,课程解读能力包括哪些能力呢?一线教师的课程解读能力如何呢?是什么影响着教师的课程解读能力?怎样才能提升教师的课程解读能力,使其满足新课程教学的需求呢?

我认为,课程解读能力是继课程建设能力之后表现出的另一重要教学素养,包括课标解读能力、课程体系的解构与重构(整合)能力、教材(文本)解读能力等。

在日常工作中,我会经常与一线教师打交道,交流心得,协同工作。举个简单的例子,可以窥见语文教师的课程解读能力。

在前几年全市统一考试的命题过程中,我选择了我省著名小说家孙春平老师的一篇小说作为文学类文本素材来命制试题。和我共同工作的是一位有十多年教学经验的优秀教师,在阅读文本后,她基于自己对文本的理解命制了这样一道探究题:

问:薛市长在记者招待会上坦然说清了求魏老写米字福的原因,你认为人们会不会相信女市长的解释?请结合小说具体内容,谈谈你的看法和理由。(8分)

答:观点一:人们相信薛市长的解释。(2分)

理由:①从薛冠荣这一人物形象来看,她亲民的形象深入人心,能力与实干也赢得了人们的认可,所以她在媒体前的解释会让人们接受。

②从小说结尾的情节来看,人们对薛市长的回答最后报以热烈的掌声,表明大家对这个答案的认可。

③从小说凸显的主题来看,人们消除了对米字福的各种猜疑,

相信薛市长的解释，更能引发读者思考：阿谀逢迎和恶意中伤都是扭曲的干群（人际）关系，只有坦诚和信任才是密切干群（人际）关系的纽带。（理由合理充分，答出两点即可，每点3分。）

观点二：人们不会相信薛市长的解释。（2分）

理由：①从小说描写的社会环境来看，对为政者言行的审视和揣测已经形成了一种难以消除的世俗风气，它对人们的影响是根深蒂固的，所以人们不会轻易就相信薛市长的解释。

②从小说情节铺垫来看，人们对米字福的猜疑由来已久，薛冠荣都闭口不谈，在高票转为市长的记者招待会上才道出原委，这个面对媒体极为正式的解释很难让人们相信它的真实。

③从小说创作的角度来看，人们对薛市长求米字福原因的猜想构成了一幅生动的世俗生活图景，意在引发读者对不正常干群（人际）关系的思考。人们不可能轻易相信薛市长的解释更符合小说创作的真实性，使小说更具有现实意义。（理由合理充分，答出两点即可，每点3分。）

教师对文本的理解，是教学活动设计和教学环节实施流程的主要依据，尤其是对小说主题的解读会影响到教师对教学素材的取舍与资源的利用。而以上答案的设置明显有对文本的误读，这种偏差是教师对作者写作初衷的误解，是对社会热点捕捉不准造成的。在此基础上，我们重新阅读文本，共同探讨，统一认识，命制了以下试题：

问：薛市长在记者招待会上坦然说清了求魏老写米字福的原因，你认为人们会不会相信女市长的解释？请结合小说具体内容，谈谈你的看法和理由。（8分）

答：观点一：人们相信薛市长的解释。（2分）

理由：①从薛冠荣这一人物形象来看，她坦率真诚的形象深入人心，能力也赢得了人们的认可，所以她在媒体前的解释会让人们接受。

②从小说结尾的情节来看，人们对薛市长的回答最后报以热烈的掌声，表明大家对这种说法的认可。

③从小说凸显的主题来看，人们消除了对米字福的各种疑惑与猜测，相信薛市长的解释，更能凸显出作者对官场乃至社会上捕风捉影、胡乱猜测的怪现象的嘲讽。（理由合理充分，答出两点即可，每点3分。）

观点二：人们不会相信薛市长的解释。（2分）

理由：①从小说描写的社会环境来看，对为政者（或公众人物）言行的审视和揣测已经形成了一种难以消除的世俗风气，它对人们的影响是根深蒂固的，所以人们不会轻易相信薛市长的解释。

②从人物性格角度来说，可能真正的原因与猜测中的说法有相符之处，但薛市长不想助长这种风气，故而另寻蹊径，给出一种与众不同的解释。

③从小说表现主题来说，人们不相信会更具有讽刺性，引发读者对胡乱猜测、过度关注名人等社会现象的深层思考。（理由合理充分，答出两点即可，每点3分。）

语文教师日常备课，经常会选择参考现成的教案，把教参上的答案作为标准答案使用。当遇到裸文时，部分教师常会借助网络来帮助解读文章。但恰是这样一篇缺少参考资料的文章考出了教师的真实水平，让我更切实地感受到提高教师文本解读能力的迫切性。冰山一角尚且如此，理解浩大的语文课程体系就更难如登山，因此，教师这方面的能力亟待提升。

影响教师课程解读能力的因素有哪些呢？首先是对课程标准的研读不够，影响了教师的课标解读能力。相较于原来的教学大纲，课程标准从编写框架、教学目标、教学内容、实施建议、教学评价等方面都有所改变。从教师教学的最高要求到学生学习的基本要求，教学的面貌会相应发生很大的变化。如果教师不研究课标，无法正确解读课标，教学就会出现方向上、程度上或效果上的偏差。

其次，只注重国家课程体系的开发，忽视校本课程体系的创建，对于课程体系的构成部分缺少深入的应用研究，不能灵活地重整与取舍，习惯于按部就班地机械推进；埋头于应试教育，忽视自我语文素养的提升，导致对文本的解读能力日趋下滑，直接影响了教学质量。

学科现状不容乐观，寻找方法尽快解决是当务之急。首先，只满足于收听课标解读报告意义不大，容易流于形式，设置真正能够检验教师课标解读能力的命题测试，对于反映真实的课标解读能力是非常有效的。能否拟制具有探究价值的试题，能否正确体现不同层次的理解、掌握、运用课标要求，能否通过评价体现学科发展的导向性等，让教师明确自己的问题所在，才更容易改进不足。其次，通过备课组的集体研讨，将课程体系的全貌更完整地展现出来，避免以偏概全，通过集体的智慧将体系的完整性与局部的深入性相结合，对系统内部重建、重组，最大化地发挥整合优势，用动态化、复合式的教学代替原来的单线、单边教学。鼓励教师广泛地阅读，多积累、多笔耕，把文字、文章、文化、文明的思路贯彻到自己的学习成长中，钻研业务，不断提升。只有多读、多思，才能开阔自己的眼界，不断更新理念，符合时代对语文教师的高阶要求。

（作者：徐丹）

语文教师如何提升自身的教学水平

　　语文学科的教学不同于其他学科的教学，语文教师教学水平的提高需要一个长期的过程，需要经过不断地磨砺才能有所收益，需要语文教师从执教开始就不断地汲取"养分"，研究教学方法，直至离开讲坛。因为中国的文学是博大精深的，而语文教学也不是千篇一律的。不同的语文素养、不同的教学思维、不同的教学方法所体现出来的教学水平、产生的教学效果当然也是不同的。语文教师如何提升自身的教学水平是一个难题，尤其对于新入职的教师来说更是一个考验。作为一名从教八年的一线语文教师，笔者认为要想提高自身的教学水平重点应从以下几个方面努力。

一、语文教师要全面深入地了解学生

　　"作为在教学中起主导作用的教师，在教学中是否有亲和力、影响力，是教学活动成败的关键。"[①] 所以，了解学生的学习基础、兴趣爱好对语文教学很重要，它将决定你在怎样的语文水平上和他们对话，采取什么样的方式、方法来组织你的课堂教学，进而提高他们的语文水平。倘若你不顾及学生现有的薄弱的语文基础，而自以为是用"高大上"的教学语言来组织教学的话，那么很抱歉，你的学生会离你越来越远，离语文越来越远，失去了学习的动力和乐趣。比如，现在初中不注重讲语法，所以学生不太能分得清句子成分。高一新生刚接触古文你就讲特殊句式，什么定语后置、宾语前置、介词结构后置等特殊句式，那么你也只能是对牛弹琴，达不到预期的教学效果。怎么办？

---

　　① 申淑华．语文教学现状堪忧，课堂改革势在必行［J］．科技教育，2011．

从语法入手，从初中古诗文入手，由熟悉到陌生，消除他们的畏惧感，就能轻松地把他们引入到新的学习领域中来。因此，了解学生很重要，尤其是新入职的教师，它对你的教学水平有着直接影响。可能有人认为，学生基础的好坏会影响教师的教学水平。其实笔者前几年也是这样想的，但后来发现错了。学生的基础并不能影响你的教学水平，要知道你的教学水平体现在你所教的学生的语文水平在一定程度上比相同班型的学生多提升了多少。所以，笔者在这里要叮嘱一句，切忌埋怨学生，学生基础好坏不会影响你的教学水平，抱怨只会影响你的进步。

二、语文教师要不断提高自身的语文素养

朱熹的《观书有感》中有两句诗："问渠那得清如许，为有源头活水来。"作为语文教师，我们要想教好学生，就需要不断地汲取知识，加大自身的知识储备。要知道，我们头脑里的那些语文知识是喂不饱，更喂不好我们的学生的。文化底蕴直接影响我们的教学语言，以及对语文教学的认知和教学的层次水平。比如，在议论文的作文教学中，你是否能在瞬间为学生举出更多、更富有时代意义的事例来，是否能用有力的语言表达在作文中，是否能避免学生在写作中高频率贫瘠的事例以及枯燥无力的论证语言的出现。要想提高我们自身的教学水平，就必须要坚持长期地、不断地学习。作为语文教师来讲，不断地提高自身的语文素养是一个硬件条件。只有自身过硬，才能教出有着过硬本领的学生。这种不断学习的素质，是身为每一个想要提高自身教学水平的语文教师都应该具备的。

三、语文教师懂得向他人学习

作为教师，不要高估自己的能力，不要过分地自信。要知道这个世界上"人外有人，天外有天"，不止那些平时大家都认为教学水平高的教师值得我们学习、咨询，就是那些你认为和你水平差不多，或者不及你的教师也值得我们学习。因为，在不同的教学问题上，每个人都有自己的见解，都值得大家借鉴、学习。很多时候，给你灵感、增添你教学亮点的就是那些你不屑于去询问的人。

所以，一定要保持一颗谦卑的心，保持虔诚的态度去学习。例如，同一个教学问题，你去询问不同的人，会有不同的收益。整合大家的观点，经过自身的思考、加工，你会有自己的更好的见解。这样的善于学习、咨询会让你的教学水平在不知不觉中有所提升，集百家之所长必然会造就不弱的自己。当然，需要注意的是，在向他人学习的过程中一定要保持思辨的思维，自己学会辨别"实用"和"无用"，懂得是"形式"还是"实质"，绝对不能照搬照抄别人的教学方式，要逐步形成有自己特色的教学方法。

此外，语文教师要认真研究适合自己学生的教学方法，确立新的课程观和教学观。但要注意的是，教学方法的制定一定要把握正确的教学方向，不能偏离语文教学的轨道。因为"教师对文本具体目标恰当的价值判断，直接关乎教学目标的确定"[①]。在保证这个原则的基础上，把学生从被动、接受式的学习中转变到自主学习、合作学习与探究学习。但切忌只求形式不求内容，不能把一些教学方法作为减轻自己教学负担的工具，那么学生可能就悲哀了，教育也就会适得其反。在整个教学过程中，教师要学会从讲台上走下来，不仅要做学生的引导者、组织者，更要做参与者。这样做才能打破传统意义上的"我"教"你"学的传统教育模式，有利于提高学生的学习积极性，营造平等民主和谐的学习氛围。这样才能使学生真正地进行自主性学习，培养学生发现和解决现实生活中的问题的能力。培养学生的创新精神要引导学生掌握正确的学习方法，提高语文综合素养，但一定不能过分追求、模仿所谓的新颖形式，而忽视训练效果。笔者向来不主张教学上的跟风改革，教学就应该"因地制宜"，情况不同就不要将别人的方法拿过来生搬硬套。什么叫对的教学理念？什么叫好的教学方式？笔者以为，能使学生成人成才的教学理念就是对的，适合自己学生的，能使学生最大程度地学有所得的教学方式就是好的。别管什么传统的、现代的，中式的还是洋式的，那都不过是形式问题。所以在语文教学过程中，我们应该因地制宜，充分利用当地的教学资源，认真地组织、准备，一切从实际出发，从学习的效果出发。研究一个切实可行的教学方案，这样才有助于教学水平的提高。

---

① 王晓莹.中学语文教师文本处理的问题分析以及对策研究［D］.金华：浙江师范大学，2012.

　　综上所述，语文教师要想提高自身的教学水平，就需要全面深入地了解学生，不断地学习提高自身的语文素养，善于向他人学习，认真地研究教学方法。只有这样去做，语文教学水平才能提高，也会有更上一层楼的效果。

　　以上是笔者从自己的从教经历中总结出来的几点经验，在此将自己的粗浅见解罗列出来，希望前辈指正，同时也希望能给后入职者提供一些有益的帮助。

（作者：任莹莹）

高中语文教师写作教学能力发展初探

一直以来，写作教学是高中语文教学工作的重中之重，这一点由历年各地高考试卷中写作相关题目所占分数比重即可一窥全貌。关于提高学生写作能力的相关研究成果数不胜数，其中不乏一线教师多年呕心沥血所得经验的总结。但是，当前大多数语文教学工作中，学生的客体地位并未改变，作为教学工作中的主体，对语文教师写作教学能力发展的研究，尚有浮光掠影、原地踏步之嫌。[①] 若干年来，对于教师写作教学能力发展的研究，尚处于"写范文""讲评""指导"这些"表"的研究，并未进入"里"的范畴。

教育部拟定的《普通高中语文课程标准》（试验）中，对写作的实施建议为"通过写作教学，培养学生的观察能力、思维能力、想象能力和表达能力。应重视发展学生的创造性思维，鼓励学生自由地表达、有个性地表达、有创意地表达，尽可能减少对写作的束缚，为学生提供广阔的写作空间"，可见，写作教学要求一方面越来越重视"能力"的培养，鼓励"创造性"思维，强调"个性"的发挥，另一方面则是努力避免套路化、公式化的应试型写作教育方式。从近年来各地高考作文命题来看，作文题目开放性越来越强，对学生综合能力的考查比重增加，而技巧性的内容则作为锦上添花的部分存在。写作的目的不是炫耀文采，而是交流思想。作为教师，在这样的考情与学情之下，提升写作教学能力，已然是一个系统工程。

[①] 朱锡周早在 1989 年的《谈写作课的师范性》一文中提到"写作课的训练需要考虑中学作文教学的需要，增加有关从事作文教学'能力'的训练。例如作文指导、讲评和批改的能力"。而到了 2012 年，郑宏在其文章《众里寻他千百度——谈"模仿与作文素质教育培养"》中谈到写作教学能力时，仍是认为"教师要有设计供学生模仿用的'练习'的能力、讲评作文的能力、对学生模仿进行指导的能力"。

一、写作思维能力

"思维，是指人们运用已有的知识对客观事物进行分析、综合、判断、推理，反映事物的一般特性和事物间有规律的联系，具有抽象概括的特点。"[①] 在写作过程中，从开始的立意、选材，到构思成文，无不是一个思维思考的过程。一篇优秀的文章必然是前后逻辑合理、行文脉络清晰、推理严丝合缝、结论经得起推敲的，这其中无不闪烁着思维能力之光。写作能力的发展很大程度上可以说是写作思维能力的发展，而写作思维能力的发展又需要若干专项能力作为支撑。

（一）逻辑思维能力

作家老舍曾经说过，"有的作品文字特色不浓，首先是逻辑性问题"。逻辑学是研究人的思维形式结构及其规律的科学。思维是人们在日常生活、学习过程中想问题想办法的心理过程，这一心理过程是通过概念、判断、推理和证明等逻辑形式来完成的。

逻辑思维有三条基本定律：同一律[②]、矛盾律[③]和排中律[④]，任何逻辑形式都需遵守这三条规律，才能避免逻辑错误。

教师应该掌握一定逻辑学知识以此来提升自身写作教学能力。议论性文体的写作就是一个逻辑证明的过程，需要逻辑思维的严密与严谨。在成文的过程中，需利用演绎、归纳、类比等直接推理方法，或是采用排他、反证等间接证明方式，来达到证明自己观点或反驳对立观点的目的；而在记叙文、散文等文艺性作品中，矛盾与冲突的设置要经得起逻辑推敲。同时，写作时若能巧妙利用逻辑漏洞，往往能设计出很多意料之外、情理之中的有趣情节。

（二）发散性思维能力

发散思维指大脑在进行思维时呈现的一种扩散状态的思维方式，发散思

---

① 覃可霖.写作思维学［M］.南宁：广西人民出版社，2002：31.
② 同一律：在同一思维过程中，必须在同一意义上使用概念和判断，不能混淆不相同的概念和判断。
③ 矛盾律：在同一思维过程中，对同一对象不能同时做出两个矛盾的判断，即不能既肯定它，又否定它。
④ 排中律：任一事物在同一时间里具有某属性或不具有某属性，而没有其他可能。

维通常表现为思维视野十分广阔，且思维呈现出多维发散状。发散思维具有流畅性、变通性、独特性等特点。[①] 在写作时，利用发散性思维，则会文思泉涌、灵感迸发。

发散性思维的方法众多，最常用的几种有从事物的两面性去发散、从事物所包含的诸多内涵去发散、从因果联系去发散、从表现事物的方法去发散等。[②] 发散性思维方式在写作教学中常常用来指导学生分析材料、提炼观点。

但是在写作过程中，由于发散性思维的弱边界性，容易造成思维的信马由缰。因此在进行发散性思维的同时，还要注意思维的收敛性。收敛思维，即主体从已有的知识经验出发，围绕既定核心进行全方位的思考，运用比较、排除、综合、概括等方法，最终确定一个解决问题最佳方案的思维方式。[③] 一个良好的写作思维过程，往往是由"发散—收敛"的若干迭代组成的，这样才能做到"发"而不"散"，紧紧围绕既定的中心思想进行写作。

（三）辩证思维能力

辩证思维就是客观辩证法在人们头脑中的正确反映，是辩证法规律在思维中的表现形式。其主要之点要求人们全面地、本质地、发展地看问题，把事物的发展看作是"对立中的运动"，"运动"是辩证思维的本质特征。[④]

辩证思维方法在语文教学中起着相当重要的作用，辩证思维能力的高低直接反映了认知事物、解决问题能力的强弱。在写作教学中，无论是审题阶段，或是立意、构思、行文阶段，都需要能够自觉、有效利用辩证思维：以对立统一、全面的、发展的观点来审题立意；以抓住主要矛盾，运用由表及里、量变引起质变、透过现象看本质等方法来论述；以事物发展的曲折性、理论来源于实践又反作用于实践等观点来总结，使宏观与微观并举，矛盾的主次分明，这就能够让文章充满思辨的味道，立意更加深刻，论述更加透彻。

---

① 张夏夏.发散思维在半命题作文教学中的应用［D］.西安：陕西师范大学，2014.
② 曾艳.培养高中生写作思维能力的途径研究［D］.南宁：广西师范学院，2015.
③ 催锦萍.语文思维训练对语言表达能力的牵动［D］.大连：辽宁师范大学，2006.
④ 黄琼.辩证思维与中学语文教学［D］.南宁：广西师范大学，2005.

二、提升文字表达能力

近年来高考写作考核更侧重于个人思维能力的考核，但掌握正确的写作思维能力并不代表能够顺利地表达出来，重视思维能力的训练，不代表轻视对文字表达能力的培养。一方面，能够写出文从字顺的文章，清晰表达出自己的观点与看法，这本身就是语文教学最基本的培养目标；另一方面，用文字进行表达是一种自主性强的个性化行为，能够自如地运用文字表达自身的思想，更容易建立个人自信心、增强创造能力。

（一）提升文字表达能力的着眼点

提升文字表达能力，应该从语言、文体和结构这三大部分来着眼。

其一，要求使用语言恰到好处。好的文字用词准确贴切，词句富有表现力，词语变换丰富，修辞使用恰当精心，语句段落内蕴深远悠长，让人读起来回味无穷；其二，在实际写作中，体裁上要求避免杂糅，一定要摒弃"杂文"这种"四不像"的文体。只有做到文体清晰，才能充分显示出对各类文体的驾驭能力，能够让文体有效地为内容服务；其三，文章的组织架构应该清晰明了。文章应该线索明确，逻辑严密，结构严谨，选材适当，重点突出。一篇文章的结构应该在起笔前即已成型，而不能是信马由缰，写到哪里算哪里。

（二）提升文字表达能力的方法

提升文字表达能力要从阅读练习与写作练习两方面进行。

1.精读经典文本

以提升文字表达能力为目的的阅读，最主要的就是对经典文本的精细阅读练习。阅读对象的经典性，首先保证了审美层次，在动笔时，才会不自觉提高文章质量；对经典文本的精读，需要在阅读时保持思考的习惯，站在作者的角度上，去揣摩、学习，深度体会作者在字里行间的奥妙；精读经典文本，就是不仅对作品进行宏观思考，还要细致到每一行、每一段，研究作者的写作风格、行文习惯、词汇使用，以形成自己的阅读素养。长此以往，养成文本精细阅读的主动性，到真正动笔时，则会不自觉地产生属于自己的风格和语言。

2.精练式写作练习

用短小精练的文字描绘特定的事物，阐释特定的道理，这就是精练式写作练习。精练式写作练习的目的在于锤炼语言运用能力——用词准确，句子凝练，逻辑合理，个性突出，最终达到提高文字表达能力的目的。

3.仿写经典文本

对经典文本的精彩修辞格式、语言用法、精彩语句、段落进行仿写、改写，将仿写作品与经典作品进行比较，在潜移默化中接受经典作品的语言与结构特点的影响，深刻了解经典作品的文本特色，以此来提升文字表达能力。

总之，增强学生的文字表达能力，除了采用以上提到的技巧性训练外，在日常作文练习时，也要时刻注重语言、文体以及结构等方面的问题，争取在潜移默化下，形成自己独特的写作风格。

三、写作素材处理

在日常写作练习中发现，同样的写作内容，同样的写作手法，甚至同样的基本素材，放在不同作者的手中，往往得到的是不同厚重感的文章。作品的厚重感表现了综合素质，造成这种现象的原因就是写作素材处理能力上的差异。

（一）写作素材的获取

1.在生活体验中获取直接材料

在日常生活中，通过观察自然环境、品味家庭生活、体验校园生活、关注社会生活，可以得到大量的一手写作材料。

2.学科交叉取得课堂写作材料

在多年学习生涯里，得到的历史掌故、地理知识、政治原理甚至数学、物理、化学、生物原理公式，通过一定的处理，都能够当作写作素材使用。

3.通过阅读获得的间接写作材料

通过阅读能够充实头脑，开阔眼界，更能带来充沛的写作素材。另外，应该有意识地去接触一些美学、经济学、社会学等通识学科的内容，拓展阅读宽度，这样对深化文章内涵、增强文章感染力，往往能起到出乎意料的作用。

4. 对热点问题的关注

通过电子媒体、电视、报纸等新闻媒体，经常关注一些热点问题，主动对热点问题进行分析，能够得到很多时效性高的写作素材。

（二）写作素材的改造技巧

能够获取素材并不等于能够使用好素材。生硬地将素材嵌套进文章，只会让人感觉到突兀无措，因此还要对写作素材进行一定的改造。下面就讲一些常见的素材改造技巧：

1. 热点素材深入挖掘

对于热点、焦点问题，尽量不要采用第一序列想到的表面意义，而是要深入思考，冷静分析，使用素材的深层次意义，以免陷入人云亦云的俗套。

2. 经典素材细节引申

对于古今中外名人的经典故事经典素材，不要简单地引用前人的经典意义，若是从细节小处着手，引申出新意，就会给人耳目一新的感觉。

3. 虚构素材联系实际

一些文学作品、神话传说类的素材，由于其虚构的本质，有时并不适合作为立论的依据，但如果使其与现实世界建立联系，则能起到虚而实之、虚实相生的作用。

（三）写作素材的使用技巧

改造好的素材需要运用到文章写作上去，才能最终发挥它的作用。然而原始素材往往与我们的写作需求相去甚远，这时就要求在使用素材时掌握一定的技巧：

1. 对素材进行筛选与重组

把一些支离破碎的、有一定时空跨度的，零散的、直接和间接的原始材料，按一定要求进行筛选、压缩后，再按照一定逻辑，重新组合成围绕一个中心、相对完整的写作材料来使用。

2. 对素材进行提炼与再创造

对搜集的日常素材进行去粗取精的提炼，将原始素材进行创造与二次开发，使来源于生活的素材变成高于生活的作品。

3. 对素材进行典型化抽离

抽离积累素材的典型特征，对素材进行取舍、增补、加工、改造，或者对多种素材进行综合、概括，使其成为具有高度浓缩性和代表性的典型素材来使用。

4. 对素材进行深度演绎

对日常积累的素材进行演绎发挥，挖掘素材的深度功用与意义，实现素材的深化与升华，最终实现对素材独特的解释，使素材能够真正为我所用，这才是素材使用的最高境界。

四、因材施教与因时施教

因材施教是指教师要从学生的实际情况、个别差异出发，有的放矢地进行有差别的教学，使每个学生都能扬长避短，从而获得最佳发展。

因时施教是指教育要把握时机，在正确的时间段采用正确的教育方法，教授适时的内容，将得到事半功倍的教育效果。

（一）因材施教

1. 尊重学生的个体差异性

学生的个体差异性来自每个学生不同的兴趣爱好、性格特点、学习态度、知识结构、健康情况以及成长环境。学生的这种差异性在写作教学中表现得尤为突出，直接或间接影响着学生的写作思维方向、写作能力以及文字运用水平。掌握学生的个人特点及特长，才能具有针对性地对不同学生进行写作教学指导，促其扬长避短，进而发展出自己独特的写作风格。

2. 满足学情需求，科学分层

尊重学生的差异性，就是要承认学生在理解能力和接受能力上的差异，因此在教学过程中，需要对教学目标、进度、方法及考核标准进行科学分层，让不同能力的学生都接受满意的教育。就写作教学来说，基础写作能力是全体学生必须掌握的，需放在基础层面的教学计划中；在完成基础层教学计划后，再根据学生间的个体差异性，引导在写作方面感兴趣的学生进行深层次培养，达到因材施教、培养优秀人才的目的。在分层教学中还要充分考虑学生的心理接受程度和心理承受能力，既要避免优秀学生的故步自封，也要防止后进学生的自暴自弃。分层教学的"层"需是动态的，不是固定的，对各个层级的学生都要保持关注与鼓励，这样才能激励学生的进取心，唤醒学生的主体意识。

3. 建立延伸教学机制

课堂上的基本教学时间针对的是全体学生的教学，若要进行因材施教，必然要建立完备的延伸教学机制。通过组建不同的课外兴趣小组、读书会、写作会，培养学生的观察能力，积累写作素材，激发写作兴趣，在写作中获取成就感与满足感，使学生的人格、个性、能力、适应性等得到培养，正是实现因材施教的重要方式。

（二）因时施教

1. 写作教学与社会热点关联

语文是高中阶段与社会热点交联度最高的学科，每年高考作文题目都能成为社会热点新闻，社会热点问题也经常在高考作文题目中予以体现。因此，写作教学中，适时将社会热点问题引入写作教学体系，必然能发挥意想不到的效果。首先，社会热点问题是优良的写作素材，这样的素材生动鲜活，更能提高作文的可读性；第二，社会热点问题是天然的写作对象，对于社会热点问题，学生总会有想法，有判断，以社会热点为写作练习对象，学生不会陷于无话可说的境地；第三，社会热点问题或多或少影响到学生的思想与行为，在教师的引导下，利用科学思维方式，及时对社会热点问题进行全方位深度思辨，而不是人云亦云地相信单边倒的社会舆情，能够有效培养学生独立思考的能力，形成独立的人格品质。

2. 写作教学与时代特色关联

文字是有时代性的，任何一部作品中都深深印上了属于那个时代的烙印，写作教学必然要与时俱进。目前我们所处的这个移动互联的时代，信息爆发，渠道扁平。对于写作教学来讲，一方面享受了写作素材来源广泛便捷的好处，另一方面受大众阅读习惯碎片化与休闲化的影响，发现学生写作思维能力下降、语言文字简单、网络用语侵入课堂写作等问题，都是我们在写作教学过程中需要严肃对待的问题。

3.学生的伪"个性化"倾向

笔者多年一线写作教学经验发现，高中生写作存在这样一种情况：当年韩寒初露峥嵘后，学生作文中顿时"叫骂声"一片，仿佛个个都是"愤青"；《甄嬛传》热播后，"这固然是极好的"又风靡学生作文；这阵子，抒情夹文言的"三生三世"体又大面积降临于学生的笔下。这类文章粗看上去个性十足，实际上是一种严重的主体迷失，是混迹在"个性化"写作风潮中缺乏创作真性情、缺乏创作真需求、缺乏创作真自主的伪"个性化"写作倾向，这种伪"个性化"写作倾向随着文学、影视作品的流行风向而改变，应引起教师的警觉。

综上所述，我们概括了支持教师写作教学能力发展的四项内容，总结了提升教师写作教学能力发展的相关方法。其中，写作思维、提升文字表达能力、写作素材处理这三项与教师的知识素养相关，因材施教与因时施教与教师的教学教法相关。教师写作教学能力的发展是知识素养与教学教法综合作用的结果。正如本文开头提到的，写作教学能力的发展是个系统工程，影响因素也不仅仅是本文所提的四项内容，但完善自身知识体系，改善写作教学教法，无疑是写作教学能力发展的不二法门。

（作者：吴丹）

高中语文教师文言语法教学能力研究

　　高中语文教师在文言教学过程中，不能适时有效地融入语法教学，从而导致在文言知识点的教授时感到无奈与头痛，具体表现为：从高一年级开始，大部分语文教师就有意识地在文言文授课过程中铺垫文言知识，基本上在每一篇文言课文结束前，都要仔细梳理本篇的文言知识点，诸如词类活用、一词多义、特殊句式此类，但到高三，还有部分学生对文言知识掌握甚少；学生提到文言知识点亦感到无奈与无所适从，表现为仔细记笔记、认真识记了，可是在面对考试时的陌生文章时，依然不会具体应用，当教师分析这是文言文哪一个知识点时才恍然大悟，可是考场上就是没有相关思路，导致文言文教学中出现教师重复教学依然不见效果，教师不爱教、学生不爱学的局面。

一、高中语文教师运用语法教学存在问题的原因分析

（一）教师认识上的误区

　　首先，大部分语文教师认为，学生对语法结构不同于现代汉语的文言文本身就有抵触情绪，教师要借助文章的情感、哲理以及古人在特定时期的心理特征来吸引学生的阅读兴趣，常规课的文言知识点总结已经是一堂语文课中最枯燥的环节了，再融入文言语法知识，学生的阅读兴趣就会大大减弱。

　　其次，文言实虚词在具体语境当中的使用经常会有变化，教师如果给学生一个固定的语法规则，往往会在其他语境中不再适用，从而出现难以解释的尴尬局面。例如：在苏轼的《赤壁赋》中有"纵一苇之所如，凌万顷之茫然"一句，句中的第一个"之"从语法角度如果解释为起到"主谓之间，取

消句子独立性"的作用，那么可能就会有学生存在这样的疑问：为什么第二个"之"要理解为起到定语后置的作用？因为这两个分句句式结构基本一致，学生本以为两个"之"的意思一样，但教师在讲解的过程中，会明晰这两个"之"的不同作用，但是要想分析为什么作用不同，就得从语法层面进行解读，就得关注"茫然"的形容词的词性以及"所如"这一"所"字结构的特点，这样一来，本身加大了教师备课时对语法关注的负担，又让学生感觉到了文言知识的复杂性与变化性，从而失去了文言文学习的兴趣。很多教师感慨，文言文学习若要融入语法知识，倒是能解决不少问题，可是讲浅了学生一知半解，成了"夹生饭"，讲深了一部分学生又无法保持学习的兴趣。所以，对于将文言语法融入文言文课堂教学中的具体实践，还是不好把握的。

（二）教师文言语法教学能力不足

教师自身语法教学能力的不足，使得本是传道、授业、解惑的教师基本职能仅仅停留在单纯的"传"与"授"上，而这两者已经不能满足新时期教学改革的需要。要想充分发挥教师的主导作用，真正变学生为课堂主体，教师的职能就不能局限于传道和授业，而是要给学生一个基本思路，从而使其主动寻"道"，进而解决疑惑问题。文言文教学目前仍是高中语文教师教学的重点和难点，教师的解惑职能目前发挥得并不理想，学生只是知道知识点中的"是什么"，却不知道"为什么"要这样，更不懂得"怎么样"在新的语境中运用，这种疑惑经常得到语文教师这样的答复：把学过的文言知识点都掌握了，记牢120个文言实词和18个文言虚词的词义就好。实际上，还是在给学生提供"是什么"，并未从根本上解决学生的困惑。因此，要改变语文教师只在课堂上读答案的现状，真正发挥教师的职能，就必须提高教师自身文言语法教学的能力，让学生不但能够知道其然，更能够知道其所以然，从而在解题实践中灵活运用。由此，语文教师的形象也会得到一定的转变。

二、提高高中语文教师文言语法教学能力的办法与途径

（一）端正态度，重视语法教学的作用

1. 能切实减轻教师的备课负担

高中语文教师备课量相对较大，尤其是针对文言文教学，既要掌握文章历史背景、梳理文章脉络结构，又要把握作者情感走向、明晰蕴含的哲理，还要总结出大量的文言知识点。准备一堂课，不知道要翻阅多少工具书。如果能在文言知识点总结这一环节运用隐性语法教学，则能切实减轻教师的备课负担，具体分析为：

首先，教师认为文言语法意义不大、难以把握主要是针对显性语法而言，高中阶段确实没有必要全面落实文言语法知识。

其次，以 120 个文言实词词义识记为例，学生总是处于背了忘、忘了再背的处境。表面上教师备一次课，可反复多次在班级使用，并不感觉有负担，但久而久之学生会逐渐失去学习文言文的兴趣，面对沉闷的课堂，教师备课的心理负担加重了。

再次，教师借助基本语法原则，情境式安排具有共性特点的文言语句，让学生找出规律，随之在陌生文段中进行实践，虽然在早期备课中可能要深入考虑到语法规则，但是一旦学生发现规律并能熟练运用，则可很大程度上解放教师，进而把精力转移到课文内容中，发挥人格魅力，以个性化备课激发学生的阅读兴趣。

2. 能充分调动学生学习的主观能动性

余文森教授认为，从教育心理学角度讲，学生的学习方式有接受和发现两种。在接受学习中学习内容是以定论的形式直接呈现出来的，学生是知识的接受者。在发现学习中学习内容是以问题形式间接呈现出来的，学生是知识的发现者。两种学习方式都有其存在的价值，彼此是相辅相成的关系。对于文言文教学来说，要想让学生主动投入到文言知识点中，教师的"灌输式"授课方式是不能达到目的的，因为此举只是让学生识记，这是一个枯燥乏味毫无乐趣可言的过程，而教师在教学中提供包含隐性语法知识的具体情境，给学生提供自主探究的空间，学生在好奇心和求知欲的驱使下，去主动发现问题，通过小组合作或探究的方式积极解决问题，一旦发现规律并得到教师认可，就会逐渐激发其自身的表现欲，整个语文课堂的学习氛围便会大有改观，同时也能真正发挥学生的主体性作用，真正达到建立高效课堂的目的。

（二）参阅文献，强化理论学习

1. 关注古汉语语法理论的发展

中国古代，早在战国时期的解经著作《公羊传》《谷梁传》中就有关于汉语句子成分、语序、句式方面的初始解读。西汉初年的《毛诗故训传》作为现存最早的较为完整的《诗经》注本提出了语助方面"辞"的概念，到了唐代和宋代，真正的"语法"和"句法"概念才得以提出。唐代的孔颖达对《左传·昭公二十年》中"相从"注疏为"语法，两人交互乃称'相'"，第一次提出了"语法"的概念。宋代的洪迈在《容斋随笔·四笔》中有关于"句法"的论述："作文旨意句法固有规仿前人，而音节铿亮不嫌于同者。"第一次提出了"句法"的概念。中国古代的语法研究，基本上是围绕词类中的虚词，以及句子结构与句式的研究，且基本特点是以训诂学为基础对先秦群籍进行古义的解释，即以文言解文言的方式探究语法。

中国近代，马建忠的《马氏文通》被称为是我国第一部用现代语言学理论研究中国语法的著作，在我国语言学史上具有划时代的意义。

中国现当代，学者杨伯峻、何乐士著有《古汉语语法及其发展》一书，在《前言》中，作者做了关于本书的如下解读："全书分上、中、下三编，共约80余万字。上编为概述，对古汉语的特点、词法、句法做了简要的论述。中编为词类，尽量吸收众多学者对词类研究取得的成果，并将可列举的词类的成员全部列举。下编为句法，对谓语的各种结构及复句的构造做了详细的分析研究。同时还扼要地分析了语段。全书共有例句8027例。""本书名为《古汉语语法及其发展》，在研究和举例上，我们以秦汉时期的古汉语为主，而在所谈问题需要联系历史发展时，则或向上追溯及甲骨、金文，或向下推论至唐宋以及明清。""本书不是语法史，它的任务不是面面俱到谈论汉语语法的历史演变。我们是以介绍古汉语语法体系的需要为出发点，在某些重要的语法问题上联系其发展变化。在词类方面，尽量介绍各类词的历史面目、新旧成员的更替，而不着重讨论它是如何发展来的。"[①] 本书用白话文解读文言语法，系统、规范，对于目前高中教学具有重要的实践性作用。

[①] 杨伯峻. 何乐士古汉语语法及其发展［M］. 北京：语文出版社，2001：2.

2. 关注文言语法在高中教学中的研究文献

从近几年的研究成果来看，文言语法在高中教学领域中的作用逐步受到重视。任洪国、李佳妮在《高中文言文语法教学探究》一文中，从语法教学的现状、语法学习的重要性、语法教学的方法三个方面进行探究，提出"要重视文言文中的语法教学，处理好文言文教学与语法教学的关系，不断地探究和研究文言文语法教学的方法，从而提高文言文的教学效率，提升学生自学文言文的能力"①的主张，并在论文中举出具体实例分析语法教学的重要性。整篇论文突出了培养学生自学能力的重点，具有理论和实践意义。

尹喜艳在《文言文理解要重视文言语法》一文中，针对《楚辞》中"思君其莫我忠兮，忽忘身之贱贫。事君而不贰兮，迷不知宠之门"一句进行释义探究，分别从语法、思想情感、逻辑三个角度针对"思君其莫我忠兮"的释义进行解读，得出意动用法的翻译方式，即赞同洪兴祖的"此言君不以我为忠兮"的观点。本文试图通过翻译文言个例明晰文言语法在文言释义中的重要作用，并且也有"今人在读古代文言文作品时，不宜想当然地按照现代语法去理解文言作品，应注意古人行文之时的语法习惯与规律，只有这样，我们才能对古代作品的理解更深刻，才能走进古人创作作品时的内心深处"②这样的感悟。

莫月英在《文言文语法教学的地位和作用》一文中针对中学生学习文言文的现状，探讨了中学生欠缺文言语法知识的原因，从教材的随意处理、考试命题、教师观念、学生无所适从四个角度总结出普及文言语法知识的重要性，认为这样"对培养学生的理解、运用语言的能力和思维能力，提高学生语言的理解和表达水平无疑是大有好处的"。

阮如瑛在《语法知识在文言文教学中的应用策略》一文中，对语法知识在解读文言字词、断句、翻译文言句子等方面的作用进行了例析，并认为文言文阅读融入语法知识"目的不止于'读懂'，重要的是接受传统文化的熏陶、教育，以更好地传承我国灿烂的传统文化"。难能可贵的是，冯平在 2011 年

---

① 任洪国.李佳妮高中文言文语法教学探究［J］.语文学刊，2010（6）.
② 尹喜艳.文言文理解要重视文言语法［J］.现代语文（教学研究版），2012（2）.

第五期的《文学教育》发表《语文淡化语法教学的深度反思》一文,明晰了"在中学语文语法实际教学中,要淡化语法概念,强化语法应用,淡化语法知识,强化语法能力"①的观点,对于一线教师回避烦琐的显性语法教学,培养学生应用语法知识解决实际问题来说,具有启示意义。

3. 关注"显性语法教学"和"隐性语法教学"的研究

刘孟兰、杨微在《浅谈显性语法教学与隐性语法教学的整合》一书中,给出了显性语法教学的基本定义,认为"显性语法教学是指通过学习语法规则来达到掌握语法的目的,侧重在教学中直接谈论语法规则,语法教学目的直接明显,强调的是教师一方的作用","隐性语法教学是指在教学中避免直接谈论所学语法规则,主要通过情景让学生体验语言,通过对语言交际性运用归纳出语法规则,强调的是学生一方的作用"。

肖少华在《基于认知理论的集训式外语教学》一书中,阐述了如下观点:"显性语法提高了学生对语言形式的注意,通过大量的句型训练,使学生对语法项目记忆深刻,然而显性语法教学过分重视语言的形式,使得大多数学生可以造出语法准确的句子,但不能运用简单的英语进行日常交际。隐性语法教学课堂气氛相对活跃,能更多地提供老师和学生的互动,通过互动性反馈,学生输出更加高效、更加准确。隐性教学法更多地强调语法的语用功能,显性教学法又将感性认识上升到了理性认识,两种教学方法没有优劣之分,只有将两种教学法的优势互补,才能合理搭配使用。显性语法教学与隐性语法教学不是相互排斥的两个对立面,而是相互补充、相得益彰的,适用于不同材料、不同对象、不同情境、不同阶段的两种并行不悖的英语教学法。"

(三)借助教学实践提升

高中阶段的文言文学习,大体要关注文言实词、虚词和特殊句式,从学习或阅读古文化典籍的长远角度看,离不开三者之间语法的交互辅助作用,高中语文教师可以尝试凭借虚词的隐性语法规则,强化文言语法教学能力的提升,解决文言句式判断和实词基本词性推断的若干问题。

其一,文言虚词的语法规则是判断文言句式的有效手段。"于""以""之""者"

---

① 阮如瑛.语法知识在文言文教学中的应用策略〔J〕.陕西教育(教学),2010(6).

等文言虚词是文言特殊句式的基本标志，包括状语后置、定语后置及判断句等。如果在教学中能有效利用相关语法规则，句式问题就会较为容易地解决。教学中可以针对课文中较为突出使用的文言虚词，联系其他文本的共性事例，进行隐性语法规则教学的尝试。

其二，如古汉语中的连词"而"，学生复习的重点在于识记"而"的多重意义，但实际上，我们往往忽略了"而"的语法作用。"而"为连词，大体上我们对它意义的判断是建立在前后两个动作之间的关系上，比如表修饰是强调后面动作发生时前面动作一直在伴随，表顺承一般是说前面动作发生完紧接着发生下面的动作，等等，如果知道这一基本语法规则，我们就可以换一种思维，如果有"而"存在，大多数时候就前后各有一个动词，所以在知识点梳理的句子中，我们首先要判断这些实词为动词的词性，再进一步进行意思的推断，得出相应的结论。

所以，高中语文教师的文言语法教学能力的提升过程，可以与教学实践有机结合在一起，正所谓教学相长，理论与实践相辅相成。

小结

高中语文教师提高文言语法教学能力，对于建设高效课堂、减轻学生学习文言文负担，具有重要的现实意义。笔者于本文中提出的办法与途径，权且充当抛砖引玉之论，因具体的教学实践与学科理解角度不同，对文言语法教学能力的评估标准亦会有所不同，仅以此文引百花齐放、百家争鸣。

（作者：赵文华）

提升高中语文教师教材选择与运用能力

　　教师、学生、教材，是课堂教学的三大要素。其中，学生是学习主体，教师在教学过程中是主导。"学，是在教之下的学；教，是为学而教。"① 教材是教学过程中主体与主导的中介，是课程的载体。作为一名新世纪的语文教师，应具备一定的教材的选择与应用的能力，才能通过教材这一媒体，与学生进行良好的沟通、互动，使学生能够通过对教材的学习，举一反三、融会贯通，从而达到学生学习知识、学会学习的目的。拥有较强的对教材的选择与运用能力也是语文教师在其入职后，能够持续发展自身职业能力的重要保证之一。

　　在当下的教学中，一些教师面对手中的教材，不能够做到灵活地处理与运用，一本教材拿过来，从头讲到尾，一字不落，甚至连一道习题都不敢变动，奉教材为圣旨。教学生学会手中教材上的内容，成为这类教师的唯一任务。可是，我们面对的学生是不同的，每个学生有每个学生的特点、个性，时代也在不断地发生着变化。有些教师甚至面对所有的人，千篇一律，采用一种教学方法，十年前怎么讲手中的教材，十年后仍然怎么讲，全然不顾面前的学生换了多少回面孔。在这样的教师眼中只有教材，教完教材上的内容是其唯一的目标。殊不知，使用教材教授课程只是一种手段，而不是目标。教师应具备灵活处理教材的能力，根据具体学情来使用教材。

　　相对于墨守成规、死教教材的教师，还有另一些教师，他们认为，在高考中不考查教材上的原文、原题，所以不必认真系统地教授教材内容。有的教师甚至干脆抛弃教材，直接带领学生钻进习题册中，以题海代替教材。这

---

① 王策三.教学论稿［M］.北京：人民教育出版社，1999：126.

些教师完全割裂了高考与教材的紧密联系，忽略了教材的典范性。在使用教材教授学生的过程中，教师完全可以帮助学生通过对教材上的经典文本的分析鉴赏，推演到对相似、相近的文本的分析鉴赏。其实，教材的使用过程，应是教师用教材教会学生学会学习的过程，学生只有学会了学习，才真正达到了学习的目的，才会真正实现学习的主体性，做学习的主人。

在实际教学中，教师应具备较强的合理选择与使用教材的能力，那么，到底应怎样做，才能提升这一能力呢？

一、树立正确的教材观念，读懂教材

教师应正确看待教材，把教材作为一个教学范例。教材中的文本大都是经过精挑细选、反复推敲之后，才展现在师生面前的。教师可以将教材上的文本再细选，精读精讲，将之作为一种经典范例，在课堂上引领学生阅读分析。教师应该深入研究教材，了解学生情况，制定最切合实际、最精准的学习目标。学习目标一定是要从小着手、能够切实解决的目标，教学目标不必面面俱到，也不能蜻蜓点水，如果什么内容都展开，那么课堂效率肯定不高，甚至不能完成教学任务。学习内容要精，要顾及知识的内涵和外延。在这一过程中，学生可以在教师的引导下、在文本的引发下，掌握基本的阅读分析的思路与方法，进而或是提出质疑、展开讨论，或是思考感悟、模仿作文，或是引发更多层面、角度的思考探究。师生间对于教材的研读，不应局限于文本内容的本身，教师一定不要仅忠实于教材，照本宣科，而是应以文本为例、为引来学习教材、超越文本。课堂教学中，师生的活动应是互相启发、教学相长的一个过程，教师应致力于通过文本这条线，引发学生思考、激发学生创新意识，教师的教学不单是为了完成教学任务，完成所谓的课堂设计，而是更应随时注意到学生的思维变化，并顺应其变化，对课堂教学做适当调整。在课堂上，教师尤其要注意做到学生学到哪儿，教师思考到哪儿，并对之做出相应的评判，才能在学生的理解有偏差和疏漏的时候，及时地予以正确的引导和补充。教师应注意引导学生在探索文本中发现问题、分析问题、解决问题，这样学生才会生成问题意识，具备独立思考、质疑文本的能力，而不是只会回答教师提出的问题，只会被教师牵着鼻子走。教师真正地读懂教材，是做到这些的前提。

二、学会宏观地规划教材，灵活处理

教师应对现有教材进行合理规划。教师在教授教材前，要充分了解教材内容，要能够从宏观上去整合教材，给死的教材注入活的内容。根据不同学生的不同情况、具体的教学环境的变化，教师应有灵活安排教学内容、授课顺序等的能力。比如，笔者在常规教学中，按教材编排顺序进行文本鉴赏教学，恰逢天气突变，大雪纷飞，笔者便适时调整了教学内容，将原计划的阅读课改为作文课，和学生上了一堂以"雪"为话题的作文课，学生作文触景生情、有感而发，写出了情感更为细腻、内容更为深刻的文章。

教师还应对现有的教材进行合理的补充、拓展。教材选取的文本毕竟有限，课程资源不能只依赖于教材，教师应建立大语文观，注意积累与教材内容相似、相近的文本或资料，从生活中多搜集合适的资源，以便学生进行拓展阅读。这里以笔者的作文教学为例。现行的高中教材对于作文教学这一方面，并没有给出一个较为完备的教材范例，笔者在教学中整理、设计了一套适合自己学生的作文训练教材，也可以称其为素材资源库。在实际教学中，笔者首先以教材内的相关课文与写作训练相连接，以教材文本给学生写作提供可供参考的范文，帮助学生学习经典篇目的遣词造句、行文技巧、构思立意、布局谋篇等；其次，将日常生活中所见所闻、所思所感，与写作训练相连接，丰富学生素材的积累，激活学生"冬眠"的写作兴趣与创作源泉；再次，以包含多种文学样式的，具有时尚性、经典性、活泼性、亲切性等特点的美文即笔者建立的素材资源库，与写作训练相连接，有计划地对学生们进行"读、赏、鉴、写"的训练。通过"读"，拓展学生视野；通过"赏"，促使学生共鸣；通过"鉴"，引导学生品悟；通过"写"，促进学生练笔。"读、赏、鉴、写"环环相扣，以写为阶段目标，从而提高学生整体语文能力。这个素材资源库以写作的需求为纵线，有目的、有方向地选择相应的美文。这里的美文包含多种文学样式，可以是大家之作，也可以是学生习作，具有时尚性、经典性、活泼性、亲切性等特点，更易于学生接受、学习，甚至可以是学生找来的、他们喜欢的文本，只要适于作文教学内容，就可以拿来使用。在新的课改背景下，教师应充分开发和利用各种阅读课程资源，实现课内外阅读教育的衔接和整合，加强对学生课外阅读兴趣的激发和阅读方法的指导，提高学生课外阅读和写作的能力。把这些课外资源整合成为一套便于教师、学生使用的课外补充教材，将会对教师的教学效率、教学能力有很大的提升。

三、认清教师的角色地位，放手学生

教师提升自身的职业能力，提高对教材的运用能力，并不意味着教师就要死抱着教材一言堂，而是应大胆地放手，更多地让学生自己去研读教材。教师教是为了让学生学会学。在这一过程中，最主要的是调动学生的主观能动性，充分发挥学生的主体意识。对于一些难度相对低的文本，教师完全可以放手，让学生独立理解文章内容、体会文章艺术特色等，教师予以适当的引导、点拨即可。教师要真正转变角色，让学生自主学习，成为课堂的主人。教师牵着学生走，只能让学生越来越失去学习兴趣，而只有学生自己能掌控课堂，成为学习的主人，他才能体验到学习的乐趣，学生有了成功感，增强了自信，才会越来越主动、积极、专心地学习，从而提高学习效率。

在课堂教学中，教师要注意前期的引导。这时，教师对教材的掌控能力则体现在，在教学开始阶段，可以给学生列出几个便于阅读的指导性问题，学生慢慢掌握方法后，教师再完全放手。教师要充分相信学生的能力，切忌大包大揽，什么都是教师说、教师做，一定要真正放手让学生自己读、自己做，这样才会真正培养学生独立的阅读能力。还要注意的是，在学生阐述自己的见解后，教师也没有必要再重复一遍，这样做只会耽误教学时间、降低教学效率，只要是学生说得切合实际，教师没必要句句重复，题题总结。

四、丰富自身的文学素养，适应变化

新世纪的语文教师要不断适应社会高速发展、不断变化的节奏，就要不断更新自己的教育观念，不断学习新知。这在实际教学中对教师提出了更多

更高的要求，尤其是语文教师，不但要有较高的专业素养，还要涉猎社会文化等更多方面、层次的知识。只有这样才能应对教学中出现的种种状况。例如，教师在讲授《失街亭》这篇课文时，如果教师对《三国演义》没有一个整体的、深入的把握，在讲授时就很容易对学生的提问失语，更谈不上对课文进行精深讲解了。教师在讲授《奥斯维辛没有什么新闻》时，如果对二战历史没有了解的话，就很难与学生建立起准确的情感共鸣。当然，教师丰富自身文学素养的过程，就是对教师专业素质的发展与提升的促进。

教学离不开教材，但也不能只拘泥于教材，教师要不断提升自身职业能力，离不开提高对教材运用的能力，教师要在对教材的有效挖掘上，寻找促进学生发展、积极思维的主题。比如，教师可以充分运用知识的迁移规律，引导学生积极主动探究（尤其是文言文学习）。教师可以根据当前实际，对文学作品进行合理的延伸与拓展，进行大胆的创新，使学生在学习知识的同时，能够结合实际，学以致用，甚至可以对文章进行颠覆性的再认识……作为语文教师应在充分关注教学文本的基础上，给学生开拓更广阔的观察视野、思维空间，让学生真正从"语文"上得到美的享受，提高人文素养。教师应考虑怎样利用教材设计教学才能调动学生的思维方向，激励学生积极思考，培养学生深层的思辨能力，绝不能让教材只是教材，教师应通过教材建立与学生的对话，帮助学生通过教材学会与文本对话。对于教材，不管如何使用，它都应是有意义的、有实效性的，教师应使教材成为师生共同构建课堂的平台，成为促进师生双方共同进步的媒介。

（作者：郭卉）

建构主义与语文教师课堂教学设计
能力培养刍议

21世纪是知识经济的世纪，各国之间的综合国力竞争已经从政治、经济竞争慢慢向知识、文化乃至创新能力竞争转换。这就意味着，创新能力越强的国家越能在不断激烈的竞争中做到可持续发展，才能在可持续的道路上走得越远。综合国力靠创新，创新能力看教育。

语文学科当下越来越受到重视。因此，现今提高语文教育教学的质量是实施素质教育的重中之重。众所周知，一节完整的语文课是由语文教师结合本节课教学目标、教学重难点、教学方法、教学原则等一系列因素并在学生们的通力配合下共同完成的，只有各种因素相互融合、共同提高才能实现提高语文教学素养的目的。那么今天我们就从教师的角度出发，探讨一下在建构主义理论下如何增强语文教师的课堂教学设计能力。

建构主义最早的提出者可以追溯到在认知发展领域最有影响力的瑞士心理学家皮亚杰，他所创立的关于儿童认知发展的学派被人们称为"日内瓦学派"。皮亚杰的理论充满唯物辩证法，坚持从内、外因相互作用的观点来研究儿童的认知发展。他认为，儿童是在与周围环境相互作用的过程中，逐步建构起关于外部世界的知识，从而使自身认知结构得到发展。儿童与环境的相互作用涉及两个基本过程："同化"与"顺应"。① 这就是皮亚杰关于建构主义的基本观点。

---

① 何克抗.建构主义的教学模式、教学方法与教学设计［J］.北京师范大学学报（社会科学版），1997（5）.

　　根据已有的理论基础，我们可以总结、分析形成更适合现代教学的理论模式。建构主义强调以学生为中心，由原来被动接受知识、消化知识转变为主动地去探寻知识，并对掌握的知识主动进行加工，形成适合自己的理论模式。而建构主义也要求教师从原来知识的传授者改为知识的引导者，能够深入浅出，引导学生学习而不是教学生学习。①

　　那么，在转变教师地位的过程中我们就会遇到这样或那样的问题，例如：如何处理好课内知识与课外知识的关系；如何在课堂教学过程中平衡教师引导和将课堂交给学生，导致学生过于放纵自己的矛盾；如何在课堂教学设计中提高学生对语文学习的乐趣和创新能力；等等。这都是我们面临的巨大难题与挑战。那么下文我们就从建构主义的角度出发，探讨如何提高语文教师课堂教学设计的能力。

　　建构主义认为，知识不是通过教师的直接传授得到的，而是学生在一定的文化背景和其他人帮助的前提下，利用学习资料获取相应的知识，因此建构主义学习理论认为，"情境""协作""会话""意义建构"是其四大属性。②由此我们可以提出以下几种方法去进行课堂教学的设计。

一、从备课阶段充分考虑"情境"

　　众所周知，教师备课不仅要"备"教材更要"备"学生，也就是说教师在课前研究教材时一定要充分地将学生已有的知识体系、掌握知识的熟练程度考虑在内，设计出适合学生的教学步骤，让学习的内容由浅入深，深入浅出，这样更加有利于学生的掌握，同时更要预设课堂中所能出现的意外情况。③例如学生会提出何种问题、会对教材什么地方产生疑问等因素考虑在内，同时充分研究学生的整体水平以及学生之间的个体差异，平衡好两者之间的关系，这样就能尽可能地避免教学工作中的盲目性，使教学能够有目的性地顺利展开。由此可见，对于建构主义中"情境"这一概念对于语文教师在语文课堂

　　① 罗薇.对建构主义教学观的几点认识［J］.荆州师范学院学报，2002（6）.
　　② 何克抗.建构主义——革新传统教学的理论基础［J］.电化教育研究，1998（1）.
　　③ 王军虎.浅谈情境创设中应注意的几个问题［J］.教育实践与研究，2004（11）.

教学设计的开篇这一环节是有非常重要的作用的。

二、从"协作"角度正确看待"师生合作"与"生生合作"

一节优秀的语文课堂是由学生与教师共同合作完成的，虽然现如今都强调将课堂还给学生，但教师在课堂教学的引导中还是有着举足轻重、不可替代的作用。

对于"师生合作"，教师在课堂设计中一定要做到如下两点：首先，教师要充分挖掘教材。换言之，就是在课堂教学中要根据教材，同时结合学生已有的知识水平提出有深度、有内涵的问题，既不能偏离教材，过于深刻，又不能太过浅显，以至于每个人都能答对，即所指出的"有效提问"。教师可以以当下最流行、学生最关注的问题为切入点，联系本课内容进行讲解或提问，这样在吸引学生兴趣的前提下很好地做到了师生的互动，共同完成教学设计。

新课程改革总是强调学生之间的合作学习的能力，即"生生合作"。这不仅考验了学生的学习能力，更是对学生人际交往的挑战。良好的分工合作可以事半功倍地完成学习任务，而人际关系处理不当的学生则会事倍功半，让其与成功失之交臂。因此，教师在语文课堂教学设计的过程中要充分考虑学生与学生之间的合作，这也是义务教育课程标准的重要内容。

三、从"会话"角度正确看待教师对课堂的监控能力

所谓教学的监控能力，是指教师为了保证教学的成功、达到预期的教学目标而在教学的全过程中将教学活动本身作为意识的对象，不断地对其进行积极主动的计划、检查、评价、反馈、控制和调节的能力。由此可见，教学的监控能力，不仅是对学生的监控，更是对教学自身的监控，从而纠正教学中的错误与纰漏，更好地完成教学设计与活动。

现如今多媒体技术已经走进课堂，能否熟练地掌握现代教育技术已经成为考核教师能力的一个重要的评价标准。越来越多的学校运用多媒体呈现教学内容，这既可以吸引学生的兴趣，又能节省时间，可谓一举多得。那么，此方法是否堪称完美呢？我想答案一定是否定的。那么我们今天就来看看如

何在运用多媒体技术方面展示教师的教学监控能力。

教师在教学设计时，一定会对教学内容进行设计，用多媒体课件的形式展示出来，那么，对于课件内容与本课学习内容之间的联系、课内外内容的比例、课件到底应该单调些还是华丽些等问题都是值得思考与监控的问题。课件内容过于依赖本课学习知识则会显得太过重叠，失去了课件应有的作用；课外知识过多，则会让学生抓不到本节课学习的重难点。可见处理好两者之间的比例尤为重要。课件样式太过华丽，在吸引学生兴趣的同时容易分散学生过多的精力而再难将精力转回课堂，如若课件太过单一，则会让学生觉得多媒体课件太多索然无味，影响学生上课的积极性与主动性。

因此，对于语文课堂教学进行设计时，教师必须要处理好多媒体课件与本节课的联系，这并不是个简单的问题，需要教师不断地探索。

四、从"意义建构"看语文课堂设计的尾声

前三点分别从将学生与教师融合的角度来看待备课，从教师讲课过程中学生与教师合作、学生与学生合作的角度看待学习能力的培养，从教师在教学过程中如何合理应用多媒体课件的角度展示了建构主义对语文教师教学设计的用处。

教学评价是教师讲完每节课必须要进行的一个步骤，它既是对参与教学活动的学生进行评价，更要对实施教学活动的主体——教师进行评价，也包括对教学方法、教案设计、教学板书等一系列参与教学活动的客观因素进行评价。[1]

首先，对于参与教学活动的学生，授课结束之后，教师会根据本堂课内容布置作业，检测教学效果则要看隔天学生作业的完成情况，所以对于学生的教学评价则会稍慢一些。而对于教师的教学评价则会容易一些，教师都会进行自我反思，从上课的进度、课文的引导能力、指导学生合作学习的能力、多媒体操作情况的能力等方面来评价自身教学，并进行反思，让自己的教学

---

① 徐学福.建构主义教学观及其对我们的启示［J］.广东省经济管理干部学院学报，2001（1）.

顺利完成亦能得到改进，从而达成本节课的教学意义。

综上所述，我们可以知道在建构主义理论的指引下，语文教师的教学设计可以从以上几个方面完成：备课中充分考虑学生、自身与教材；讲课中注重引导，并锻炼学生合作探究能力的培养，学会熟练使用多媒体课件；课后及时反思与总结，如若这几方面能相互结合，共同完成每一课，那么我们课堂教学的设计能力一定会有很大的提高。

（作者：宫天林）

大数据时代语文教师掌握
现代信息技术的必要性

教育日益信息化，我国正在加大力度推进教育信息化进程，加快中小学校教育信息化试点工作，所以教育技术已成为教师必须掌握的重要本领。

一、教育信息化特征

一是教材多媒体化。现在的教材不仅是一本书，通常在书的后边还会带一张光盘，有的教材后面还会有一个学习卡，学生通过学习卡上的密码可以获得网上的学习，教师也拥有了下载教学资源的权限，与过去单一的纸质版教材不同。

二是教学个性化。即多个教师教一个学生，它是由过去的一个学生请一个教师教，到现在的一个教师教多个学生的改变。卢梭在《爱弥儿》一书中曾经批评班级教学是学生心灵的屠宰场，传统的教学方式是以教师为主导的，学生的自主性得不到充分发挥，创新能力也得不到发展，因此就出现了教学个性化。

三是资源全球化。信息技术的快速发展，信息资源的获取越来越容易和便捷，不用亲临现场去获取信息，足不出户就可以获取各种各样的信息。例如微信、QQ这些网络工具，让我们每天足不出户就可以获取来自四面八方的信息。

四是学生主动化。即学生不是被动地学习，也不是机械地学习，而是主动地学习，从过去的"要我学"到现在的"我要学"。学生积极主动地调整自己的学习策略，主动学习。自主学习可以培养学生的创新能力，学生的自主能力也是要通过培养去实现。

五是活动合作化。学生在教师和同伴的帮助下完成学习。

六是管理自动化。通过自动化可以科学地管理学习的进程，也可以有效地监控学习的效果。

七是环境的虚拟化。学习任务的完成是通过模拟仿真或情境教学。

八是系统的开放化。学生学习的时间和地点可以自主安排，网络是学生学习的重要渠道。

二、教育信息化有着极大的必要性

（一）教育信息化是教育发展的大势所趋

21世纪是一个信息化的时代，信息技术迅速得到发展，科学技术的发展使得社会的方方面面都在发生着变化，无论是物质文明还是精神世界，都在受科学技术的影响。信息技术发展很快，但教育信息化的发展并没有跟上信息技术发展的脚步。应试教育的弊端显而易见，因此我国当前的教育改革是以信息化教育改革为核心，改革教育模式、教学手段和教学方法是促进教育发展现代化非常重要和紧迫的任务。因此，教师信息化十分重要。

（二）学校更好地发展离不开教育信息化

国家示范校，很多学校并不陌生，特色专业以及示范专业建设是必不可少的内容，其中每一项都有精品课程，课程开发、网络课程等硬性任务，这些都是需要教育信息化的，数字化校园的建设，更离不开教育信息化。模拟现实的过程中可以允许教师有多次的操作失误，最终模拟能成功即可。

（三）教师自身发展离不开教育信息化

"百年大计，教育为本，教育大计，教师为本。"信息技术已经深入到社会的各个方面，教师作为教书育人、知识的传播者，应自觉地掌握信息教育技术。但由于教育体制、教学观念、教学评价体系的问题，有些教师并没有自觉地掌握现代教育技术，而是像以往一样守旧，不愿意去碰触一些新的东西，还只是一味地单方面传授知识。教师不应该使自己成为时代的盲人，也不要让自己一直都是盲人，教师要转变教学观念，掌握新的教学方法，合理有效的教学方法才能使教师从"盲"里解脱出来。同时，信息技术也节省了很多不必要的时间，利用有效的时间做更多有价值的事情。教师也不要让自己成为"茫人"，信息时代并不代表我们可以一味地在网上抄袭别人的信息，而是要在借鉴网上信息的基础上形成新的信息。总之，社会发展离不开教育信息化，教师应该走在时代前沿，不要被时代淘汰。

三、教师学习信息教育技术的方法

（一）教师要树立新的教学理念

信息化使得时代发展迅速，教师不能仅仅停留在以往的教学方式上面停步不前。在传统教学方式下，学生避免不了会感到课堂的压抑，学生在课堂中只是被动地学习知识，驾驭知识、单方面传授知识这种教学理念已经不能跟上信息化时代的教学要求，改变教学理念很是必要，教师不再只是给学生传授知识，而要成为学生的引导者和启发者。《普通高中语文课程标准（2017年版）》中对语文的学科性质规定："语文是最重要的交际工具，也是人类文化的重要组成部分。工具性与人文性的统一，是语文课程的基本特点。"语文教师要认识清楚本学科的本质特征，合理运用语文学科的工具性和人文性，不要过于强调人文性，把人文教育和语文教育区分开，避免使语文学科与政治学科相混淆；对于工具性的特点也如此，不要把语文当成交流的工具，其人文因素也不能忽略。把二者相统一，合理运用于语文教学中，才能使语文学科发挥出自身的价值。另外，逻辑性也是必不可少的，教学内容的逻辑起点要明确，合理地去安排教学进程，每个教学环节之间联系要紧密，三维教学目标要清晰明确，学生进行情感体验的过程很是重要，这个过程做得好，学生就会主动与外界进行交流，在这个过程中学生能学到很多知识。关注学生的情感体验，《普通高中语文课程标准（2017年版）》在课程目标部分提出"学习多角度多层次地阅读，对优秀作品能够常读常新，获得新的体验和发现"，"学习鉴赏中外文学作品，具有积极的鉴赏态度，注重审美体验，陶冶性情，涵养心灵"，"学会多角度地观察生活，丰富生活经历和情感体验"，在高中语文教学建议中提出"尊重学生在学习过程中的独特体验","应引导学生设身处地去感受体验"。因此，教师要让学生多体验、多欣赏，教师在设计时可多设计一些体验和欣赏的内容。体验源于内心，它可以促使学生有效学习语文，体验不是客观的，学生体验到的内心感受会对学生产生很大影响。教师要让学生自己去思考文章，让学生尽可能独立思考文章，不要对学生的思考做过多干扰。一根粉笔的一堂课已经不能满足现代学生更高的学习需求了，翻转课堂、微课和慕课都相继出现了。这就对教师的信息技术带来了挑战，只有认真学习这些技术，才能跟上时代的脚步。

（二）教师要重视信息技术的使用情况

教师除了具备专业知识之外，还应该掌握一定的现代信息技术，拥有制作电子课件和音频、了解网络发布技术以及熟练利用网络平台进行教学的能力。

（三）教师要转变教学方式

教师教，学生学，单向灌输式的教学方式不重视学生的个性发展，不能关注到每一个学生的学习情况，信息化教学让每个学生都成为了课堂上学习的主角，可以随时与同伴和教师进行交流，实现了学生的个性化学习，而且学生的思维方式也得到了转变，创新能力也能得到相应的发展。

（四）教师要关注教学结构的变化

传统课堂中，学生在课堂上通过交流实现知识的传递，课下完成知识的吸收和内化。如果遇到难题，没有同伴或者教师的帮助，学生就会感到困惑，产生一种挫败感。因此，要认清楚目前的教学形式，抓住一切有利机会学习信息技术，而且要合理地运用于课堂之中。

（五）教学研究能力是教师必不可少的

现代信息技术在教学中的影响显而易见，因此，教学研究能力成为更好地掌握现代信息技术必不可少的一种能力，对教学目标、教学策略以及教学方法等进行研究，不断总结经验，通过教学进行反思，在教学实践活动中积极地去总结经验和教训，以便更好地适应现代信息技术。

（六）教师要重视自身知识与技能的更新

信息社会正在飞速地发展，各种技术都在不断发展，教师要积极主动更新自身的专业知识和教学技能，跟上时代潮流，与时俱进，摒弃以往单向的教学模式，树立起新的教学观念，通过多种渠道和途径主动学习新的知识和技能，来促进自己的职业发展。

（七）对学生进行学习技能的培养

"授之以鱼，不如授之以渔。"教师掌握信息技术后，也可以将此技术传授给学生，教师的教学方式变了，学生的学习方式会随之变化，所以，学生也需要掌握一定的信息技术，以便更好地应用信息技术。在此基础上，教师让学生独立自主地去学习，设计有效的学习计划，安排好学习时间，培养学生独立学习和自主学习的能力，保障课堂教学的有效性。

（八）认知规律也是教师不能忽略的

学生的学习有自身的认知规律，教师要充分考虑到这一特点，在进行教学设计时，考虑到学生的年龄特点，结合学生的已有知识基础进行教学设计，这样，学生就会较为容易地掌握所学的知识和技能，形成自身的学习方法，对学生的情感态度和价值观的培养也较为容易。教师还要根据学生的整体特征以及个别学生的个别差异性进行教学设计，制定出大体上适应学生的教学设计。

在这个信息技术飞速发展的社会里，教师面临着信息技术的考验，身为教育者，应走在时代的前沿，熟练掌握现代信息技术，熟练地应用于教学当中。信息教育技术，为教师更好地准备教学材料提供了非常好的平台，教师根据自己的需求在网上查找自己需要的信息，再对信息进行加工和处理，以便形成自己的独特见解，传授给学生，同时也充实了学生知识储备。本文对语文教师适应于信息时代进行了初步研究，期望能给工作在一线的教师提供一些借鉴。但是由于本人知识和能力有限，本文存在很多不足之处，望大家多提意见和建议。此后，我会继续对此进行研究，在一线教学中不断改进和提高。

（作者：段艳波）

高职院校语文教师的职业生涯规划

高职院校保证教师队伍的高水平,是培养人才、发展高职院校的重要保障,更是高校能够将学校办出特色、实现可持续发展的主要因素。因此,高职院校的健康长远发展离不开每一名教师对自己进行良好的职业生涯规划,尤其是语文教师担负着传承中华文化和培养学生树立正确价值观念的重要责任,更要制订科学的职业生涯规划。

本文以高职院校语文教师的职业生涯规划的重要性为前提,探讨在工作过程中,高职院校及教师自身应该采取哪些必要性措施,以明确自己的职业生涯目标,科学制定职业生涯规划。希望通过本文简要论述,能够为高职院校语文教师提供一些有价值的参考信息。

一、明确自身优势　树立长远发展目标

作为高职院校的语文教师,应该在明确自身优势的基础上,树立长远的职业发展目标,而不是偏安一隅,觉得自己成为了一名高职教师,便可以高枕无忧,只要每天完成既定的工作和教学任务即可。在当今人才济济的社会竞争环境当中,在高职教育行业当中如果存在这样的心理和思想,不仅不利于其自身的成长和发展,有可能在日后的竞争当中处于不利地位甚至被淘汰,更是对广大高职院校学生的极其不负责任。所以,无论是为了适应社会发展需求,还是为了自身成长需要,还是为了更好地完成作为教师应该承担的职业责任和使命,还是为了更好地发挥自身优势,实现自己的崇高理想和社会价值,等等,语文教师都应该本着"长期性原则"为自己设定一个最终的职

业生涯发展规划目标。

一方面，高职院校语文教师在制订职业生涯规划时，应注意把握"可行性原则"。主要从自身的优势出发，依据现实的基本条件，根据自己的兴趣爱好、学校的实际需求、社会发展的基本方向等综合因素来明确发展目标，制订科学规划，避免存在一些不着边际的幻想或操作起来极其困难甚至可能性几乎为零的规划目标。如语文教师涉猎的主要领域是文字、语言、文学方面的研究方向，但偏偏在没有任何基础的情况下选择建筑学或土木工程学的相关研究，并非一定是不可能的，只是语文教师的职业规划应该更加注重对自身优势条件的利用。另一方面，语文教师的职业生涯规划还要本着"清晰化原则"，明确自己想要实现自己的职业目标应该付出怎样的努力，要舍弃一些不必要的社交、娱乐等活动，将自己的总目标进行具体的细化和量化，设置阶段性目标和行动计划，以保证自己的长远规划目标得到有序完成，达到"积跬步以至千里"的效果。

二、以时间为轴线　制订科学职业规划

高职院校语文教师的职业规划应该包括教育教学方面、科学研究以及自我成长方面等。在教育教学方面，对于职业生涯规划应做到以目标为导向，以培养社会所需的专业化人才为根本方向，对自身高标准严要求，积极规划自己在职业教学当中应该有一个怎样的教学发展思路。在教育教学科学研究方面，应针对本专业学科内容，积极开展相关的课题研究，撰写相关学术论文，了解大学生的创新创业项目，并进行相关项目的申报和研发工作，开拓校企合作的基础平台。在个人成长方面，要不断总结自己在教学科研工作当中的经验教训，积极参加学校和社会组织的各类技能技术培训课程，为自己取得的成绩感到骄傲，但不能自满，时刻本着学无止境的思想态度，不断提升自己的综合素养和能力。

因此，针对这几个方面，高职院校语文教师要以时间为轴线，制订更符合自身特点和需要的职业生涯规划。例如：在从教的第一年至第二年，应该在哪些方面取得哪些成就，实现哪些目标，这包括教学、研究、人际交往、

师生交际等多个方面；在从教的第三年，想要在教育教学中实现为社会培养知识型人才多少人（这一指标的设定可以根据学情具体情况而定，需要语文教师做到"一日为师，终身跟进"，要让自己的教育思想时刻影响学生），在学术研究方面要完成哪些重要的学术论文，并发表在哪些刊物上，是否着手准备升级职称，等等。在个人成长方面，要和所有的同事相处融洽，在教学工作上取得"先进教师"的荣誉，在晋升职称评选方面，取得一定的成绩，等等。此外，如在退休前，要实现"全国先进教师"的梦想，要让自己桃李满天下，让自己的一身才华都可以奉献给社会，学生想起自己可以获得尊敬、尊重的态度；同事提起自己可以获得赞美和赞誉，自己想起自己的从教生涯，可以为自己的付出而感到欣慰；等等。所有的职业生涯规划要贯穿语文教师从教生涯的始终，就是要以时间为轴线，制订清晰且科学的职业规划，并朝着每一个小目标去一步一步地实现，最终完成自己作为高职院校语文教师的职业规划。

三、完善激励措施　促进语文教师成长

高职院校语文教师职业生涯规划的主要责任在于自身，教师自己要明确自己的职业发展目标，每一个阶段想要完成哪些任务，以最终完成自己的职业规划。然而，作为高职院校及其管理者来说，也在一定程度上肩负着帮助高职院校教师去制定和实现职业规划的责任。在这一过程或任务当中，高职院校本身绝对不是旁观者，而是应该充当参与者、鼓励者、协助者的角色。所以，在高职院校语文教师的职业生涯规划工作当中，高职院校本身也应当承担起相应的责任和义务，努力提高本校教师队伍的综合素质和素养，从而推动高职院校朝着更好更远的方向发展。

例如：高职院校可以制定并不断完善校内关于教师职业生涯规划的奖励激励制度。如让每一名高校语文教师都提交一份针对自己学科所制定的职业生涯规划书，并根据阶段性目标的实现，对教师的完成情况做出检查和评判。如果以一年为期限，对于能够扎实开展各项教育教学工作，并取得一定的教学成绩和实效，良好地完成了阶段性职业规划目标的语文教师，学校应给予

一定的物质奖励。或者，任何一名语文教师根据自己的职业规划，完成了职称评定或取得了具有积极意义的资格证书，学校可以适当考虑给予一定的"技术技能升级补贴"。再或者，教师在教学工作中表现突出，学历得到进修，积极完成校内安排的各项工作任务，为推动学校发展规划目标的实现作出了具有实效的贡献，获得了学校及学生的高度认可，学校也应该考虑给予这样的教师一定的物质或精神奖励，等等。通过类似的激励手段和政策措施，可以极大地提高语文教师开展职业生涯规划的积极性。

当然，对于语文教师个人而言，其职业生涯规划也是要紧紧围绕学校本身所需的这一基本条件。这就是开展职业生涯规划所需要遵循的"双赢原则"，满足学校对教师素质的要求和需要，是教师职业生涯得以健康发展的前提条件。因为大部分体制内人员的职业规划都是要围绕所在单位展开，所以，教师的职业生涯规划当中所制定的职称评定、资格证书取得、岗位技术技能提升都是要符合自己的工作目标要求，要将学校的持续发展与自己的职业规划相结合，努力让自己的能力和理想在校内的平台上发光发热，最终得以实现。

四、注重总结评估　分段回顾自身发展

对于高职院校语文教师来说，制订一份科学的职业生涯规划和树立一个长远的或阶段性的职业目标十分简单。最困难的是在实现每一个目标的过程，在此过程中需要教师个人的努力和意志来支撑。所以，在实现职业规划目标的过程中，教师要端正好自己的心态，突破思维的局限性，保持开阔乐观的心理状态，积极主动地去朝着自己的职业规划目标不断努力。面对在这一过程中出现的困难和挫折，要放平心态，虚心学习，戒骄戒躁，坚决不能因为一时的困难而对自己的能力和目标产生质疑，导致心理上的消极和放松，进而致使自己的职业生涯规划半途而废。

所以，高职院校语文教师在落实职业生涯规划的各项举措时，应及时对自己的学习和工作状态及效果进行总结和评估。一方面，教师可以分时间段，如每天回顾或者每周、每月回顾皆可，这要根据教师自身的习惯而自行设定。在某一阶段内，自己设置的分段目标是否在按部就班地实现，是否已经超额

完成了规划内容，或者因为什么原因延迟实现甚至没能实现，导致目标没能实现的具体原因是什么，自己应该按照什么样的原则和标准去修正自己的职业规划方案，等等，这些都是需要教师在具体实践中去总结和回顾的。另一方面，教师要以自身能力的提升和教学效果的优劣作为回顾评估内容，积极在学生中开展调查研究活动，及时了解自己在一年或一个学期当中的教学表现，总结自己的能力是否有所提升，工作中有没有懈怠之处，今后要怎样改正。同时，调查学生对自己的客观评价。自己是否具备一名合格高职语文教师应有的职业素养，学生对自己的教育方法和教学方式有哪些中肯的建议，或者是否满意，等等，这些都属于教师总结回顾重点内容。这涉及教师整个职业生涯规划的总目标能否实现，更可以帮助教师及时发现自己的职业生涯规划存在的偏差和问题，并尽早地进行调整和修改，从而保证自己的职业目标有条不紊地一步一步得到落实。

总而言之，作为高职院校的语文教师，不仅承担着教书育人的重要责任，更担负着传承中华文化，培养学生树立正确的价值观念、构建健康的思想心理等重要使命，从而保证高职院校培养出来的每一名人才都能为社会所用，都能为促进社会发展及生活水平的提高而贡献力量。因此，无论是教师个人还是高职院校本身都应该为语文教师清晰的职业生涯规划做出相应工作。高职院校要完善相关奖励激励制度，促进语文教师主动去制订和完成自己的职业生涯规划。教师自身更要为了自己的发展和实现更高标准的人生价值努力实现自己的职业生涯规划。

（作者：马艳郡）

第二编

新世纪语文教师职业反思论

在不断反思与努力中提升自我

我于 2008 年毕业于沈阳师范大学文学院，毕业后回到家乡辽阳县第二高级中学工作。工作 12 年中，任班主任 10 年，送走了四届高三毕业班。由于我校地处农村且是普通高中，家长受教育程度普遍不高，一般从事农业或商业活动，鲜有知识分子家庭，学生学习基础也相对较差，不重视学习的也占一部分。另外由于特殊的地理位置——我工作的镇属于经济发展较好的城乡结合部，所以学生社会派气息很重。因此高考成绩都不太理想，每个班平均只有三四个同学能考到二本以上，对于语文学科的学习，更是不屑一顾。由于语文学科的独特的性质，本身上成绩就很慢，现代人越来越追求快节奏，人心浮躁，所以学生们也并不愿意花费时间去学习语文。我们的学苗情况又是垫底状态，所以几乎谈不上有语文底子，别说爱学语文，甚至能认真听课对于我们的学生都很难。而现在所面临的状况是高考语文改革越来越难，题型越来越活，针对我校学生普遍不重视语文的现象，我也进行了一系列反思，如何落实语文学科的"立德树人"的任务，如何肩负起提高学生的语文素养的重任，是我们农村教师应该积极思考的问题。

最初当老师的时候，我只是专心研究书本上的知识，一味地逼着学生背诵，一段时间下来效果并不好，慢慢地我开始探索新的方法来适应我们学校的学生情况。我决心从以下方面继续努力，进一步提升和发展自己。

一、加强学习，提高素养

针对我们现有的学情，寻找内在规律，透过现象看本质。通过一个题型，举一反三，减少学生的学习任务量，减少对语文学科的抵触，改变学生对语文学科刻板、枯燥、任务量重的印象。由于我们学校是寄宿制学校，学生每天都要在学校上晚自习，作为语文老师兼班主任的我，每天晚上利用看学生上自习的时间，提高自己的教育理论水平。提高自己的科研水平，认真研读大家学者的学术著作，从而根据学生的认知特点来教育学生。刻苦钻研新教材，今年我们地区使用了新编的部编版教材，有很多新内容也是我以前从未接触过的，也需要花费大量的时间去钻研课本，认真准备每一节课，尽量使我的课上得生动有趣，并且积极将自己的教学经验体悟进行记录并整理。

既然想要给学生"减负"，就要给自己"加负"。为了更好地帮助学生筛选出重难点，就需要教师基本功过硬，树立"终身学习"的信念，秉着"想要给学生一杯水，自己要有一桶水"的工作理念，时刻加强自己的学习能力，积累自身的工作经验。如在讲授真题时，我便把所有高考真题分类整理，争取做到"学一篇，会百篇"的教学效果，使学生感到轻松，乐学，愿学。

比如2016年全国2的作文真题：

> 语文学习关系到一个人的终身发展，社会整体的语文素养关系到国家的软实力和文化自信。对于我们中学生来说，语文素养的提升主要有三条途径：课堂有效教学、课外大量阅读、社会生活实践。
>
> 请根据材料，从自己语文学习的体会出发，比较上述三条途径，阐述你的看法和理由。
>
> 要求选好角度，确定立意，明确文体，自拟标题，不要套作，不得抄袭，不得泄露个人信息。

在讲授此题时，我先从真题中确定立意，其中一个立意可以确定为阅读。如2017年山东卷的作文：一个24小时的共享书店营业，白领、流浪汉等各种各样的人都在里面读书，有的就只是简单地翻几页书。以此为材料，进行作文。也可以从阅读角度来立意。还有2017年浙江卷作文：有位作家说，人要读三本书，一本是"有字之书"，一本是"无字之书"，一本是"心灵之书"，对此你有怎样的思考？请对作家的观点加以评说。（自拟题目，写一篇800字的作文）类似的还有2017年天津卷"重读长辈这本书"。

还有2016年高考语文（天津卷）的作文：

在阅读方式多元化的今天，你可以通过手机、电脑等电子设备，在宽广无垠的网络空间汲取知识；你可以借助多媒体技术，"悦读"有形有色、有声有像的中外名著；你也可以继续手捧传统的纸质书本，享受在墨海书香中与古圣今贤对话的乐趣……

当代青年渴求新知，眼界开阔，个性鲜明，在阅读方式的选择上不拘一格。请围绕这几个阅读方式，结合个人的体验和思考，谈谈"我的青春阅读"。

另2019年湖南高考作文训练题"电子阅读与纸质阅读"的作文，即：

某论坛在讨论电子阅读与纸质阅读的关系中，出现了如下几种观点。

学者：只有"深度阅读"才能形成自己的思考和结论，而只有纸质阅读，才算得上是"深度阅读"。

作家：网络文学写作的路数和传统文学不同，是独辟蹊径的；网络文学也不乏较具文化含量、思想含量的精品。

学生：电子读物并不是奇奇怪怪的东西，它们和纸质读物一样只是传播载体不同而已。

教师："碎片化"的时间使我们的阅读"碎片化"；电子阅读存在八卦和娱乐化的问题，这些信息很浪费我们的时间和生命，让我们变成了知道得最多而思考得最少的人。

家长：现在阅读纸质书的人越来越少了，而喜欢用手机、平板电脑等设备进行阅读的人越来越多了，对此我很是担忧。

对于以上观点，你怎么看？请在有机关联中至少选两种观点，针对论坛某一类人写一篇文章，阐述你的看法，体现你的思考。

综合以上相似作文，分门别类将这些经典作文题展示给学生们，然后让他们寻找所有作文的不同点以及相同点，从而使学生们感到高考作文并不是纷繁复杂的，而是有规律可循的，从而卸下对语文的反感，建立语文学习的信心，慢慢地喜欢上语文。

二、加强实践，积累经验

在理论知识的指导下，我积极参与学校组织的各种外出及线上培训的教研活动，多听、多看、多学、多总结，取长补短，充分体现课标中"自主、合作、探究"的学习方式。

我的日常生活是只要一有时间就去听同组老师的课，而且在工作之余，还会去学习历史和政治的课程，多积累语文相关学科的知识。多参加学校及上级单位组织的讲课、说课比赛，多讲多请教，发挥"长征精神"，不怕吃苦，不怕困难，快速成长。我抓住外出比赛的机会，请教外校的名师，增长见识。在时间充裕的情况下，主动去听相关学科的比赛，学习更好的课程结构，从而使自己逐渐成长起来。比如一次外出学习，我听了一位政治老师的公开课，其中一个教学环节是在课的末尾，请一位同学复述一下本节课所学内容，对于这个课程安排我就很受启发，这样既可以加强课堂上师生的互动，又可以督促学生在课堂上认真听讲并进行总结，因为进行课末总结的学生是随机选的，为了避免上台后的尴尬，每位同学都会集中注意力，这样就能大大提高课堂效率，从而达到更好的上课效果。

三、发挥特点，形成幽默、有特点的教学风格

通过几年的学习、总结，根据我校自身的学情，我也逐渐形成了自己的教学风格。我发挥了做班主任的优势，合理有序安排学生的语文学习时间。比如每天安排一位学生（按座位次序）负责晨检前在黑板上写上前一天准备好的好词好句，并在当天的语文课前负责讲一个小典故或者几个小成语之类

的，积极调动学生们的积极性，踊跃参与，让学生踊跃发言，培养语文思维。

为了更好地帮助学生提高文言文的字词基础，我会在课下准备一些顺口溜，或者利用汉字的特殊结构等，帮助他们更好地区别同音不同形的字词等。

比如利用偏旁部首来释义，如"衣"旁和"示"旁，很多学生都易混淆，但当他们了解到"衣"旁是与"衣服"等有关表示覆盖、遮掩等相关的意思，而"示"旁则表示与"祭祀"相关的事件、事物时，便很快掌握了，书写也非常正确，且能够举一反三，大大提高了学习效率。此外还有"王"字旁与玉相关，如珏（合在一起的两块玉）、玦（古代佩戴的玉器）等；"贝"字旁与钱相关，如财（钱和物资的总称）、赃（贪污、受贿或盗窃得来的财物）、账（关于货币、货物的出入记载；账簿）、贱（价钱低；地位低下）等；"月"字旁与身体有关，如肘（上臂和前臂相接处向外面突起的部分）、胛（肩胛）、肢（人的胳膊、腿；某些动物的腿）等；绞丝旁与丝织品相关,如纨（很细的丝织品）、纫（用针缝）等。

总之，汉字造型生动，蕴含古人的智慧和中华民族博大精深的传统文化，学好字理是学好文言的基础，可以通过多种方式让学生领略汉字中无穷的趣味，寓教于乐。

中国汉字蕴含着我们老祖宗的深刻智慧，体现出丰富的人生哲理。通过讲解能更好地帮助学生加深记忆。比如在课堂上我讲到送别诗，会提到"亭"——中国古代的驿道，每隔一段距离，便有一个亭子。我看有的同学开始注意力不集中了，这个时候我在"亭"的旁边加了一个"人"字，让大家思考"停"的意味，很快学生都说出"停是为了更好地走"。我就顺势引导：学习生活中有哪些事情能体现这个道理呢？有的学生说认真复习，表面上停，实则是打好基础更好地走；还有的同学说"磨刀不误砍柴工"也是这个道理……我说大家说得都对，但现在有的同学上课不认真听讲,停止了学习的脚步,这还是"停"的本义吗？边说我边顺势看了看那几个溜号的学生，大家马上明白我的意图，继续认真听课了……这样的例子在日常教学中有很多，需要根据课堂实际情况活学活用，这样不仅活跃了课堂气氛，也让学生明白了很多道理。

为了学生更好地掌握文字结构，我不仅会推荐相关的书籍，如白话的《说文解字》《咬文嚼字》等书刊,还推荐了梁冬、吴伯凡的《原来中国汉字那么美》等广播节目,节目风趣幽默,既学习了知识,也缓解了学生学习枯燥的压力。

四、在教学中利用游戏,激发学生的学习欲望

语文教学是一个极其复杂的活动,它不是简单地灌输书本知识,给出现成答案,完成课后习题就算完成教学任务了,这里的奥妙有很多。一个想搞好语文教学、培养更多人才的优秀教师,决不会因循守旧,做许多无用功的。因为只有明确语文教学目标的教师,才不会浪费平时每一点时间、每一次机会,将语文教学最终所要达到的目的渗透在每一个教学环节中。比如为了激发学生对古诗词的兴趣给学生介绍璇玑诗,试着让学生们读,比一比看谁读得多,试着写写诗,试着对对联。在课堂上加入《汉字听写大会》《中国诗词大会》等类似竞赛机制,以及将《雷雨》《哈姆莱特》等排成话剧,充分展示学生们的才华。

五、注重情感交流,充分实现三维目标中的情感目标

美国诗人惠特曼说:"有一个孩子每天向前走去,他看见最初的东西,他就变成那东西。那东西变成了他们的一部分。"我们给学生什么样的德育,他就会成为什么样的人。我们的学生也许在学习上不是最优秀的,学习基础不是最好的,但我们作为普通学校的教师,必须要肩负起德育教育、美育教育的责任,在情感教育上发挥学科优势,如在新教材中的《与妻书》一课,世人对它的评价就很吸引学生眼球——"最美情书",让学生带着兴趣充分了解林觉民的生活背景,在什么情况下写下了这封"最美情书",进而观看电影《辛亥革命》,更好地理解这些革命志士为何能在自己生活条件优渥的情况下,仍然愿意去牺牲自己。是什么样的信念支撑着他们?为了更多的人能过上更好的生活,他们敢于牺牲自己,成就人民。面对诱惑,面对严苛的刑罚,如何舍生取义,让学生充分感受到作为青年人身上的责任和担当,在国家危难之际能够挺身而出的崇高信仰。

为了更好地与学生交流,除了自身的知识水平要过硬,也要增加自身的

人格魅力，"亲其师"方能"信其道"。反复揣摩情感到位的朗读音频，多进行发声练习，提高自己的朗诵水平；每天坚持练字；每天利用课余时间进行有效阅读，提高自身修养；经常与学生一起写作文，试笔。这样既增强了与学生间的交流，也激发了他们的竞争意识，从而让学生们更好地融入语文学科的学习中。

同时针对学生基础比较薄弱的情况，我也积极请教初中部语文老师，将初中的一些必要知识点补上。比如我们学校的很多学生对句子的成分划分几乎处于零基础状态，学生不会，我就教，时刻树立为学生服务的思想态度。

"冰冻三尺，非一日之寒"，水到方可渠成，厚积才能薄发。只有这样，才会不断提高自己的语文教学水平，更加重视如何在平时有计划、有目的地去安排教学，激发学生学习的兴趣，让他们明确语文学习要从一点一滴做起，要通过平时的不断积累才能慢慢地见成效。

在今后的学习工作中，我会继续努力，不断反思并提高自己的教育教学水平，为教育事业奉献自己一份小小的能量！

（作者：闵铮）

我的语文教师职业的四个反思与希望

反思，意为反省、思考，它是通过人的心灵对自身活动加以注意和知觉，从而收获更高一层观念，再由之指导实践的知识来源方法之一；也有人说，反思就是对自己的思想、自己的心理感受等的思考。

我从事语文教学工作已近10年，在向前奔走的途中，有时候需要停下来反思，然后确定新的方向，更坚定地向前走。下面是我任职以来的四点反思和希望，与大家共勉。

一、思想素养

苏霍姆林斯基指出，教师的信念是学校教学中最宝贵的东西。教师的信念直接体现出了教师的心境和工作质量。

回想初到学校教书，对学生充满了热情和期待，希望每个学生都达到自己认为的优秀的标准，爱之深责之切，当学生达不到自己的理想要求时，自己便沮丧、失望，而学生似乎对教师的这种痛心不以为意，久之，师生关系也疏远了起来。随着教学工作的展开，接触的学生越来越多，各种各样的学生使我越来越深入地理解了"因材施教"这一思想的含义。优秀学生的标准不一定是成绩好，不一定是听话，对于不同的学生来说，它可能是对同学之间的关心与帮助，可能是对待小动物的那份善良，可能是那种对待失败锲而不舍地追求进步的努力。现在，我依然对学生有着温暖的热情，只不过思想不再狭隘，充满包容，相信每个学生身上都有闪光点，我所要做的，是尽量支持他们，激发他们的潜能。

未来的几年，我希望自己更懂得并实践"宁静致远"的道理，教育学生的同时，深化并创造属于自己的心灵财富，在思想境界上更上一层楼。

二、知识素养

语文学科涉及的知识范围较广，语言、文学、自然与社会知识等均有涉及。大学所学的知识到了基层教书的时候，在与实践的接触过程中，其理论知识被细化再细化、应用再应用，因此最初毕业进入到学校的我们有些摸不着头绪，甚至有些慌张地被动地跟着老教师走。

如今，依然需要每年更新知识储备，汲取营养。学无止境，语文教师更是如此。一个长期在书籍中浸润的教师，心里必定明媚而不晦暗，思想必定豁达而不狭隘，心境亦会高远而不媚俗，于浮躁中留一份宁静，于喧嚣中享一份悠然，于逆境中存一份希望。谢冕先生说"读书人是世间幸福人"，也可由此而解。这样的教师，自然会赢得学生的尊重；这样的教师，才更有可能培养出爱阅读的学生。因此，语文教师必须是一个好的阅读者。这样，才能在教育教学过程中具备广博的文化知识，丰富的文化底蕴，崇高的人文精神，在课堂上能够吸引学生，影响学生。

因此，我希望未来自己能静下心来，抽出时间认真阅读，丰富自己的精神世界，成为一位"有思想的教育者"。

近期我的个人阅读书目为《红楼梦》《三国演义》《浮生六记》《平凡的世界》《柳林风声》《小妇人》《班主任之友》《新课程怎样教》等。

三、业务素养

回顾以往的教学工作，备课时，我总是最先梳理文本，查找相关资料，结合教师用书及课程标准确定重难点，其次研读教材，有针对性地查找延伸资料，进行深入阅读，最后反复比较，筛选出有价值、具探讨性的问题。

在集体教研过程中，我虚心向其他教师请教，在探讨中生成并提出自己的问题。产生疑惑—得到解答—思考生成新的问题—再次探讨解决，随着这一过程的不断反复，我的教学思路越来越清晰，同时也在其他教师的启发下生成了新想法并加入到自己的教学活动中，使教学内容更丰富充实。英国文学家莎士比亚说"一千个人眼中有一千个哈姆雷特"，语文教学活动本身也是一种创造性活动，教师在解读文本的过程中，难免受个人能力和经历的限制，而集体备课能通过交流，在个人备课的基础上博采众长，活跃思维，文本解读更客观全面深刻，从而拓展延伸并优化自己的教学活动。

基于以上活动生成的教学设计至此尚属理论部分，需学生参与教学实践后，才能做出更适宜的调整。真正使教学活动成为一种生命活动形式，需要的是教师与学生主体间思想的碰撞，需要的是教师与学生主体意识的契合与融合、迸发与生成以达教学相长，这样的语文课堂才能绽放出生命之光。教学活动结束，我会根据教学中学生的反应、接受程度和反馈，对教学设计做出调整，真正达到理论与实践的统一。

我一直通过随笔等方式记录自己在工作中获得的感悟、经验，受到的启示，现在回头想想，自己从一名初出茅庐的毕业生成长为一名有一定教学经验的教师，这种"反思"起到了至关重要的作用，我会一如既往坚持下去。

四、个人魅力

《尚书大传》中有"爱人者，兼其屋上之乌"之句，我想一名成功的教师首先便应是受学生爱戴的教师，因其喜欢，便愿意上课，听其言，观其行，如沐春风。反之，见之烦，念之恼，反感如斯，怕是听不进所授内容吧？因此，提升个人魅力是教师的必修课之一。

教师应注重自身形象，但更应美得优雅端庄，这种仪表风度之美，同样感染着学生，起着引领作用。教师的内在美主要通过加强自身的性格修养来实现。

其一，要做有亲和力的教师。在教学中，对学习上有失误或犯了错误的学生要循循善诱，避免严厉说教；和学生交流要文雅而不流俗，活泼而不死板，善意而不嘲讽；课后关注学生的生活和心理状况，做到适当关心交流，减轻学生的苦恼或痛苦。"良言一句三冬暖"，教师对学生的影响尤其大，何不用春风化雨滋养他们的心田呢？

其二，要做幽默的教师。著名学者海特认为，好教师最优秀的品质之一便是幽默。课堂上，幽默有助于缓解紧张的情绪，营造轻松的氛围，从而使人兴趣盎然、思想活跃，促进教与学的融合，实现高效课堂。生活中，幽默可以驱散学生的阴霾，减缓学习的疲惫，促进师生关系和谐，影响学生对待世界和生命的态度。

但想要获得幽默感并不容易，它需要有深厚广博的知识作为积淀，才能避免肤浅，需要有睿智敏捷的头脑，才能避免不合时宜。幽默也是需要练习的。我要向书本学习，倾听其中的幽默风趣；我要向一些知名的主持人学习，模仿他们有趣而富有笑点的沟通艺术；我要在课堂上尝试建构自己的风格特色。我将以外在美与内在美的统一为标准去要求自己，加强自我形象的塑造。

我会以"既然选择了前方，就不顾风雨兼程"的执着走优秀教师的路，以"润物细无声"的方式影响学生，以"学高为师，身正为范"的准则修养心灵，努力成为一名学生喜爱的好教师。

（作者：王珏）

高中语文教师职业反思与规划

弹指一挥间，做高中语文教师已经整整十六年了。记得当初刚踏上三尺讲台，我做了很详细的职业规划。第一个三年，把高中的课程都经历一遍，第二个三年把第一个三年不完善的、不完美的地方统统改正，在实践中提高自己的专业素养。就这样，一干就是十六年。回首往昔，感慨良多。

一、高中语文教师职业反思

（一）对教育的理解

常言道：教师这个工作就是一个铁饭碗。一年有两个假期，待遇能保证生活温饱。这是从谋生的层面来理解教育。为了谋生，教师可能只考虑到收益，一旦有了待遇更好的谋生手段，很可能会选择其他的工作，因为教育产生的动力是短暂的，付出的辛苦是伴随终身的。其次，"为了改善生活，我要认真教书"。教师就是一种职业，有一定的职能，没有谋生这么功利。职业要求具备职业素养和职业道德，教师的职业素养是责任，教师的职业道德要求为人师表，有德行，有爱心，有职业担当，但由于个别教师职业素养不足，可能抵抗不了外界的诱惑，容易改行。再次，"为了实现我的价值，我要努力教书"。这是将教师职业理解成终身事业，为之不断奋斗，这其中会产生持久的动力。值得关注的是，谋生、职业、事业三个层级不是孤立来谈的，往往是结合、交织地理解。如果从我的经历来看，刚踏入工作的前几年，一直把它看作谋生的手段；目前，我会把教师作为一种职业来努力地经营；身边的一些工作了二三十年的前辈，每天都乐在其中，实现教育理想，这应该就是从事业的角度来诠释教育。

（二）对工作能力的认识

十六年里，我不断地在工作中认识自己，并挖掘自己的潜力。刚参加工作时，看到身边的前辈那么有经验，在处理教材方面、课堂提升方面、处理与学生间的关系方面那么得心应手，我真的相形见绌。在教学中，我很依赖教材、教师参考书，"戴着脚镣跳舞"，教学缺乏创新和研究，中规中矩，不敢越雷池一步，有时感觉课堂预设的痕迹太重，有时又觉得生成的不够，对文本的挖掘不够深刻，没有很好地使用教材。另外，极少进行理论学习和专业培训，没有考虑到把教学和科研相结合，在科研型教师的路上止步不前。平日的课堂教学又缺乏亲和力，不了解学生的切身感受，我一度陷入了职业困境，手足无措，更严重的是我开始怀疑自己的能力。

但经历了职业的低谷后，我更多的是在失败中挖掘自己的潜力，发挥自己的优势，慢慢地完善自我。比如，教材处理方面，经过了几轮的教学之后，我逐渐能够把自己对教材的理解、教学体会和学生的学情结合起来，并向教育深度延伸。处理与学生间的关系方面，不断地调整自己的角色，走近学生，关爱学生，不再跟学生生闷气，而是试着去影响学生、感化学生。另外，我也在教学研究上有探索，有创新，主持了省、市级课题，还获得了沈阳市"十百千研究型教师"称号。

（三）对职业倦怠的体会

作为教师，特别是高中教师，平时工作压力大，社会期望值高，很多同行都感到年复一年、届复一届，单调重复，很难坐住冷板凳，极易产生职业倦怠。工作十余年来，我也经常会有倦怠的时候。不夸张地说，周一恐惧症时有发生，假期躺在床上听到《土耳其进行曲》，我会条件反射，因为那是学校的上课铃声。我的对策就是调节内部环境，学会适应。利用各种倾诉方式来释放压力，转化压力，比如：跟知心朋友聊一聊，谈谈工作上的烦恼；可以通过写日志的方式，倾诉自己在工作上的遭遇，不仅能让学生看到我心里的苦楚，也能集思广益寻求对策；发发朋友圈，和家长建立起交流，沟通是可以随时、随地的；通过不同方式的学习和进修来提高能力，适应环境；产生职业倦怠后，我也会向学校的心理老师寻找帮助……

经历了十多年的锤炼，我对自己的职业有了新的规划，而且较刚上班时的规划更科学且更有可行性。相约语文，遇见美好！工作的第五个三年，每年要在教育专栏发一篇文章，对自己的教学工作进行总结和反思。第六个三年，尽量创作自己的一本教育专著，主持国家级的课题，开设自己的教育工作室，为同行提供帮助。在研究学情的情况下，依据学情进行教学，不仅提高学生的成绩，使其顺利完成学业，更能让学生在语文学习中提高个人的核心素养，适应时代的需要，成为优秀的人才。而这一切，都源于我内心中不竭的原动力，那就是职业带给我的幸福感和荣誉感。做一名高中语文教师，充分体现了我的价值，让我认识了更好的自己！

二、高中教师职业规划

（一）把握改革的脉搏，立志成为教学专家

1.加强理论学习，勤于研究

理论是实践的方向，是专业发展的基础。近三年，我计划每学期读一定量的教育教学专著，不断建构自身的知识体系。多读书，多思考，把自己的所学、所感应用于教学实践，提升自己的教学品质。

在《第56号教室的奇迹》一书中，我学到了"阅读终身化""数学的生活化""运动优先"等课程，不仅可以在课堂上立刻实践，而且在家庭教育中也同样实用。此外，我还体会到了，教育是可以不用强权压制的，正如这个美国教师倡导的"没有恐怖的教育"，与学生之间可以互相相信。罗华勇的《教师成长之路——高中语文生态有效课堂教学研究与反思》一书以生态课堂教学研究为主线撰写课堂反思、感悟与体会。通过教学实践和课堂反思，他提倡追求有序、有情、有效、有趣的课堂，这让我认识到语文课堂必须以学生为主体，把学生的需求、欲望和意识放在首位，使学生有兴趣去学习语文，让学生发展多元化。

2.练好过硬的基本功，培养实践经验

高中语文教师的专业发展要不断从实践中探索，发挥自己的能动性，同时利用外部资源，将内部资源和外部资源融合在一起，解决实际的问题。

首先，充分挖掘自己的内部资源。在教学过程中，教师一旦陷入固有的教学模式，就很难摆脱束缚，这时的课堂活动必然是僵化、机械和没有生趣的，只有借助和利用自己的知识和智慧，才是实践成功的重要因素。一位教师的知识资源就是一个无穷的宝藏，如何积累自己的资源库，那就是将知识资源融入每一节课堂的教学设计、教学反思、教学日记、教学案例当中。

其次，主动利用各种外部资源。一位优秀的教师不仅有无穷的内部资源，还有可以借助的外部资源，教育无处不在，资源也无处不在。第一是人力资源。教师身边的小世界，由同仁、家长、教研员和学生组成。所谓教学相长，教师可以通过听课、集体备课来向同仁学习，可以通过调查问卷、微信平台等途径和家长、学生进行沟通，可以通过专题研讨会、区域内的课题研究等活动跟教研员学习科研前沿的资讯，我想这些都是提升教师教学品质的有效方式。第二是物质资源。例如，图书报刊的引入，演讲、戏剧活动的开展，影视图片的渗透，甚至是日常生活都是语文教学的资源。高中语文教师若能借助这些资源来丰富课堂内容，激发学生的学习兴趣，那么不仅为自己的职业生涯注入了新鲜的血液，更能提升学校语文学科的整体品质。第三是数字媒体资源。网络资源不仅能拓展知识的外延，而且能快速、高效地整合教学资源。例如，录一段微课以供学生课余时间学习，录一段网课解决学生的疑难问题，更重要的是节省时间。第四是情感资源。语文的特殊性就在于它是一门工具学科，又是一门美学学科。高中语文教师可以利用美学的力量去影响学生的心灵，可以通过语言的隽永去化解学生的难题，而这些都是语文学科的优势，也是语文教师的优势。

（二）服务于学生，通过语文专业影响学生

《高中语文新课程标准》强调语文教师传授中国优秀作品的精髓，让学生体会其中积淀的中华民族精神，为学生形成传统文化底蕴奠定基础，让学生在语文课中促进其心灵的成长。这就决定了语文教师要以学生为本，关注每一个学生的心理动态，关心学生，服务学生，用爱浇灌。在教学中，旨在提升学生的核心素养，使学生具有语文鉴赏能力和表达能力，提升其思想道德修养和科学文化修养。

另外，语文教师的视野和高度决定了学生的思想维度，一个博览群书的教师是很受学生喜爱的。从教师广泛的阅读体验中学习品味经典，品味生活，这应该是最理想的语文学习的体验。一味地追求成绩，固化思维是很危险的。阅读经典，从经典中汲取养料，是提升学生审美能力的有效途径，语文教育真的是一种思维交换另一种思维，一个阅读广泛的教师绝对可以影响他的学生。我想，如果教师同是家长，也希望自己的孩子能从教师的身上学会学习的方法和处事的态度。

基于以上对职业的反思与规划，我越来越明确对自己的定位，那就是把教育当作事业，做一名终身学习、终身服务于学生的合格的老师，提升自身的教学水平，关注学生的成长，真正实现自己的教育理想，为教育事业添砖加瓦。

（作者：王爽）

我的高中语文教师职业反思与发展规划

　　时光荏苒，不觉中我从事高中语文教师职业已经八年，兼做班主任的时间七年。回顾这几年的工作，似乎大部分精力都放在了班主任工作上。忙忙碌碌中，恍然觉悟——我最应该做的是成为一名优秀的语文教师。纵然班主任工作是一项耗费精力的活儿，普通班的学苗差，每日繁杂细碎的小事占用了大部分的精力与时间，但这不是把教学当作次要工作的借口，我强迫自己静下心来思考我的语文教学工作。之所以这样做，是因为我考取了沈阳师范大学在职教育硕士，大学导师的博学精研让我再次对教学工作燃起了激情，让我重新审视一个语文教师对学生精神世界的建设意义。我问自己，我为什么不能成为像他们那样的教师，我为什么不能把这种恩赐给予我的学生呢？我知道在这个问题面前，我无法逃避作为一个语文教师的责任。经过深思熟虑之后，我向学校提出了辞去班主任工作的请求，因为只有真正地静下心来之后，人才会真正地开始学一些东西、研究一些东西、反思一些东西。回顾走上工作岗位的这八年，我在语文教学上真是有太多的遗憾，好在后面的路途还很漫长，我还可以努力有所作为。以下几点是结合自己的工作实际对语文教师职业粗浅的反思。

一、我的职业反思

（一）教师素养不足

　　因为父母是教师职业的缘故，看到他们日常工作劳心劳力，十分辛苦，所以最初我并不是十分喜欢教师这个职业。可是在没能考入理想的学校之后，在父母的劝说之下，我最终还是走进了师范院校。在学校，我努力学习，想着考研，想着换专业，想着可以凭着自己的努力能够不当教师。就这样，尽管我读了很多书，但对于做一个优秀教师的给养却并没有汲取多少。这就造成了我专业素养和职业素养的缺失。书到用时方恨少，当走上教师岗位，我才知道，面对知识面如此宽广的语文课堂，我是如此的渺小。专业知识的缺乏，在初登讲台时感受最明显，讲解乏力、不到位、不够深入，课堂不够灵活，传授知识面窄等一系列问题呈现出来。长此以往就造成了一种职业倦怠，认为教学是一件辛苦的不愉快的事情。教学没有幸福感，加之知识储备不足，教学经验不丰富，让我陷入了一种迷茫的状态。

（二）语文教学没有受到学生重视

语文学科在高中的地位很尴尬，明明是150分的大比重，明明是每个人嘴里的重中之重，在学生高考中或今后的人生中都是不可或缺的一门学科，可现实是，大多数学生把精力都倾斜到了数学、物理、化学甚至历史学科上。他们不是不重视语文，而是觉得语文一听就会，一练就废，连他们自己也不明白，明明不难，为什么就是没有提高？明明没有挑战性，可偏偏被涮，这样的感觉让他们对语文渐次丧失了兴趣。进而对语文学习抱着无所谓的态度，学习很随意，常常是想听就听，不想听就不听，认为听不听都一样。特别是语文基础较好的学生，他们认为语文可学可不学，只要把该背的背一背就够了。于是，语文就被他们打入了冷宫。今年高考后一个语文考了100多分的学生就对我说："老师我就是想向你证明，语文不用努力地学也是可以考高分的。"这是作为一个语文老师的悲哀。为什么会出现这样的现象呢？

1. 语文是个"功夫活"，它在于长期的积累与训练，所以成绩提高得慢，见效时间长，有些学生在短暂的学习发现没有效果之后，就慢慢地放弃了学语文。高中的课业重，当发现语文见效慢，而别的学科见效快的时候，语文就渐渐地退出了学生学习的舞台。

2. 有些学生了解语文的重要性，却不明确教材的重要性，他们认为高考语文不考课本，试题全部来自课外，所以不重视平时的语文教学，只注重题海战术，对教师提出的"紧扣课本到文章中找知识，多读好的文章多品味，多培养语感"的要求充耳不闻。他们认为只要做做题就可以提高成绩，所以语文课对他们来说就成了一剂调味品，教师讲的有意思我就听听，教师说的内容我不感兴趣，我就自己做做题。

3. 有的学生认为语文课堂所学没有意思，不能吸引他们，文章内容离他们的生活太远，不能够满足他们的需要，不是他们所感兴趣的，所以在语文课上提不起精神。

4. 有些学生不能正确理解和认识语文的学科特点，不了解语文，不知道自己学习语文到底是为了什么，简单地认为语文学习就是学习生字生词，古文诗歌背诵，分析、总结，感觉语文枯燥无味，不能真正体会到语文的魅力。

（三）教师职业规划意识淡薄

忙碌的工作，似乎一直在被动地前行，对教师工作缺少热情，没有为自己做一个长远的打算，缺少职业规划，所以经常像无头的苍蝇到处乱飞，最后却一无所获，工作和生活缺少目标，这极大地阻碍了教师的专业发展。失去了目标，就造成了教学困惑。该往哪走？该如何走？这一系列疑问一直伴随左右却得不到解决。而要想让这些问题得到解决，我们就要发展自我，提升个人教学能力，改变观念，做好规划，明确目标，找对方法。防止无规划教学，戒除教学行为的随意性，实现能力目标落实的系统性。无规划教学，只能越教越乱，越乱越差。

二、我的语文教师职业规划

（一）做"美"的传递者

我认为语文学习是一种"美"的学习，无论是文字、思想、结构还是内容等都是一种美的体验。所以首先给学生创设一个美的环境，让他们带着一份美好、一份期盼走入语文的课堂，语文的学习也就不再枯燥无味。深入地挖掘语文的美好，把它展示在学生面前。随着语文教学工作的深入，我越来越感受到，学习语文是一个美好的过程，我要做一名"美"的传递者。

（二）做终身学习者

要想真正地提高，只能不断地学习。只有不断学习我们才能发现不足，完善自我，扩展自己的知识面，扎实自己的教师基本功，不断提高自己的专业水平，才能满足自己的课堂需要，才能跟上教育改革的步伐。对于当下的我来说要勤思考，勤实践，多反馈，多总结，努力做到如下几个方面：多向其他老师学习，多听课，多请教，取长补短。积极参加教研活动，实实在在地研究问题，解决问题。积极参加各级各类教学业务比赛，提高自己的教学水平和应变能力。多观摩优质课，打造属于自己的精品课堂。多给自己创造学习机会，扩大自己的眼界，掌握新的教学理念。每年坚持读书，学习教育理念，提高自己的文学素养。

（三）做研究型的教师

除学习之外，还要不断地反思，进行独到的研究，把知识转化为自己的力量，打造真正适合自己、属于自己的课堂。研究才能真正地使人不断前行，研究才是对语文教师的真正挑战。语文作为人文学科，它所涵盖的内容博大精深，尤其是国学，承载了中华民族几千年的文明，历史的发展，民族的繁衍，地域的迁移，文化的更迭，哲学的思辨，这些无一不需要语文。作为语文教师，首先应该是一个热爱祖国历史文化的人，也是一个民族语言的教授传承者。语文是随着时代不断发展而发展的，这就要求语文的从业者必须不断地去学习，去研究，真正地把握语文的精髓。通过语文教学，为学生构建精神家园。学习和教授语文，不能把语文仅仅视作一门高考科目。教师应该有意识地让学生认识和理解语文的工具性，学生可以通过语文的学习拥有良好的表达能力、沟通能力，同时，语文是人独立生活的凭借，通过语文，学生可以排解内心的不良情绪，从而坦然地面对人生的孤独和寂寞、得意和失落，这样会让学生通过语文懂得人生。

（四）做一个热爱语文的人

热爱语文并不是天生的，作为语文教师，必须要培养对语文的热爱之情。我们都知道语文学习属于细工慢活，好的语文素养不是一朝一夕的努力就可以获得的。学习和教授语文需要恒久的热爱，热爱工整舒展的书写，热爱激情昂扬的表达，热爱沉潜似水的思考，热爱有理有据的争辩。教师一定要目光高远，心胸豁达。学习语文，不只是正确拼写字音，完整书写字形，更重要的是让学生学会对社会生活的思考，并能够拥有正确的人生观和符合社会取向的价值标准，做一个让自己和让他人都能够快乐的人，获得生活幸福的能力。

（五）做一名学生喜欢的教师

做一名语文教师不容易，我们需要博闻强识，我们需要鞭辟入里，我们需要深入浅出。可做一名语文教师又是非常幸福的。作为一个人文学科，我们可以和学生讨论人生态度、审美趣味、价值标准，甚至可以共研那些具有哲学内涵的命题。这些都可以让我们和学生一起喜欢上语文课，也会让学生喜欢上我们。尽管做一个让学生喜欢的教师很难，可我愿为之努力。"亲其师，信其道"，这是我一直笃信的教育哲理。首先我们要理解、尊重、信任、关心每一个学生，尤其在语文学习上要多鼓励，多指导，引导他们爱好和喜欢语文。其次，我们要有渊博的学识，用自己丰富的学养赢得学生的信赖。再次，我们要有高超的教学能力和水平，打造精美的语文课堂，用语文教学特有的魅力征服学生。我愿循循诱之，谆谆以求，做一个学生喜欢的老师，成就自己美好的人生。

（作者：陈旭）

锦州市农村高中语文区域性有效
教研模式的构建与实施

　　构建区域性农村高中语文有效教研模式的整体框架，根据不同区域的教育资源、教育条件及教育基础和师资队伍现状，制定符合实际情况的研修策略及评价指标，促成锦州地区区域性农村高中语文有效教研模式的确立，并将此模式的推广与锦州地区语文教学水平、语文教师团队整体素养的提升联系在一起，服务锦州地区教育教学，打造锦州高中语文教学品牌，是我们当前工作的着眼点和落脚点。

一、模式定模原则

　　（一）科学性原则

　　遵循教育教学活动的客观规律，构建一个科学合理的有效教研模式体系，设计出符合科学实施程序的有效教研模式实施方案，并正确而熟练地掌握科学的研究方法、手段和技术。按照教研工作的客观规律去开展区域性高中语文有效教研模式探究活动。

　　（二）可行性原则

　　区域性高中语文有效教研模式应当在落实、推进时零障碍，区域性高中语文有效教研模式的评价指标及标准符合客观实际、具体可行，并能被教育行政部门、参与单位管理者、广大语文教师所理解和接受。

　　（三）动态性原则

　　在开展区域性教研过程中要关注相关农村高中语文教学、教研的阶段情况、发展水平及发展趋势，并研究其在一定时段内的附加影响力。同时，教研的内容、标准、方式也应做出相应的调整与修正。

（四）整体优化原则

即坚持锦州全地区语文教研对象的整体观、区域性教研个体的整体观，主张对研训对象要从区域性特点与需求出发，充分考虑形成问题症结的综合因素、解决问题的综合手段、研训的综合收效，力求研训的整体优化。

二、模式确立依据

（一）成熟的课程模式是确立区域性有效教研模式的重要依据

"课程模式"是典型的以简约的方式表达的课程范式，这种课程范式具有特定的课程结构和特定的课程功能，与某类特定的教育条件相适应。[1]顾明远在其所著的《教育大辞典》中指出，课程模式是在课程发展中根据某种思想或理论，选择和组织教学内容、教学方法、教学管理手段以及制定教学评价原则而形成的一种形式系统，用以表明课程理论研究的地位、范围和功能。

锦州市高中语文教育教学工作从进入新一轮高中课程改革伊始，便由教育行政部门规划、教研部门组织牵头，在课程改革方案的基础上，依据课程标准细致而微地规划全地区课程内容、课程结构，落实并监督课程实施、课程评价等内容，形成了具备锦州地区特点的成熟的课程模式。依此，教研部门可以在此基础上深入挖掘研究案例、提取问题特征、开发研究资源、分析主要矛盾，进行合理分类，制定对应的有效教研模式。

（二）稳定的教学模式是确立区域性有效教研模式的重要依据

教学模式是在一定的课程标准、教育目标及教学方略指导下，依据具体学情，对教学目标、教学内容、教学环节、教学手段、教学评价等内容进行明晰概括、提炼而形成的相对稳定的指导教学实践的教学行为范式。它是区域性有效教研模式得以实施的基本前提及保证。没有教学模式中的教学目标和教学内容，区域性有效教研模式在很大程度上便成了无目的、无抓手的盲

---

① 张娜.学前教育课程模式设计研究［D］.武汉：华中师范大学，2013.

目空泛的教研行为；没有教学模式的打磨、探索及应用，区域性有效教研模式便失去了切实途径和最佳平台。

锦州市高中语文教学队伍经过多年的积淀与提炼，在几代人的付出、努力下，在纷繁的改革浪潮中，以校级为单位，抑或以区域为单位形成了多种已经十分稳定且切实有效的教学模式，取得了丰硕的教学成果。随着教改浪潮的层层推进，尤其是随着锦州高中语文教研组各自教学实践的发展，教学模式本身也不断地经历着变革、磨合、修正和完善的过程，并产生出一定风格各异、创新有效的教学模式。依此，教研部门得以能够有的放矢，寻根探源，去伪存精，守正出新，进而为锦州地区高中语文区域性有效教研模式的确立保驾护航。

三、模式体现形式

（一）传统渠道多维展现

1. 理论经验类总结

锦州地区区域性高中语文有效教研模式（以农村高中学校为例）展现的重要凭借是要在模式研究、产生的农村高中实践积累的基础上，以锦州地区为问题衍生的区域主体，以区域性高中语文有效教研模式为研究主题，以当前获得的数据、事实、结论等作为研究主题的中期阶段性成果，形成具有参考、研究、实践价值的相关理论及经验总结，为这一研究的后期完善与深入打好基础。从教育主管部门及高中语文教研角度来看，有必要将所形成的区域性高中语文有效教研模式（以农村高中学校为例）的实施意见以文件的形式下发至农村高中，甚至可以提供给城区高中，供学校、学科教研组参考并结合自身实际情况选择性地执行或学习实施。

2. 区域性平台展示

锦州地区区域性高中语文有效教研模式（以农村高中学校为例）是尝试解决区域性（尤其是农村高中）高中语文教研低效的重要方法和策略，是应当直接面向农村高中语文教研队伍的教研模式。因此，采取以教研机构为主导，以参与学校的语文教研组为主体，以经过商榷、共同确立的针对区域性教研核心问题的研究主题为对象的教研活动展示及汇报，将成为区域性高中语文有效教研模式实践、推广的重要展示平台。其中，必须采取由下至上的研训展示机制，从农村高中产生问题的语文课堂、语文教研活动的开展逐级上升至区域性问题语文课堂及教研活动的展示平台，最后以锦州地区区域性高中语文有效教研模式（以农村高中学校为例）的鲜明定义，呈现在全市乃至省级、国家级的高中语文教育教学活动研究层面，以确保锦州地区区域性高中语文有效教研模式（以农村高中学校为例）在问题本源性、本土化层面，真实有效地落地生根。

3. 网络普及化共享

全球网络平台的迅猛发展，互联网的多元共享功能化，给我们提供了相互交流、相互参与的多元手段，诸如微信、QQ、网盘等社交、通信、云端化服务空前地拓宽了我们原本相当局限的学习、交流的平台，论坛资源、媒体资源等也极大地丰富了我们原本相当局限的物化参考平台，进而促使我们的语文教师在学习、研讨、提升等方面，真正得到相对开放式的研讨机会，一改多年以来单向备课、上课的定模，将符合自己需求的问题通过在线教研、离线学习的形式，贯彻到工作生活中，并成为教师成长、成熟环节上的一种新常态。科学系统的区域性高中语文教研活动可以在网络普及化共享这一更为宽广的空间里实现问题的反馈与汇总，实现问题的研讨与策略提炼，实现区域性学校个体或校际间有效教研活动示范，实现锦州地区区域性高中语文有效教研模式（以农村高中学校为例）的真正意义上的成果共享。

（二）格局创新和谐共生

1. 教、研、学三位一体

区域性高中语文有效教研模式（以农村高中学校为例）的完整呈现，依托教、研、学三位一体的立体框架。

教学，是教师教学手段、教学智慧、教育思想的综合体现过程，也是教师暴露、发现问题，认识、反思不足，进一步完善、形成自身教育技巧、风格、艺术、理念的教育活动。

教研，作为一种群体协作行为，促使教师生存和生活方式的转变。同伴互助和专业引领的良好格局，极大地拉动着教师队伍所急需的合作与探究、分享与欣赏的教研文化的需求。在这样的氛围中，各农村高中因地制宜地探索各自的教研形式与方法，有的放矢地寻求问题解决的关键与经验，步伐将会大大加快。

学习，既是教师个体日常工作的必要组成，也是教师群体提升团队水准的必要途径。当前的学习方式交互多样，已经由原来教师个体的"主位"学习，与当下的深入参照比照对象的"客位"学习交融渗透，使得学习的针对性、有效性大大提高。

综上，无论是教学、教研，还是教师独立学习或是互助学习，都要以真实、严谨、内容详尽的问题推导为前提。教、研、学三位一体，才能更加充分地体现并发挥锦州地区区域性高中语文有效教研模式（以农村高中学校为例）的预估效能。

2. 县、市、区三级联动

依锦州地区的行政区划、地理区域分布的具体情况，以及农村高中学校内部教研需求的个体差异等复杂因素，区域性高中语文有效教研模式（以农村高中为例）的呈现范围必须依托县、市、区三级联动这个更为灵活也更为系统的运作平台。

县区级农村内高中语文教研活动，多数是扎根于偏远农村、缺乏优越甚或必备物质配备的现实基础上的薄弱学校。我们所倡导并主张的区域性高中语文有效教研模式要在市级高中语文系列的、系统的教研活动的牵动引领下，要及时且即时性地观照到县区两级农村高中，以此需带动彼长，以彼长促进共生。

三级联动，重在调动各自层级参与区域性高中语文有效教研模式的主观能动意识，重在调配各自层级相互拉动、缩小差距的各种资源（人力、物力等），重在促成各个教研单位、各个参与的成员能够在这样的良性教研生态中，实现对教研个体人生价值或教研团队社会价值的自觉、关切与追求，以最终形成区域性高中语文有效教研模式良性前进的不竭驱动力。

四、模式保障依据

（一）教育行政部门把工作预案做细、做实

县市区教育行政部门应当在充分了解本地区高中学段教育教学的发展、走向、问题、对策的基础上，结合教研机构的调研报告和相关问题的实施意见，在政策、预案制定等方面，努力做到细致、务实。

如在锦州地区高中教育教学层面，教育行政部门应当起到旗帜鲜明的助推作用，推动锦州地区高中教育教学、教研工作从战略蓝图向战术动作转变：针对县区教研机构没有高中教研人员编制与机构设置这一现状，明确构建教研系统（以市级为主导）一体化工作机制，完善三级组织领导机构，并与市级教研机构的工作相协调；针对县市区三级共同面临的政策投入不足、研训经费短缺的问题，着力加大一体化财政投入，为农村高中及教研部门、组织提供研训活动配套资金；针对各个高中教研教学质量现实差异，出台契合实际的教育质量评价办法、教学管理人员考核办法等，在加速区域性高中语文有效教研模式个体单位错位发展的同时，凝聚区域性高中语文有效教研模式合力，全面提高彼此间的合作共生，确保区域性高中语文有效教研模式的顺利实施与实践。

（二）教研部门把具体工作做稳、做活

市级教研机构一方面应当下足气力、排除困难，在加强自身软环境的建设方面寻求突破；另一方面，应当着力采取强化教研机构决策执行力的具体举措，将锦州市区域性高中语文有效教研模式（以农村高中学校为例）这一工作做得更稳妥，更有灵活度。

搭乘市委市政府在 2015 年初制定的"锦州市基础教育建设年"的快车，稳妥、灵活地落实教师队伍建设任务。通过"学习型组织建设""拓宽培训渠道""打造顶级骨干教师队伍"等途径，加强师资队伍建设；开展撰写"教育日记""专题笔记"等活动，让科研陪伴教师成长；创造性实施"名师工程"，给教师搭建素质提升的平台；以建立学校骨干教师培养梯队为突破点，促动部分优秀教师提升层次，逐步扩大骨干教师队伍；采取实施鼓励政策、创造

锻炼机会、保障资金扶持等措施，在各个学校（尤其是农村高中学校）全力营造培育崇尚业务骨干的氛围；夯实区域性高中语文有效教研模式（以农村高中学校为例）的发展基础，初步形成跨区域调配有效、优秀资源，和谐共生、共建的工作经验，为全地区区域性高中语文有效教研模式（以农村高中为例）做出有益探索。

（作者：苑子轩）

初中语文教师的职业目标

人们常说：教师是太阳底下最光辉的职业，也同样是一项"良心活"。因为这个职业不仅仅承担着传授知识的重担，也承担着教导、指引人的任务。而在这个教师的职业里，语文教师又承担着更为复杂的培养学生素质的任务。

作为一名农牧地区义务教育阶段的语文教师，在新的教育改革形势下，我们如何提高自己的教育教学工作能力，使自己成为一个优秀的教育工作者，是现阶段摆在我们面前亟待解决的重要课题。随着社会的竞争越来越激烈，作为新时期的教师，我们不能故步自封，应该不断学习，提高自己的育人能力。因此，这就需要我们所有教师对自己的专业发展做一个整体规划。

教学上认真钻研中学语文教材，争取精通各册内容，精心设计每一篇导学案、教案、课件和检测单。熟练掌握语文教学常规，熟练将多媒体技术运用到教学中，积极投身教育科研的改革和实践，探索新的课堂教学，锤炼课堂教学语言，增长教育智慧，争取每学期上两次以上的示范课和公开课。积极配合学校的各项工作，与任课老师相互协作，多与同行进行交流，在交流中发展自己；积极参加教研活动，取长补短；积极参加有关教育专家讲座，观看教学示范课和观摩课视频等，不断充实自己。树立终身学习的理念，不断学习积累，善于反思自身的教育教学实践，努力成为一个优秀的初中语文老师。为此，我要从下面几个方面去努力。

一、永葆真情，用心教育

我将永远怀着一颗赤子之心，公平对待每个学生，给每个人一个独立宽松的成长空间，既关注学生的学习成绩，更关注学生的思想和身心发展。"没有爱就没有教育，只有爱也没有教育"的教育理念更是让我感触颇深。对于我们班主任来说，最重要的是处理好与学生之间的关系，做到恩威并施，赏罚有度，慈严相济。

教师的言行和品德对学生的一生发展都有很大的影响。作为一名语文教师，不仅要对学生进行知识的传授，更要对学生进行品德的培养。教师要想教好学生，就必须严于律己，率先垂范。初中阶段正是学生的人生观、世界观初步形成的关键时期，同时又是对教师的言行进行模仿的时期，教师的言行举止、为人处世的方式、对待工作的态度都会在很大程度上影响学生。

二、积极主动学习，提升自身素质

积极主动学习，多阅读、多反思、多动笔、多交流。充分利用课余时间，加强业务和理论学习，树立终身学习的观念，坚持不懈地学。活到老，学到老。

多渠道地学。要做学习的有心人，在书本中学习，学习政治思想理论、教育教学理论和各种专业知识，增强自己的理论积淀。此外，要学习他人高尚的师德修养、丰富的教学经验，以达到取长补短的目的。

广泛地学。广泛地阅读各类有益的书籍，学习各种领域的知识、技能，特别要学习现代信息科技，不断构建、丰富自己的知识结构。

语文教师要掌握专业的知识。语文教科书包罗万象，到处蕴含着文学的因素。语言和文学就是语文教师能够进行语文教学的最基本的专业知识。作为农牧区的语文教师必须提升自己的专业知识，多读一些关于文学、语言学和文艺理论的书籍，如古代文学、现当代文学、外国文学、古代汉语、现代汉语、语言学概论、马列文论、美学理论，等等。虽然这些专业知识都是在汉语言文学专业大学本科阶段的必修科目，但是，这些知识才是构成一个合格语文教师知识储备的重心。

三、积极参加教研，提高教学水平

把握外出学习听课取经的机会，不放过任何有价值有意义的交流机会，与同行交流，在交流中发展自己；听课研讨，与上课教师同成长；寻找合作伙伴，学习研究；多向学校骨干教师学习，多进行随堂听课，积极吸取他人教学的优势；自己多上公开课，多争取展示锻炼的机会，力争使自己的教学能力得到提升，教学质量达到优秀水平；积极参加教育专家的讲座活动，观看教学案例分析；积极参加各项语文专业培训，不断充实自己；积极组织和参加教研活动。

教师的职业具有一定的灵活性，课堂上讲多讲少、详讲略讲，甚至不讲全凭自己的意愿。但是，我们也应该干一行爱一行、敬一行精一行，选择了教师的行业就选择了无私奉献，就要做到无悔无怨。知识是可以积累出来的，能力是可以练就出来的，我们的不足是可以通过学习、教研和反思来弥补的。既然站在了神圣的讲台上，就应该教给学生知识和为人处世的道理。那么我们就要积极地去探索，探索自己身上的不足和学生的需求，知己知彼后再有针对性地组织和开展教研活动。随着科学技术的发展，教师进行学习和教研的渠道也变得多种多样。

四、开发校本教材，丰富学生语文学习材料

从古至今，中国文学就是中华民族优秀传统文化不可分割的一部分，肩负着民族精神构建的责任和义务。它不但对一个人品德行为的形成起到了至关重要的作用，更对民族意志的磨炼、价值观的正确树立起到了引领作用。而中国古典文学如钻石般闪耀在历史的长河中，启迪和熏陶着世世代代的莘莘学子。从古典文学中汲取滋养是我们青少年的重要学习任务。继承并发扬国学文化精神是我们青少年不可推卸的责任与义务。在我们这个少数民族地区语文教学中，更是需要加大校本教材的开发力度，组织教师编制适合本地教学的校本教学材料，利用不同的方法，采用不同的方式，开阔学生的视野，继而激发学生学习语文的兴趣。

基于"诵读国学经典"活动的成功举办，我所在的学校积极地探索并开发了第一本校本教材——《国学经典》教材。作为语文教师的我也参与了研究设计和选择编制，设计的理念是这样的：翻开这本教材，你会发现这是一

本全新的课程，是全部由国学经典构成的教材。国学经典作为中华民族传统文化的精华，传承和发扬这种传统是每个中国人不可推卸的责任。因此，我校提出了"诵读国学经典，创建书香校园"的倡议，校本教材也正是在这种情况下出版的。它既是对校园文化的充实丰富，也是对我们思想品质的修养提升。

五、勤于动笔，积累自己的教学经验

经常动笔记录一些上课的经验教训，撰写教学随笔，以便自己在总结工作中或者写论文时有资料。积极参加各类教学活动，将自己在教学实践中的心得体会写成文字，同本专业领域中的同行们交流探讨，寻找不足，加以改进，进一步完善自己的课堂教学，使自己的专业快速成长，努力成为一名自己满意、学生喜欢、领导认同的语文教师，最终成为一名有风格、有特色的语文教师。

六、尝试改革，争取有所突破

为了更好地适应新课程改革下的教育教学，我要不断更新教育教学观念，切实投身于新课程改革的浪潮中，不断学习与反思，要整合自己的课堂，使学生能在愉快的氛围中学习，真真正正提高教育教学质量。

爱因斯坦曾说过："兴趣是最好的老师。"兴趣对学习产生的影响远远比父母的叮嘱与教师的谆谆教诲要有效得多，因此在少数民族地区的教学中让学生对语文学习产生兴趣，就显得特别重要。多媒体辅助教学手段的合理使用，能够丰富学生的感官体验，能使学生在视听双重冲击的情境中，充分调动情绪，营造良好的学习语文的氛围，激发学生对语文学习产生兴趣，以积极的心态愉悦地投入到学习活动中。这样的学习状态比教师一个人声嘶力竭地讲解，然后让学生死记硬背的效果要好很多。

在今后的教学中，我一定会精心备课，认真设计每一节课要教给学生什么，怎么教，让学生一课一得，不求多，但求扎实。另外对学生既有知识的传授要有方法地引导，既要有规律总结，又要有体系梳理，让学生知识的掌握由点到线、由线到面。还要充分调动每一个学生的学习积极性，发动学生相互合作。同时，还要与同学科同年组的教师认真教研，相互合作，充分发挥集体的合力，提升自己的教学能力。

（作者：杜娜）

初中语文教师职业规划与反思

有幸站上三尺讲台，与青春学子一道成长的日子已八载有余。回望来路，禁不住感慨万千，初登讲台时紧张与不安的情形仿佛就在昨天。经过多年的历练，青涩的中文系毕业生终于成长为中学语文教师，八年来的学习与积淀，让我体会到了成长的快乐和进步的愉悦。这八年是一个良好的开端，以此为基础，我将成长更快，收获更多，书写更多精彩。

从走上教师岗位的第一天起，"学为人师，行为世范"便成为了我的基本教育理念。我深知，要成为一名优秀的人民教师，首先要有一颗正直真诚的心，只有以良好品行和道德魅力去影响学生，才配育人；其次要让自己成为一眼源源不断的清泉，只有不断充实自己，把更多知识分享给每一位学生，才配教书。而这两者都需要付出更多的勤勉和汗水才能得来，我将认真为自己的教师事业做出系统科学的规划设计，在今后的职业生涯中，在教书育人的岗位上，努力发出更多的光和热。

一、自我评价

作为一名青年教师，与学生年龄接近、容易相互沟通理解是我的优势，特别是我有一颗关爱学生的心，能够和学生打成一片，更容易达成既定的教育教学目的。对于成为一名优秀的中学语文教师，我始终有着强烈的职业理想和追求，为此，我勤学苦练、努力钻研，无论是对校本教材还是对课外知识，永远都保持一颗学习钻研的心。通过对知识的深入研究和反复揣摩，我不断更新教育教学理念，积累创新教育教学方法，同时，在实践应用过程中，我也时刻提醒自己，充分尊重学生个体的天性与悟性差异，因材施教，不拘一格。此外，我还坚信"三人行，必有我师"，时刻保持谦虚好学的态度，善于发现和总结同行的经验并积极借鉴，以此提高自己的语文教学水平。

我非常重视综合素质的培养，认认真真、一丝不苟地做好每一项工作，能够与他人进行较好的沟通交流与合作，在工作中提升个人专业素养和心理素质，这使我能够在语文教师的岗位上取得一定成绩。我在沈阳市初中语文教学基本功大赛中获得一等奖，在沈阳市文体广电新闻出版局组织的全市演讲比赛中连续两年获得一等奖，并荣获"辽中县课改先进个人"称号。

然而，由于教龄短、眼界不开阔等原因，带有鲜明个人特点的教学风格还没有完全养成，行之有效的教育观念和手段还没有形成体系。这些都需要我在今后的教育教学实践中不断摸索、不断打磨，善于发现、善于倾听，不断在实践中总结经验，不断从反馈中吸取教训，通过持续修正完善，力争早日形成具备个人特色的教育教学风格。

二、职业发展

（一）树立正确职业目标

"师者，所以传道授业解惑也。"只有正确的职业目标，才能指引我加速成长为一名优秀的人民教师。每个人的知识存储是有限的，在"授人以渔"的过程中，只有通过学习和储备，不断地丰富知识结构、夯实理论功底，才能积累更多的知识和技能，从而在教学岗位上得心应手。在大学校园里学到的知识和技能，远远无法满足实际教育教学需要，若要成为一名优秀的教师，必定要在开展教育教学实践的过程中充实自己、完善自己。在科学技术发展日新月异、基础教育改革不断深入的年代，教师必须摒弃"坐吃山空"的思想，努力让自己成为一块如饥似渴的海绵，不断完善知识储备，持续更新知识体系，增强驾驭课堂、引领课堂的能力，最终实现高效课堂的目的，让学生在课堂上获得真正的收获和真实的成长。因此，在今后的教育教学工作中，我将督促自己始终怀着一颗乐于学习的心，努力养成与书为伍、博览群书、勤于阅读的好习惯。教学论著让自己的教学工作驾轻就熟，世界名著让自己对待人生理性睿智，我将时刻保持"知识恐慌、本领恐慌、技能恐慌"，在学习中充实头脑，在应用中丰富本领，在实践中强化技能，努力成长为一名合格的中学语文教师。

（二）践行先进教育理念

"实践是检验真理的唯一标准"，教育理念不可能一蹴而就，必然需要在教育教学实践当中得到不断验证和完善，从而臻于完美。所以，要实现教师的成长，应当践行以下四点：第一，提高课堂效率。对于45分钟课堂，稀里糊涂混过去很容易，可是，要实现短时高效却是非常不容易的。教师一定要在开展课堂教学之前，具备成熟的学科素养，形成充实的知识储备，拥有灵活的讲授技能，否则，"高效课堂"不过是空谈而已。作为教育教学资历尚浅的青年教师，我将时刻提醒自己脚踏实地、厚积薄发，充分利用45分钟课堂时间，将知识体系、价值观等丰富多彩的教学内容传授给学生，不断提高自己的课堂教学效率。第二，讲究方式方法。随着时代的进步和思想的解放，学生们的自我意识日益增强，个性鲜明、桀骜不驯往往是当代中学生自我标榜的标签。在开展教育教学的过程中，如果还是一成不变的老方法、老套路，生搬硬套、一味灌输，不仅教学目的达不到，教育效果也有可能适得其反。在之前的教学实践中，我就十分注意塑造自己作为"老师"在学生心目中的形象，我深知青春期的学生不喜欢过分约束自己的父母，但喜欢模仿自己的偶像、好友。教师的风格如果太严格，便像父母一样站到了学生的对立面；如果太轻松，彼此就成了三五好友，课堂教学局面不容易控制。这个尺度非常难以把控，要求教师对于开展教育教学的方式方法进行深度摸索，在课堂教学秩序得以保证的前提下，能够引领学生的思维始终处于积极活跃的思考状态，带动学生开展不拘一格的深入研究和思想碰撞。学生群体总会存在千差万别，对于方式方法的选用，不能一概而论，这也对教师自身素养提出了更高层次的要求。第三，及时收听反馈。最好的表扬是学生的成绩，最高的评价是学生的成长。让课堂教学趋于完美的重要一环，就是课后及时接收学生对于课堂教学的反馈意见，从课前预热到课上讲授，从课程内容到互动形式，从课堂表现到课后作业，学生对于每一个教学环节都会有对应的反馈和表现，教师只有善于从后课堂教学时段搜集和整理反馈信息，才能让自己的教育教学不断提升、日趋完善。第四，注重虚心求教。"他山之石，可以攻玉"，要成长就不能整日沉浸在自我的世界里，教师也是一样。埋头苦读、冥思苦想有利于知识的积累，但对于教师的成长却绝不是唯一的。在学习钻研，不断提升个人素质的同时，教师还应当开阔眼界，把目光投向更广阔的教育领域，向身边的、周围的、先进的教育界同行虚心请教，通过线上线下等多种方式，进行教育教学观摩和学习，博采众人之长集于一身，加速自我提升。

（三）加强反思促进成长

"吾日三省吾身"，教育教学工作再忙，也不能忽略了自我反思这一关键环节。学会理性思考、加强自我反思，对于教师个人素质提升、职业能力养成都起着至关重要的作用。只拼体力的"园丁"时代已经过去，理性、思考、反思成为了教师的必备素质，为适应课程改革不断加快的进程，增强在教学实践中解决问题的能力，新时代的教师必须成为一名合格的"思想者"。注重对比分析。每次教学活动过后，及时对自己的教学行为和表现进行批判式反思，多用文字记录下来整个过程，明确优缺点，找准着力点，并在今后随时拿来对比对照，以此扬长避短，使自己的教学水平得到不断提高。注重融会贯通。对于国内外先进的教育教学理念，简单的"东施效颦""依样画葫芦"是坚决要不得的，一定要"外化于行，内化于心"，将先进理论的精髓进行加工整理，转变为带有自己特色的教育教学手段，真正做到学以致用、融会贯通。

（四）提升教育科研水平

当今的基础教育，更加要求科研水平的不断提升。要想成为一名优秀的教师，仅凭课上得好还不够，还应具备相当水平的教育科研能力，才能保证课上得越来越好，知识讲授越来越有水平。我将尽可能多地把握机会，多参加科研活动，多参与教研培训，在科研过程中，不断完善教育教学的知识理论体系，不断提高自身的教育创新能力，凭借能力创造成绩，逐步成长为一名具备科研攻关能力的优秀教师。

（五）强化配合形成合力

推动课程教学改革，是当前一项重要工作，单兵作战收效必然不明显。

　　为配合学校课改工作推进，打造全新的师生成长共同体，我将以大局为重，在高标准完成自身本职工作的同时，与各位同事一道，凝心聚力，共谋发展。通过共同研究、协同设计，开展合作编制导学案、课程互评互议等教研活动，通过红脸出汗式的真心帮助，提高教师自身素质，实现教师和学生共同成长。

　　"百年树人"，教育作为一项长期工程，艰巨性和重要性不言而喻。在今后的教育教学工作当中，我将始终本着"学为人师，行为世范"的宗旨，从做一名合格教师的基本目标出发，不忘初心、牢记使命，积极投身教育教学工作，时刻提醒自己用头脑工作、用真心待人、用爱心育人，努力成长为一名功底扎实、思维独到、个性鲜明、学生喜爱的优秀人民教师。

（作者：王成宝）

初中语文教师的职业反思与发展规划

《孟子》曰："君子有三乐：父母俱在，兄弟无故，一乐也；仰不愧于天，俯不怍于人，二乐也；得天下英才而教育之，三乐也。"我很幸运，能得天下英才而教之。转眼间，我成为一名初中语文教师已十余年了。回望自己职业生涯的点点滴滴，有欢乐也有苦涩，但更多的是成长与历练。长期的教学工作，让我对初中语文教师这一职业有了更深的认识，教学之余，我经常进行反思，现将我的职业反思归纳如下：

一、个人成长回顾

初出大学校门的我，在辽北一所乡村中学成为了一名语文教师。因为热爱，所以选择了这个职业。我的性格不算开朗活泼，但也算得上幽默有趣。大学时期，在学校我学习了许多教育理论和教学方法，可是真正站在讲台的那一刻，我才深深地体会到，实践起来还是会遇到各种各样的问题。

为了解决这些难题，把更多的知识传授给学生，我经常利用下班时间去镇中心的网吧里查阅资料；平日里，不断地向其他老师学习和请教，经常去隔壁班的老师那里听课，仅听课笔记就记录了四五本之多。我向同行学习，学习他们优秀的教学方法、共同探讨教学心得与体会。我向网络学习，学习网上语文名家名师先进的教育理念和方法，记录了许多学习笔记。

热爱，是我投身教育事业的原动力。这些年的教学之路，离不开领导的提携、同事的鼓励，更离不开学校的大环境和教师群体形象的精神后盾。学校多次派我出外参加各种学习和培训，多次上公开课，参加各种教学比赛。

不断地学习和历练，经过初一到初三的几个教学轮回，我的业务水平有了很大的提升，我从青涩的大学毕业生成长为一名业务娴熟、游刃有余的语文教师。

二、语文课的反思

语文是所有学科的基础，工具性与人文性的统一，是语文课程的基本特点。所以，语文教师也有着不可替代的作用。学校、上级部门和社会对语文教师的要求与其他科目不同。语文教师要有较高的文学素养，要有深厚的文化底蕴。

著名教育家陶行知说过：千教万教，教人求真；千学万学，学做真人。作为初中语文教师，更是肩负着"智育"与"德育"的双重责任。《语文课程标准》明确规定："中学语文教学必须使学生热爱祖国语言，能够正确理解和运用祖国的语言文字，具有现代语文的阅读能力、写作能力和听说能力。"由此可见，培养学生的能力，是语文教学的永恒目标。语文课除了要培养学生的文学素养，更要培养学生的审美情趣，要引导学生从大量的文学作品中汲取养分，培养学生的人文情怀和对真善美的追求。

在应试教育的压力下，以往的语文课往往注重学生的分数，而忽略了对学生的情感态度和价值观方面的培养，如今反思起来，初出校门的时候，对职业的认识还远远不够。语文教育必须有长远的意识。语文教学无论采取什么方法，都要紧紧围绕"培养学生能力"这一目标，让学生养成终身阅读和终身学习的习惯，而不是单纯地为了考试而考试，为了得分而得分。要从当地的实际出发，不仅注重课堂，更要兼顾课外。

这样的教育目标，要求语文教师积极调动学生的积极性。以学生为主体，变消极为积极、变被动为主动，只有学生有了浓厚的学习兴趣，才能达到良好的学习效果，教师的主导作用才能发挥得更好。要在教学过程中，让学生懂得语文与社会、与生产、生活的关系，与今后的学习和工作的关系等。在以往的教学中，教师讲得多，容易忽视学生主体地位的重要性，这需要调整和改变。

语文课，要注重作文的教学。作文教学要结合课文，结合学生生活的点滴事件，引导学生"我手写我心"，写自己身边的人、事、物。要注重课堂气氛，避免呆板的照本宣科，而要增添和引申丰富的课外内容，让学生的每一节课都有新的收获，不断开阔他们的思路和视角。

应试教育下，许多教师让学生背作文、背范文，导致学生写出来的文章没有灵魂，没有深度，千篇一律。有了前车之鉴，我更要吸取教训，引导学生多读美文，在平时的教学中敢于同学生一起写文章，写下水文，共同探讨优缺点和努力的方向，学生在我的激励之下，也变得勤于动笔，乐于动笔了。

一名优秀的语文教师，要在语文课堂教学上下功夫，勤于探索，大胆创新。回顾过去，我的教学经验还没那么丰富，有时还会出现一些职业倦怠的现象，我要勇于改变这些不足，与时俱进，不断反思，才能进步更快。

教书育人，是我的职业，也是我的天职所在。作为一名年轻的语文教师，我深感荣幸和自豪。我不希望自己的职业道路是平平庸庸的，而是更喜欢追求卓越，超越自我。

教师的职业令人敬佩，因为教师无私奉献，把所学到的全部奉献给了教育事业。新时代的语文教师，应该具有高尚的师德、过硬的专业技能、学以致用的工作能力和强健的身体、美好的仪表等。为此，我为未来的职业生涯做了如下规划：

（一）加强师德修养

1.孩子的心灵是纯洁无瑕的，应该关心和热爱每一个孩子，公平、公正地对待每一个学生，关注他们的成长和进步，多鼓励、支持他们，全力以赴满足他们的需求。

2.为人师表，在日常的生活中，要严格要求自己，给学生起到表率的作用。不断加强自身的修养和人格魅力，以身作则，因为身教比言教更具有力量。

3.为自己树立正确的人生观、价值观、教育观和道德观。关心集体、团结协作，提高自己的处事能力和沟通能力，建立平等、民主、互学互助的师生关系。

（二）过硬的专业技能

1.大量阅读书籍

教师是人类灵魂的工程师，是智慧的化身。作为语文教师，必须是一个学识渊博、学富五车的人。我们所读过的书，会藏在言谈中，藏在教学的点滴之中。"腹有诗书气自华"，一名语文教师，知识的宽度将决定他所达到的高度。

平时要抽时间多读书、读好书，不断提高自己的文学素养和文化底蕴，也为学生树立爱读书、勤读书的榜样。我给自己制定了读书目标：每天读书两小时；认真阅读《课程标准》《教学用书》等系列丛书；阅读文学名著，每学期读一部教育专著并做好读书笔记。记录自己的读书心得，丰富自己的文化内涵。

2. 练好教师基本功

教师的"三笔字"是教师素养的体现，是教师的"颜值"。在平日里，我要坚持练习钢笔字、毛笔字、粉笔字，练好普通话，并不断练笔。特级教师王栋生说"语文教师应当热爱写作"。我会持之以恒，与学生共同写作文。此外，我还要不断学习现代化的教学手段，让学生在语文课上有耳目一新的视听享受。

3. 精彩演绎课堂

三尺讲台是教师的阵地，课堂教学是教师的舞台。我要学习网络视频里的专家型名师，上课如行云流水，传授知识不露声色，水到渠成。做一名研究型的教师，建立精彩生动的语文课堂，建立丰富多元的课堂文化，这样的课堂才是真正有生命力、有吸引力的。

4. 重视专业的引领

在教师的个人成长过程中，专业的引领起着至关重要的作用。在前进的道路上，难免会遇到困惑和迷茫，这些对于教师来说是不容易解决的。这时，我们需要专家和专业人士的指导和帮助，应该多参加外出观摩学习，多利用网络聆听专家大咖的讲座

（三）学以致用的工作能力

"学"和"习"是缺一不可的,在今后的教学过程中,我会通过理论的学习，找到自身的差距，做到将二者相结合，活学活用，做到提升实践意识、技术素养和实践能力，积极发现教学过程中存在的问题，把所学知识应用到实际

的工作中去，将理论与实践统一起来。"纸上得来终觉浅，绝知此事要躬行。"要想真正认识事物的本质，弄明白其中的深意，只有学以致用，才能不断地发现问题和解决问题。

（四）强健的身体，美好的仪表

著名教育家陶行知说过："教师必须具有健康的体魄，农人的身手，科学的头脑，艺术的兴味，改革社会的精神。"作为语文教师，要有强健的体魄和健康的心理。平日里工作压力大，许多教师都会或多或少地出现职业病，如咽炎、腰肌劳损等。健康的体魄可以保证我们更好地坚守这份事业，更好地投入到教学中去。在做好教学工作的同时，也要学会锻炼身体，闲暇时间去享受一下大自然的美景，才会精力充沛地去教育好学生。

另外，语文教师更要注重自己的仪表，仪表美也是对一名教师最基本的要求。要让自己穿着整齐、得体，端庄、大方、美丽。美好的风度是透过言语举止表现出来的内在精神，给学生一种赏心悦目的享受。

教育的魅力在于不断地超越自我，在今后的教学生涯中，我将不断地反思、学习和创新，学以致用，为成为一名优秀的初中语文教师而不懈地努力。

（作者：张爽）

让我得以反思并有所发现

刚步入职业生涯不久，语文课程改革的浪潮就一波又一波地向我迎面扑来。我在浪涛中漂泊翻滚，开始迷茫，并不断地寻找出路。随着时间推移，我越发觉得需要重回校园充实自己。当我重新踏进沈师校园时，我才恍然意识到，原来我已和母校阔别七年了。回首这七年，我除了正常上课、准备公开课、历次考试和每个学期期末做工作总结及深入的反思以外，还没有对自己的教师职业发展进行过深刻的反思和系统的规划，现在想来实在惭愧。值得庆幸的是，我重新回到了沈师校园，成为一名研究生，得到了更多更优秀导师的引领和指导，开阔了视野和思路，也得以反思自己的职业历程并有所发现。

当前的语文教学处于比较被动的局面。首先，教学模式改革轮番冲击着一向稳定又相对传统的语文日常教学。其次，应试思想依然深刻影响着语文教学。第三，语文学科得不到学生、家长乃至社会的足够重视。教师普遍出现了为迎合课改疲于奔命、为应对考试不敢放弃"传统"、为抓住学生的注意力想方设法的情况。

语文教学改革势在必行，所以我一直在学习和探索新的教学理念和模式。我所任教的学校领导鼓励教师探索适合自己的教学模式，也支持我在教学上做大胆的探索，对我的每一点改变都给予指导和鼓励。这让我获得了更广阔的发展空间，也有机会发挥自己的特长，促进了我的职业发展。

在工作的前两年，我跟随我校多位教师学习，在他们身上学到了很多，总结出语文课堂必备的几个要素：语文味儿、重难点明确、条理清晰、连贯自然、学生参与、关联生活等。

接下来的三年，我一边做班主任工作，一边在教学中探索自己的教学方法。在这个过程中，我更深入地了解了学情，同时也发现了家庭教育对学校教育存在的重要影响。学校教育注重正面的引导，而社会教育和家庭教育不尽如此。很多时候，后者会轻易地将学校的正面引导抵消，甚至产生负效应。我增多了与学生的交流，试图用情感打动学生，引起学生对语文学科的重视，也试图对学生的人生观产生正面的影响。在觉得时机成熟后，我开始大胆放手，鼓励他们发表对同学作文和课内外文章的见解。我发现学生具有无限的潜力，具有令人称奇的想象力，也有极度细腻的内心情感和表达欲望。教师要做的就是对学生充分的信任和科学正确的引导。在三年的探索后，我任课的班级在中考的竞争中取得了优秀的成绩。我知道我的探索方向是正确的。

接下来的两年，我接手了两个成绩较好的班级，继续我的探索。他们的聪明灵秀和良好的家庭教育让我信心百倍。在教优秀班级的过程中，我深刻体会到了教师素养的重要性，也体会到了教学相长的深意。但是我知道，我的探索都是根据自己的主观推断，缺乏明确的理论依据，也没有形成完整的体系。

新的语文教学改革模式层出不穷，然而面对当下有些积重难返的语文教学大背景，很难起到显著的作用。也许，提高语文教师的综合素养会是一个不错的途径。结合自己的情况，我从如下几个方面来提高自己的综合素养。

第一，终身学习。终身学习是新时代对教师的要求。教师只有坚持学习，才能胜任这个具有挑战性和发展性的职业。教师应该坚持阅读，广泛涉猎，从多种渠道汲取知识的养分，扩展视野，把学习当成一种乐趣，使自己变得更睿智。此次重回校园学习研究生课程，要学有所得，学以致用，并以此为新的起点，开启终身学习之旅。

第二，丰富专业知识。作为教师，自己"学高"，才能称得上合格的教师。语文教师不仅要在语言文字方面丰富自己的储备，也要在文化常识、文学理论、文学创作、文学欣赏等方面提升自己，还要不断丰富教育学和心理学的知识。只有这样，才能更好地把握教材和课堂，开阔学生的视野，突破改革中遇到的问题，提高工作效率，达到教育目的，实现人生价值。

第三，提升专业能力。要教授好语文，就要正确理解和把握好语文教学中工具性和人文性的关系，就要有过硬的语文能力，理解能力、接受能力、交流能力、思维能力、创新能力和研究能力缺一不可。要多阅读，从教育家的著作中吸收营养，为我所用，在实践中不断提高自己的专业能力。

第四，坚持教学研究。教学的真正意义是什么？方法从哪来？什么方法更适合？这不是拍脑门得来的，而是靠不断地思考和科学的研究。教师树立了教学研究的精神，掌握和运用基本的教学研究的方法，会对工作有莫大的帮助。教学无疑应该更注重引导学生掌握学习方法，让学生学会学习。在一线的教师对语文教学有更直观的了解，也具有更多的实践机会。教师如果能坚持教学研究，不论对自己还是对语文教学都有莫大的意义。

第五，勇于创新。让课堂内容丰富充实，调动学生的积极性和自主意识，需要语文教师勇于创新。敢于提出自己的观点与看法，能够设计科学合适的教学方法，通过不断地创新摆脱教师主导的呆板的、固化的课堂教学模式，让学生更乐学善学。

第六，与时代接轨，更新知识，提高技能。信息技术的快速发展不断冲击和改变着人的生活方式、工作方式和学习形式。在这样的时代，提高自身的信息素养，与时俱进，是成为一名合格的教师的前提，这样才不会使自己陷入教育技术更迭的窘境。学会新的多媒体应用软件，并且合理地应用到教学中是必然之举。教师要到一些优秀的网站搜集学习新知识，以便及时调整自己的教学思路、方法、过程等，使自己的教育教学做到与时俱进。

第七，讲师德，爱学生。教师爱学生，是师德的核心。要建立平等、融洽、互信的师生关系，从内心热爱学生，不歧视学生，乐于了解学生，教导有方，才有资格做学生的良师益友。

（作者：赵颖新）

我的职业反思与努力方向

在社会竞争日益激烈的今天，教师应该不断学习，不断提高综合素质，只有这样才能让自己走得更远，适应社会的需要。而身为一名年轻教师，我深深地觉得自己在为人师的道路上做得远远不够好，有许多地方还有待改进。为此，我要树立起长远的奋斗目标，在教育教学实践中不断自我磨砺、自我反思，争取早日成为一位优秀的教育工作者。

2008年7月，怀揣着梦想的我顺利拿到了文学学士的学位，走出了鞍山师范学院的校门，按捺着激动不已的心情走进教室，踏上讲台，开启了我向往已久的教师生涯。工作十年以来，我主要从事语文教学工作，其中担任班主任四年，有一定的语文教学经验和班级管理水平。面对学生，我亲切、耐心，颇具亲和力；面对工作，我兢兢业业，积极上进；面对生活，我开朗大方，乐观旷达，能以积极的心态面对一切困难。但工作这些年以后，我也逐渐发现了自己的缺点和不足。例如，课堂教学水平有待进一步提高，课题研究方面经验不足，对学生的辅导技巧及学习策略和方法的指导经验不足，对疑难问题的讲解和分析有时还不够深入，对学生的思想教育方式落于俗套，缺乏创新精神，等等。为了弥补自己在教育教学方面的诸多不足，有效提升自己的专业素养，特制订自己的职业发展计划如下：

一、教学工作。随着社会的发展、思想的进步，新兴的教学理念也不断地涌现。作为教师，要与时俱进，不断学习新的教学理念，并运用到实际教学中去。为此，要牢牢把握自己所任学科的专业特点，勤于思考，养成多思、多想、多写的好习惯，形成自身独特的教学风格。注重反思教育、教学过程中的不足，多听课、多交流，多向经验丰富的老教师请教，同时重视与学生之间的沟通，掌握学生的学习动向和学习需求，以便及时做出调整。

二、德育工作。制定切实可行的班级行为规范，与教导处密切配合，规范学生的日常行为习惯。理性面对学生出现的种种问题，用心与学生沟通，多做情感上的交流，帮助他们理清问题的头绪，引导他们独立寻求解决问题的恰当方法。

三、教科研工作。积极学习先进的教育教学理论知识，并运用在实际的教育教学中，及时进行材料的积累和反思，潜心探索教育教学规律，撰写教学案例和论文，争取成为一位取得丰硕成果的研究型教师。

四、自我修养。树立终身学习理念，充分利用业余时间阅读与任教学科相关的书籍、论文，定期写好读书笔记，不断汲取书中的营养来充实自己，提升自我修养。

总之，我要牢固树立终身学习的理念，在教育教学一线不断磨砺自己，争取成为一位教育理论与实践并重的优秀语文教师。为了早日实现上述目标，我计划从以下几方面做起：

首先，夯实专业知识。对于中学语文教师来说，过硬的专业知识是不可或缺的。语文，即语言和文学，夯实专业知识，就是要深入研究语言和文学方面的专业知识。汉语可以分为古代汉语和现代汉语两个部分。研究古代汉语，可以通览《孟子》《论语》《礼记》《诗经》等传统的经典著作，扩充文言词汇储备，充分了解古代汉语句式上的特点和表达习惯。同时，还能透过文本了解一些古代山川地貌、社会风俗、历史文化等，可谓益处多多。而且，只有学好古代汉语，才能从浩如烟海的历史典籍中领略王侯将相的风采，感受林泉高士的旷达，吸收古人的智慧化为今用，才能更好地将中华民族优秀的文化传递给下一代。对于现代汉语，我更要深入学习。语音、词汇、语法都不能轻视，同时兼顾理论知识，力求"知其然，更知其所以然"，这样才能成为学生的"源头活水"，在讲解知识点的时候兼顾深度和广度，适时地引经据典，活跃课堂气氛，激发学生学习语文的兴趣。在文学方面，要大致了解中国文学的发展史，结合中国广阔的历史背景和作者的生平经历广泛地阅读古代文学、现当代文学名著，对于文学名著中的经典形象要准确地理解和把握，深入品析文字背后蕴藏着的深刻的思想内涵。除了国内名著，也可以选取自己感兴趣的外国作品细细品读，摘录自己喜欢的词句，或记一些读书笔记来总结自己的阅读收获、抒发阅读感受。有余力的话，可以去了解文学理论、文学批评史之类的相关知识，尽量从不同层次、不同角度全方位地夯实自身的专业知识。

其次，练就专业技能。专业技能是指作为一个教师所应具备的组织教育教学能力、语言表达能力、组织管理能力等。在教育教学方面，整合教材中的课程资源，开发利用生活中的有效资源和网络资源，结合学情设计适合他们的课程，并根据学生实际的学习情况随时把握教学尺度、调控教学节奏，以达到在最大限度上提升学习效率的目的。同时，要与家长携起手来，互通有无，随时关注学生的身心健康，做到有问题及时发现、及时解决。在语言表达方面，除了必须注重逻辑性、科学性之外，还要充分了解并尊重学生的年龄特点和认知规律，多采用启发性、鼓励性语言，配合丰富的表情、手势或肢体语言，让教师的语言更具有表现力，更易于学生理解和接受。在组织管理方面，先从自身出发，努力形成一套具有个人特色的管理理念，提升人格魅力。学会切换视角，站在朋友的立场上来倾听学生内心深处的最真实的需求，理解并尊重学生间的差异性，善于挖掘并利用每一位学生身上的长处，让每一位学生都能在集体中找到归属感，逐步构建一种民主、自由、开放的管理风格。

再次，培养教科研意识。每一位教师都曾在教育活动中有意识地进行探索，教科研意识也就在不知不觉间产生了。如果说，教科研意识是鱼，那么教育活动就是水。鱼儿离不开水，脱离了教育活动，教科研意识就无法存在。其实，教育活动每天都在进行，我们也常会有些心得或感悟，此时一定要化"心动"为"行动"，及时地记录下来，以便日后的整理和归纳，这样才不至于失去宝贵的素材，也就可以避免自己陷入"巧妇难为无米之炊"的尴尬境地。同时，鲜活的教育素材往往会激发教师的探究和思考，而有目的性的思考却未必会催生出有效的解决问题的方法。此时，与其他经验丰富的教师交流不失为一个有效的方法。做一个善于倾听的人，广泛地吸纳他人的意见，与自己的想法有机地融合在一起，不断进行反思与提炼，优化问题解决方案，然后重新在教育活动中进行实践。久而久之，教科研意识会在不知不觉间形成，为今后的教科研工作做好铺垫。

总之，飞速发展的现代社会需要学习型的语文教师，努力提高自身的职业素养是我们每一位教育者都必须要面对的问题。我将尽一切努力，全方位地提升自己，争取成长为一名优秀的语文教师，在职业发展的道路上走得更远，走得更稳。

（作者：毛倩）

我反思，我规划，我进步

新课程教学变革和教师专业化发展要求教师认真地对待职业的反思与规划。我从事教育教学工作已经 18 年了，一直在教学第一线从事语文教学和班主任工作，积累了些许工作经验，也存在诸多问题。我要理性地看待自己的工作，明确目标，要在自己的工作领域有所成就，正所谓"凡事预则立，不预则废"。下面是我对我自己的教师职业进行的反思与规划。

一、强化理论学习

要做一名合格的人民教师，有必要学习教育教学理论。教育教学理论的学习可以为我们提供理论基础，重要的是对我们教学有指导作用。我们设计的一堂课，理论基础是必不可少的，没有理论基础支撑的教学设计是缺乏说服力的。平时的教学中就要结合时下的教学需要，在教学实际中融入相关的教育教学理论，要做到实践与理论有机地结合在一起。

二、提升专业素养

虽然工作 18 年积累些经验，但随着语文课程教学改革，我们语文老师也要与时俱进，及时提升自己。平时的教学中要有终身学习的理念，在探索教学过程中要注重教学的长足发展；提升专业素养，就应该打牢专业知识基础，包括语文专业、文学文化知识；提升专业能力，包括以语言为工具的认识能力、思维能力、文学创作能力及文学鉴赏、批评的能力；提升人文素养，即提升道德修养、人格修养、精神气质、文化观念等。

三、提高教学技能

教学技能的提升有赖于个人的努力及同事间的合作。平常的教学中就时刻关注自己教学技能的提升，为此要潜心研究，并结合教学实际得出相关结论。我认为教学技能包括三个方面：课前备课、课堂教学、课后反思。

（一）上课前提是要备课

对一位教师来讲备课是很重要的。因为教学的起点和基础是备课，它能决定课堂教学质量的高低。清晰的思路对每堂课来讲很重要，思路清晰，再通过资料的收集、整合，取长补短，形成自己的教学设计方案。这个过程如此重要，所以教师应该重视并且认真研究它。那么如何备好课呢？具体来讲包括如下几点：

1.重视教学目标及重难点

教学目标即学习目标，直接明了地说明所要达到的目的，能起到宏观的调控作用。细化教学目标能更好地指引教学，使之顺利进行。重难点的点拨更能体现课程的重点，教学时更能有的放矢。

2.关注学生个体

备课的环节不可忽视的是学生群体，我们传授的对象是学生，学生个体差异是很大的。我教授的学生大多来自城郊地带，多是农民工子弟，家长忙于生计，疏于管理，学生大多是靠教师在学校严加看管并督促，因此备课的环节是必不可少的。

3.理清备课步骤

平时的教学过程基本是：聆听上级指令，有的放矢；集体备课，把握方向；个人二次备课突出重点，因材施教。理清课文教学过程、课堂展示、知识汇总、课后反思等。

（二）课堂教学是主战场

上课的环节要从45分钟中要效率。利用有效的时间提高成绩，加之课下时间加紧看管默写、练习、写作等，我想会有效果的。在教学中我要求学生合理安排自己的时间，运用合理的适合自己的学习方法来提高学习效率。时常联系实际寻找合适的教学方法，指导学生学习生活，因此我努力做到：

首先，创设轻松愉悦的氛围。要让学生乐意学习我的课，那么就从课前渲染开始，给学生创设轻松愉悦的氛围，让学生爱上我教授的课程，不让学生觉得上课是一件索然无味的事情，而是让他们觉得是一件快乐的事情。

其次，教师保持愉悦的心情，面带微笑，使用幽默的语言授课。平常的授课中遇到问题时应和蔼地进行劝导或者幽默地化解问题，不破坏课堂氛围。创造良好的学习机会，激发学生学习的兴趣，以愉悦的心情来学习，并且引导学生快乐地主动学习，焕发出青少年特有的活泼朝气，积极向上地学习，给其生命增添靓丽的色彩。

最后，使用灵活多变的成果展示。基于我校"圆桌分组式"的教学模式，运用合作学习的教学方法，让学生在课堂上小组讨论、研究问题，并派代表讲解相关内容，最后得出结论。展示的内容可以是多样的：

1. 课本剧的形式

如讲解《茶馆》一课时，学生跃跃欲试参与课本剧的演出，每组的组长纷纷选派自己组员，积极参与为小组争得分数。学生分角色完成各自的人物对话，并找到合适的道具来增添戏剧氛围，课下学生刻苦地反复训练，把最精彩的表演呈现给班级同学。大家通过对人物形象的讨论、分析，了解了课文内容，加深了对人物的印象。

2. 黑板展示答案

可以用双色笔展示，几个小组同时上黑板，分工明确，答题速度很快。如讲解《鹤群》一课时，学生把三个场面的问题写清，通过小组合作讨论，展示小组研究结果，"鹤群翔空""鹤鹰大战""救助伤鹤"等按照学案上设计的问题，一一展示，小组有错的其他小组及时改正，极大地促进了学生在课堂上发挥自己的特长，激发了学习语文的兴趣，大家觉得上课很快乐。

3. 描绘课文插图

为了更直观地学习课文内容，辅助学习，加强记忆，使枯燥无味的课文生动形象起来，学生发挥其绘画才能，即兴地绘制插图。如讲解《岳阳楼记》

一课时，学生按照课文内容画了两幅图画，画了阴天和晴朗天气时洞庭湖的景色，画得很逼真，动作也很快，给课堂注入了新鲜活力，学生很愿意看，而且更难能可贵的是学生能随着画画的思路去背诵，背得很快。

4. 构建思维导图

思维导图的方式会让课文内容更清晰地呈现出来，使学生在脑海深处形成固定思维，运用时随时牵引出来。如《石榴》的文章思路是爱石榴—画石榴（枝叶美、花朵美、果实美）—赞石榴，这样串联起来，学生就可以识记，加深印象。这样可以形成思维模式，能积累很多东西，也可以延伸到其他内容中，长此以往形成习惯，会带来诸多方便，同时学生也会乐意接受更多陌生的事物，学习更多的知识。

5. 游戏方式解答

有些问题可以用游戏方式解答，这样可以激发学生学习兴趣，让学生能快乐地融入课堂中学习知识。例如课堂检测环节可以用游戏的方式，让学生答题，绣球传到谁的手里谁就答题；看屏幕选择，选择几分题答对加几分，选到炸弹就减分；接龙式答题；等等，这样学生就能紧张起来，参与起来，兴致也就上来了，如此下来学生愿意学习课文了。

（三）课后反思促进成长

每当讲授完一节课，都及时反思自己的教学，并写课后反思，记录当堂课的精彩之处和纰漏之处，长此以往形成反思录，为以后的教学提供有利的实践经验的范本。这项教学技能的提升是一项长期工作，因此在闲暇时间，应该主动交流自己的教学思想，多听老前辈的课，勤于总结教学优缺点。下面列举我提升教学反思能力的几个方面：

1. 日常教学，点滴积累

在学校教学中日常教学是最重要的，日常教学的积累才能促进质的飞跃。每所学校都十分重视日常的课堂教学，课堂教学是提升教师教学反思能力的最主要最直接的途径。教师在课后应及时反思自己的教学，在课后想想怎样改进纰漏之处或者把闪光点记录下来，给今后的教学提供借鉴。

2. 公开授课，点睛评价

教师教学反思能力提升的最佳途径是上公开课。上一节公开课需要教师花很多时间备课，并在教研组内探讨商定，之后授课教师符合实际情况才能允许上公开课。上完公开课之后最关键的是教研组和领导进行评价，才是最受益的，是点睛之笔，此时以谦虚的态度去聆听同行及领导的评价，以此为契机有意识地提升教学水平。在教学过程中不断地探索、创造，教师个人的专业素养会有明显的提高，最终成长为区里的乃至市里的名师、骨干。

3. 教研活动，共同探讨

教研活动是促进教师专业能力提升的重要途径。我们学校每周一次年组集体备课，每两周一次全校教研组的教研活动，每次都是很有目的、有秩序地进行。在每周的教研活动中，共同商讨确定主题，积累相关知识。众人的智慧对个人的教学有很大的帮助。

4. 不断反思，提升素养

捕捉教学中的灵感、拒绝平庸的最佳方法就是教学反思了。教学反思能促进素养的提升，使我们的教学生命如旭日东升一样，每节课都是新的。每一次反思就是一次提升。教师就是在每一次的反思中达到最高的境界，让自己的实践性教育走向理论性教育，通过反思让自己成长为专业化教师，不断成长壮大。

四、加强班级管理

我从事班主任工作12年，深知班主任工作在学校教育中处于核心地位，班主任全天候地陪伴学生一起度过每一天。从课堂到课下，从学校到家庭，都需要班主任进行沟通交流，及时了解学生的动态，稳定班级，逐渐培养班级的凝聚力。最不好干的就是班主任工作了，在正常的教学以外，还有一个重心就是培养学生的德育。德育工作通过平常的早检、午检、班会等细小环节来落实渗透相关的思想教育，这个思想工作的实践者首先就是班主任。在职业规划中我将继续努力当好这个角色，全身心地去付出，培养一批又一批品德良好的学生。反思这些年当班主任的经历，我觉得更应该改进管理班级的策略，建立良好的师生关系，打造全新的班集体。12年来周而复始地进行着班主任工作，但是每轮的学生都不同，所以应继续完善相关的管理方法，因人而异地教育学生，进行德育渗透。现在首要的任务是要完善细化班级制度，把工作做好，让学生、家长、学校满意。

五、转换教师角色

作为学生榜样的教师，其思想及行动也应该与时俱进。教学过程中应该多角度去衡量学生的学习成果，不能片面地看待学生。在课堂上要鼓励学生从文本中找答案，适时地讲解一些课外的知识和小故事来扩充课堂，激发学生的学习兴趣，让他们涉猎更多的课外知识，丰富自己的学识。如遇到难解的问题，应该多举些鲜活的事例深入浅出地讲解，这样学生容易理解，不会知难而退。学生会以自己喜欢或者崇拜的教师作为学习的榜样进而去效仿，所以希望自己按照规划的方向去努力实践，在摸索中不断进步，成为孩子们学习的榜样。教师应在当下的教学中尽快转换角色，由传统的传授型向创新型转化，由传统的课程搬运工向研究型转化，由改革的旁观者向研发型转化。

树立新的教学观念是时下教师最应该做的，这样可以为课堂注入新的生命与活力，体验教学的快乐，从而达到实现自我价值的目的。

六、撰写反思论文

中学教师的工作重心是教学，但是为了成为骨干教师，同时也应该注重教育科研的开展。在闲暇的时间里多关注市区的教育科研信息，严格要求自己在每篇课文讲授结束之后写教学反思，每年写两篇原创论文及教学随笔，对自己的工作进行阶段性的总结，使自己得到长足的发展。在这些年的教学中，我经常利用课余时间撰写些论文，如《谈如何提升初中语文教师教学反思能力》《依托先进信息技术，提升语文课堂质量》《语文课怎样使你心里更阳光》等省级、国家级的论文，参与了省市的科研课题《小组合作学习在语文阅读教学中的应用的研究》《"图、演、诵"课下合作推动语文阅读教学》等，最终都顺利地结题，因此获得了沈阳市"研究型教师"称号。

总之，教师要用理想的眼光对待眼前的教学，用陌生的眼光看熟知的教学，用发展的眼光看过往的教学，努力营造新型的课堂，让学生乐意接受你的教学，并学有所获。从此刻开始，我会向着我所规划的方向努力拼搏！

（作者：杨艳玲）

中职语文教学的反思与探索

2003 年从沈阳师范大学毕业后，如今我已经工作 17 年了。回想这 17 年的路，有喜有忧。

当老师，是我初中时树立下的理想。我初一时的班主任就是一名语文老师，我深深地被他的课所吸引，他用幽默的语言使课堂不沉闷，他带有个人体悟的讲解使我们一头栽进文学的世界中，于是我开始阅读文学作品，在文学的海洋里享受学习的快乐，并在其中萌发了我的教师梦。于是，高考填志愿，我放弃了父母的希望并可能在将来为我铺平道路的专业，选择了师范院校，选择了汉语言文学专业。

大学毕业时我应聘去了一所中等职业学校。签合同的当天，校长对我说，中职学校的学生不好教，而且要随时准备好改行，哪科缺老师就得教哪科。我说没问题，于是签下合约。一开学，校长说的两条就应验了。课表一下来，我顿时傻眼了，我要教三门课程——语文、主持概论和儿童文学。没有接触过的课程让我倍感压力，一进课堂，看到乱哄哄的学生，我顿觉无力。教师梦此时对我来说仿佛是镜中花、水中月。我认真备的课没几个人听，我对文学作品的感悟无人共鸣，主持概论讲得又枯燥又遭学生质问。我所有当老师的热情都在第一个星期消失殆尽。后来学校经历了两次合并，我做了教务干事，但两年的时间里一直兼着一个班的语文课，再后来由于教务干事的工作量增大，领导要求干事不能兼课，征询我的意见时，我始终觉得讲台才是我的天下，于是回到组里上课。值得庆幸的是合并后语文老师缺乏，我不用再上除语文外的任何课程了，虽然仍要面对五花八门的专业的学生。时光飞逝，17 年的时间过去了。17年，让我对中职学生有了更深的了解，也让我对中等职业学校公共基础课的地位有了更深的认识，但同时让我生出许多困惑和疑问。

一、我对中职学生的认知

从教以来，我教过学前教育、播音主持、美容美发、导游、影视表演等许多专业的学生，每个专业的学生都各有特色，但仍然存在一些共性。

（一）中职生文化课基础薄弱

大部分学生中考成绩很低，有的甚至连中考都未能参加，普遍缺乏基本的自律和自控能力，学习态度不端正，学习动机不强，缺乏良好的学习习惯和方法，甚至有一部分学生连一些简单的常见字都无法区别，写作文时，常常连一句通顺的话都找不到。让我印象深刻的是我班生活委员写请假条，单单"请假条"三个字就写错两个，这种情况实在让我头疼。

（二）对文化课学习不重视

由于中职学校的学生没有高考的压力，专业性质较强，相比专业课，学生普遍认为文化课没有用，加之本身基础差，所以就更不愿意学习文化课。语文课相对于数学、英语课来说听课人数还能相对多些，因为那两科学生更听不懂。

二、我对中职语文教材的认识

我校用的是语文出版社的中职语文教材，较之以前，教材已经有了很大的改变。现在的中职语文教材分为基础模块、拓展模块、职业模块，职业模块又分为工科类和服务类两种。现行中职语文教材虽然更贴近中职学生职业实际，尤其在应用文写作及口语交际等内容中更注重学生在未来职场中的实际应用，但我认为仍存在一些问题。比如《求职信》一课中，对于求职信写作的内容存在着与社会脱节的现象。再比如职业模块中阅读篇目的选取，太过注重学生职业理想的塑造，丝毫没有文学性可言，每次讲到这样的篇目，我都觉得自己是在上德育课而非语文课。此外，教材中的内容并不适用于所有专业，当然，对于全国统一教材来说要想兼顾所有专业是不可能的，因此，我们必须要编写适合我校学生的校本教材，以适应不同专业的学生发展。

三、我对中职语文评价模式的认识

我校现行的考核标准是期末试卷加平时成绩，平时成绩包括课堂发言及作业完成情况。说是期末试卷占70%，平时成绩占30%，但没有哪位教师会认真地算百分比，只是在期末卷面成绩的基础上给个大概的分数，反正也没有几个学生真正在乎成绩，成绩的好坏既不能决定学生的毕业也不能决定学生的就业。最开始，还有补考、缓发毕业证等方式牵制学生对考试的重视度，发展到现在连补考都没有了，有些学生连自己的成绩都不知道，反正无论及格与不及格，学校都会发毕业证，毕竟中职学校还要依靠就业率存活，不会在文化课成绩上跟学生较真。文化课的期末考试是没什么难度的，期末统一印发复习题，最终从三套题里选取一套作为期末考试题，学生只要看了就都能及格。学生本身学习基础薄弱，语文学习兴趣也不浓，并且认为职业学校的考试也就是一种形式，所以课堂效果不理想。由此可见，中职语文评价模式较为单一，需要改进，要强化过程评价，丰富终结性评价的形式，充分发挥评价的作用，切实增强其实效性。

四、我对自身语文教学的认识

中职的公共基础课老师可能都如我一样经历过迷惘期和倦怠期。中等职业学校主要以就业为导向，学生学好专业技能，将来能自如地应对自己的工作才是第一位的，所以学校自然要加强专业课训练，学生也认为专业课学得好才是最重要的。我上课的状态经常是自己口若悬河，但学生却睡眼惺忪、无动于衷，师生间连基本的互动都没有，更不用说产生共鸣了，面对这样的状况，真是所有激情都在顷刻间灰飞烟灭了。

然而，我不甘心于这样的状况。我从迷惘与倦怠中，还是会时常迸发出一些激情的小火花儿，也逐渐摸索出一些教学方法。尤其是我当了班主任、与学生有了更多的交流后，我发现，职业学校的学生成绩不好，并不是因为他们不聪明，而是他们在学习的道路上走了很大一段弯路，导致学习能力下降，也没有形成适合他们自己的学习方法。于是，课堂上，我从原来单纯的分析课文变成教学生鉴赏文章的方法。比如我在讲授古诗词时，先来讲授意象分析法，用《天净沙·秋思》这首学生所熟知的元曲来讲授意象，再从诗词中的意象、意境、情感这一逻辑关系入手，帮助学生掌握诗词的鉴赏方法。然后，我又讲解了一些古诗词中常见的意象，并配合这些意象所出现的诗句进行分析。学生听后，觉得古诗一下子清楚明白起来，再学习新的诗歌时，也能有模有样地分析起来，不再只是听教师讲，也开始学会了思考，对诗词也有了自己的见解。

此外，我还积极地探索校本教材的开发。我认为，除国标教材中统一的内容外，教师在上课的过程中还应该结合各专业所需，教授学生将来在工作中真正用得上的东西，切实为学生的未来考虑。目前，我所教的专业是学前教育专业，在我们实践与调研的过程中，我曾经询问过一些幼儿园园长学生所欠缺的语文相关的能力。很多园长表示学生在加强字词的基础上，还应该学会与家长沟通，学会写计划、总结、通知这些常用文体，如果要求更高一些还应该会写幼儿观察记录、教育随笔等教科研应用文。此外，还应掌握基本的中国文化常识，这些都是幼儿园实际工作中能够应用得到的。对比幼儿园的要求，可以发现学生在口语表达与书面写作方面所掌握的技能都不尽如人意，所以我觉得针对学前教育专业，应开发专门的、切合专业特点的口语交际教材及应用文写作教材。其他专业也应如此。于是，我与同事们一起编写了《职业学校口语训练教程》《幼儿教师口语》《中职生素质教育读本》等校本教材，旨在找到语文与专业的切合点，为学生的职业生涯奠定基础。

近几年，我校参与了全市中职学校大样本测试，从中暴露出一些问题，而解决这些问题方法中最为重要的就是改变当前的评价模式。语文学习评价，要从方法入手，重视阅读积累与学生评价的关系，评价得分要在学生写作态度、方法和情感上加权重，重视口语交际的训练与实践评价，重视应用性能力的训练与测试评价，关注学习的过程与态度。我们要重视学生的主体地位，关注学生对学习的全程参与，尽可能给予学生最大的肯定与支持，激发学生在学习和精神上的荣誉感、满足感和成就感。

今年，国家发布了新的中职语文课程标准，让我看到语文课大有可为，语文课上得好不但可以满足学生的职业发展需求，还可以为其终身学习与发展提升提供帮助，更能为社会培养高素质的劳动者。新课标对语文课提出了新的要求，这对语文老师来说是挑战，也是机遇。语文老师不仅要关注学生的终身学习与发展，更要让自己终身学习、不断提高，以适应日新月异的变化，更好地肩负起时代所赋予我们的使命与担当。

（作者：侯阳）

语文教师兼班主任的职业反思

李镇西曾这样说："作为老师，我的幸福是毕业工作后的学生请我吃饭。"也有人说："老师的幸福，是自己留在学生的记忆里。"是啊，毕业多年的学生若还能记得老师，那该是莫大的幸福！爱因斯坦曾经说："当你把学校给你的所有东西都忘记以后，剩下的就是教育。"的确，若干年后，学生可能忘了你教过的某篇课文，也不会记得记叙文环境描写的作用是什么，甚至他们已经忘了曾经在课堂上学到了什么，但学生的生活里可能会沉淀下教师的影子。

走在语文教育之路上，我经常问自己：作为一名语文教师兼初中班主任，我要把我的学生培养成什么样的人？想了又想，我又对自己说：从事太阳底下最光辉的工作，我要怎么做才能对得起自己最初的梦想？这些年，我又成长了多少？

教育的价值就是教学生如何面对生活、面对自己，做一个真实而幸福的人。我告诉自己，教师的幸福不是存在于学生的记忆中，也不是学生常来看我，而是我们因为遇见彼此而完善了彼此，然后在天涯海角好好工作，好好生活，做一个好人，做一个有用之人。如此，足矣！

作为语文教师，绝不要只问成绩不顾其他！作为一名班主任，我希望我的学生，因为遇到我的班级而遇见更美好的自己，我要和学生一起遇见更好的自己！

语文教学：以美育人，以思启人

（一）以美育人

语文学科的艺术魅力是独特的，它能润物细无声地促进学生的智力发展，也为学生精神生活提供强大的动力。语文，只有时时唤醒学生心中美的需求，打开发现美、追求美、创造美的心门，触动他们的心灵，使他们的求知欲、好奇心和鲜明的想象创造能力得到最大的发展，才能实现培养高素养人才的崇高使命，才能在素质教育中真正实现自身美育与情育的和谐统一。

第一，注重音韵美、形式美等文章的外在审美情趣的培养。

中学语文教材中的篇目都是精心选出的，包括古今中外脍炙人口的名篇佳作，读起来或使人心旷神怡，感觉美不胜收，或如欣赏一幅长长的画卷，令人心驰神往，又如观赏一幅曼妙的卷轴，愈展愈扣人心弦，在美的享受中，使人心境豁然开朗，使人情绪沉郁凄婉。如果语文教师在语文教学中融入自己的审美情趣，以情动人，以美育人，那么我们的语文教学就不会仅仅停留在那些文字的建构、词语的疏通、语法的分析上，而应该是在审美情趣的培养基础上所进行的一种美育活动。在语文教学中，教师应高度重视学生对文本的感受，引导学生通过朗读欣赏文章语言的音韵美、句式的结构美。培养了学生具有对文章外在美探索成功的初步体验，他们才会兴趣盎然地去挖掘其内在美。

第二，注重形象美、意境美、思想美、人格美等文章的外在审美情趣的培养。

在语文教学中，引导学生发现和欣赏课文中塑造的形象美，从而激发学生热爱大自然、热爱祖国山河的情感，进而培养学生高尚的道德情操，提高文化品位。这里的形象美包括自然形象美和人物形象美。中学语文课本中有许多表现自然形象美和人物形象美的段落篇章。从范仲淹的《岳阳楼记》，到朱自清的《荷塘月色》，到毛泽东的《沁园春·长沙》，到杨绛的《老王》……可谓数不胜数。学习这类文章时，教师要引导学生结合当时的时代背景及作者生平经历进行分析。因为作为审美对象的这些形象，出现在文学作品中已不再是客观的形象了，它们已经融入了作者的思想感情，是一种人文化的美，即意象美。学生接受着美的熏陶，自然而然地就激发了他们对美的情感的向往，从而培养了他们的审美情趣。

语文课是美的享受，是极具审美价值的课。语文教师要以激发学生的审美兴趣、增强学生的审美意识、提高学生的审美情趣、提升学生的审美能力为教育目标。一堂好的语文课应是对学生进行的美的心路成长历程，是一次美的洗礼，语文老师要引导学生在语文学习中逐步接触到美，最终能创造美。语文教育不能缺少美育的维度，一个合格的语文教师，必须以自觉的意识、负责的精神去培养学生的审美情趣。

（二）以思启人

大数据时代，曾经那些只会被动地接受死知识、思维单一呆板的"书橱式"人才，已经不能适应新时代的发展，也无法满足时代的要求。我们应努力培养具有创新思维的创造性人才，秉全人教育，育创新思维，培养出思考问题缜密、深刻、敏捷开阔的新型人才。在语文教学中，培养和提升学生的思维品质就显得刻不容缓了。思维品质主要包括灵活性、深刻性、敏捷性、批判性和独创性五个方面，这五个方面反映了人与人之间思维品质的个性差异，是判断个人智力水平的主要指标。

培养学生的思维品质如此重要，在语文教学中，语文教师应该怎么做呢？下面谈一谈个人的看法。

第一，透过现象看本质，透过语文课堂教学规律性的东西背后审视所蕴藏的学科思维品质。以课文为依据，在字词、语法、写法等知识工具运用中自然而然地体会其中蕴含的情感、思想、精神等深刻内涵，进而进行深度地解读文本。通过揭示文本的思维内涵寻找具备思维的语文特质，不但能有效促进学科思维品质的培养，并且会提高语文阅读教学的效率。

第二，在语言教学中对学生进行逻辑思维训练。首先要研究目前语文教学中学生普遍缺失的思维品质和思维类型。当下我们普遍欠缺的思维品质和思维类型有哪些？无疑是逻辑性和批判性。那么，怎样在语文教学中培养学生的逻辑思维和批判品质呢？在语文活动中积极开展演讲和论辩等相关训练是一种有效的方式。演讲和辩论是口语表达最高级也是最鲜活的呈现形态，在演讲辩论中碰撞出思维的火花，这更是当下公民参与社会生活的基本需求和素养。

第三，在阅读教学中有意识地运用逆向思维，关注对思维品质培养的新理解和新探索。在阅读教学中有意识地运用逆向思维，归纳、总结、比较、质疑，这些都是学生在一种真实的内容情境中完成具有认知挑战的任务，以此来培养学生发现问题、解决问题等诸多能力的全新的学习方式。它是利用一些驱动性问题引发问题思维、策略思维、决策思维、元认知和创造思维等高阶思维的学习形式，用高阶思维来带动低阶思维，为学生提供多元化的思维外化的学习工具，使之学会逆向思维、深度思维、多元思考，具备高级思维品质，并能创造新的知识。

第四，在写作教学中有目的地培养高阶思维。增强遵守文本思路的理性意识，强化作文思路的逻辑性；增强鉴评文本内涵的创造意识，提升作文意旨的思辨性。思维的思辨性、缜密性、逻辑性、敏捷性、多元性是学生思维品质提升的重要表现，也是提升语文素养任重道远的长期目标。寻找并完善阅读思维训练的有效策略，一定会为写作追本溯源，从源头上打通脉络。在读和写的思维转化中，写作素养定能逐步提升。当阅读和写作奏出最和谐最自然的乐章时，提升学生的语文素养这一任务也就水到渠成了。

班主任育人：统筹兼顾、"三心二意"

（一）统筹兼顾，科学规划

想把琐碎的班主任工作做好，必须做到心中有数，科学规划，统筹兼顾。根据自己的班主任经验和反思总结，摸索出以下关键词：

初一上学期：认识自己扬长避短、团结、专注与倾听力、小组合作、初级习惯培养；

初一下学期：突破自己创造价值、善解人意（感受爱、付出爱）、团队合作、中级习惯培养、低阶思维培养、自信、个人价值；

初二上学期：悦纳自己自信快乐、自律、善解人意（忠言逆耳）、中阶思维培养；

初二下学期：经营自己统筹兼顾、自律、善解人意（格局、视野）、高阶思维培养、拼搏上进心；

初三上学期：担当与责任、意志力和耐力、为自己而活、苦中寻乐、逻辑思维和品质；

初三下学期：韧性、不计得失、智慧学习、善始善终、珍惜知足、感恩。

（二）做个有情怀的老师，做到"三心二意"

"三心"：抓住教育契机，用慧心点亮学生心灯；平凡点滴润物细无声，用爱心触动学生内心；沉稳淡定、不疾不徐，用耐心静候学生成长。

"二意"：班主任的一切言行意在学生发展；班主任的一切言行意在挖掘学生潜能。

如果探究教育的智慧与艺术，这水永远深不可测，永远神秘幽邃！凡人做不到完美，这些智慧真的很难很难，但是那又如何，用心会解决一切，这个世界本就不完美，可在教育中，倒是缺憾却完美！我会一直追求做一名专业且有温度的教育践行者，相信教育的美好，然后继续真诚真挚朴实地做好每一件事，把学生当成自己，活得真实，幸福工作！

（作者：张婷婷）

第三编

中学语文教学名师
论职业能力发展

核心素养背景下的语文教师职业能力发展

教师的职业能力直接决定着教育的效果，提升教师职业能力是教育的本质诉求，是时代发展的迫切需要。在科技迅猛发展、世界日新月异的今天，在提升学生学科核心素养的背景下，语文教师提升职业能力需要清醒的自觉，从容地前行。

一、清醒的职业自觉——提升语文教师职业能力的基础

思想是一个人行动的灵魂：思想明确了，行动才有方向；思想正确了，行动才可能正确。教师的职业是神圣的然而又是艰辛的。很多时候，教师像陀螺一样忙于工作，忙于生活，忙个不停，却极少静下心来思考工作的意义、生活的意义，在忙然与茫然之间错过了与教育本质、与生活本质的相遇。诗人纪伯伦说：我们已经走得太远，以至于忘记了为什么要出发。肩负教书育人的重任，直面教育现实，教育工作者对工作、对生活的理性思考将揭开蒙蔽教育发展的帐幕，还原教育本质，创新教育成果。厘清职业困惑，拥有清醒的职业自觉才能有意识地提升语文教师的职业能力。

（一）热爱教师职业——清晰的职业定位

教师为什么要热爱教师职业呢？这不仅仅是教师职业道德的规范化要求，更是教师提升工作幸福感的心灵花园，是教师提升职业能力、生成教育智慧的动力源泉。

多年前的一个清晨，我看到了这样一段关于教师的话："起得比鸡早，睡得比狗晚，吃得比猪差，干得比驴多……"当时已经当了七八年教师的我，有

些微的职业倦怠，看到这段话时真有"于我心有戚戚焉"的感觉，于是我开始认真思考我日日从事的教师工作。关于教育，我们熟悉的说法是：教师是人类灵魂的工程师；教师是太阳下最光辉的职业；教师是辛勤的园丁，培育着祖国的花朵……而当时也流行着这样的说法："教师可以当警察，因为整天在班里破案；教师可以当主持人，因为整天为公开课想游戏和花招；教师可以当演员，因为一会儿态度和蔼，一会儿暴跳如雷；教师可以当清洁工，因为整天扫地、擦玻璃；教师可以搞工艺美术，因为整天写黑板、布置教室；教师可以当作家，因为整天写计划、论文和教学反思；教师还可以到市场上叫卖东西，因为练出了高音和厚脸皮……"教师似乎是全能的，又似乎是低能的，一方面是阳光灿烂，一方面是无奈繁杂，身处教育生活中的教师如何正视自己的职业？也是偶然，我读到了有关三个泥瓦匠的故事：三个泥瓦匠在砌墙，有人问第一个泥瓦匠："你在做什么呀？"第一个泥瓦匠一脸沮丧地回答："我在砌墙，枯燥得很！"接着问第二个泥瓦匠，第二个泥瓦匠喜滋滋地回答："我在造房子，这座房子造好了一定很漂亮！"这个人又问第三个泥瓦匠，第三个泥瓦匠信心十足地回答："我们正在建设一个新的城市，将来我们的这座城市不但漂亮，而且生活在这里的人也一定很幸福。"多年以后，第一个泥瓦匠还在砌墙，第二个泥瓦匠已经成为一名建筑设计师，而第三个泥瓦匠已经拥有了自己的建筑公司。三个人不同的态度，决定了三个人不同的职业发展。教育也是如此，不同的工作态度决定了教师不同的职业能力追求，决定了不同的教育质量。三个泥瓦匠的故事使我感受到：教师自觉的职业追求是变单调繁杂的工作为丰富有趣的工作的自我救赎，是教师焕发职业活力、点燃教育激情的火把。

美国心理学家马斯洛说："心若改变，你的态度跟着改变；态度改变，你的习惯跟着改变；习惯改变，你的性格跟着改变；性格改变，你的人生跟着改变。"华中师范大学教育学院教授、博士生导师郭元祥老师说："教师是活生生的人，是需要体验教育幸福的人。对专业场景中的教师来说，他的教育生活就是他人生的过程。教育不仅仅应为作为一个职业、一个手段、一项工作、一件事情来看待，来处理，而是当作自己人生的一部分来对待，来体验，来充实，来创造，来完善。"是的，教育是教师生命的形态，既然教育是生活的一部分，所以爱生活就要爱教育。热爱教育是善待生命的最好方式。热爱教育不是口头高喊的职业道德，它更是一种源于内心的生命需要。只有热爱教育，才能不断发现教育的美并进行创造性的工作。热爱教师职业会使教师有意识、有计划地提升自己的职业能力，用微笑迎接每一个清晨，用智慧解决每一个教学问题，用汗水播种未来的希望。而当教师看到学生课堂上专注的神情，看到学生学会知识后会心的微笑，体味到学生发自内心的尊重、信任、感激的时候，教师才会觉得这个职业确实是阳光底下最神圣的职业，它播种着心灵的花朵，收获着心灵的芬芳。

（二）热爱语文教学——鲜明的语文意识

赫尔德林说："人诗意地栖居在大地上。"语文作为人类文化的重要载体，应成为学生心灵栖息的港湾；语文教师作为人类文化的传播者，应该引领学生在语文课堂上进行一次次精神的遨游。

对于语文阅读，朱光潜先生有过这样一段经典阐述："从前我看文学作品，吸引注意力的是一般人所说的内容。如果它所写的思想与情境本身引人入胜，我便觉得它好，根本不很注意到它的语言文字如何。反正语文是过河的桥，过了河，桥的好坏就可不用管了。近年来我的习惯几已完全改过。一篇文学作品到了手，我第一步就留心它的语文。如果它在这方面有毛病，我对它的情感就冷淡了好些。我并非要求美丽的词藻，存心装饰的文章甚至使我嫌恶。我所要求的是语文的精确妥帖，心里所要说的与手里所写出来的完全一致，不含糊，也不夸张，最适当的字句安排在最适当的位置。那一句话只有那一个说法，稍加增减更动，便不是那么一回事……这种精确妥帖的语文颇不是易事，它需要尖锐的敏感、极端的谨严和极艰苦的挣扎。一般人通常只是得过且过，到大致不差时便不再苛求。"朱先生所讲的"第一步就留心它的语文"，正是一种可贵的"语文意识"，也应该是我们语文老师应该具备的一种语文分析习惯。

《普通高中语文学科核心素养》指出，高中生语文核心素养主要包括语言建构与运用、思维发展与提升、审美鉴赏与创造、文化传承与理解。同时明确指出："语言文字是文化的载体，又是文化的重要组成部分。学习语言文字的过程，也是文化获得的过程。通过语言文字的学习，实现文化的传承与理解是语文核心素养的重要组成部分，也是学生语文素养形成和发展的重要表征之一。"基于学生语文核心素养，基于语文学科特征，我认为教师的语文意识应该体现在语文阅读、课堂教学两个方面。所谓语文阅读是指语文教师时时以语文的视域进行生活阅读、教学文本阅读，渗透于这种阅读间的语文意识应包含语言探究意识、文体解读意识、文本探究意识三种意识。课堂教学的语文意识除了上述三种意识之外，还应包含语文的教学方式，即用语文的方式教语文。增强教师文本语言探究意识，有助于提高语文教师文本语言分析能力；增强教师文本文体探究意识，有助于提高语文教师文本文体分析能力；增强教师文本探究意识，有助于提高语文教师文本分析能力；增强教师"用语文的方式教语文"的意识，有助于彰显语文本色，提升学生核心素养，提高语文课堂教学效果。因而树立鲜明的语文意识，必将促进语文教师的职业能力发展。

刘勰在《文心雕龙》中说"思理之妙，神与物游"，"思接千载，视通万里"，西方哲学有"人是思想的苇草""我思故我在"的说法。语文的文本承载着古今中外的智慧，包罗着人生的所有生活内容。语文教师满怀着对语文的热爱，以鲜明的语文意识，通过对文本深入细致的解读，在语文课堂上，引领学生进入文本情境，让学生徜徉在人类的文化之河之中，感悟中外文学名篇的魅力，体悟文本中不同的自然与人生，并引导学生与作品碰撞出智慧的火花，这样的课堂应该是有创造性的、愉悦的课堂。语文课堂教学应该是一个充满思想的精神活动的过程，语文教学也应该是一个体悟情感的审美过程。一堂适合学生的语文课必然会让学生开启智力，畅所欲言，心境舒畅，神清气爽，从而成为一次难忘的精神之旅。而在这个过程中语文教师必然会收获情感、审美、教学以及对文本再创造的快乐，从而形成热爱语文教学、不断提升职业能力、更加热爱语文教学的良性循环。

二、学习思考与创造——提升语文教师职业能力的路径

语文教师的职业能力大致包括语文文本分析能力、教学设计能力、课堂组织能力、沟通能力、学生学习心理调适能力、语文教学研究能力，等等。提高这些能力都需要语文教师不断地学习思考与创造。

（一）语文教师要树立终身学习的观念，在不断学习中提升职业能力

诸葛亮在《诫子书》中说："夫君子之行，静以修身，俭以养德……非学无以广才，非志无以成学。"语文教师要与时俱进，形成时时、处处学习的习惯。语文教师要不断地向书本学习，广泛阅读，博观约取，学以致用。语文教师要向专家学习，向同事学习，向学生学习……博采众长，兼收并蓄，开拓创新。

（二）语文教师要树立教学研究的观念，在教学研究中提升职业能力

教学是科研的沃土，教学实践是教师进行教学研究的丰富资源，教学研究是教学实践的沉淀与结晶，是教师永葆教学热情、形成教育智慧的必经之路。语文教师要做教学的有心人，要在教学实践中不断发现、思考教学问题，探究解决教学问题的方法，形成有针对性、有实效、可操作的研究成果，在教学研究中提升职业能力。下面结合自身经历谈谈这个问题。

在高三语文教学中，我发现学生常常忽略语文学习，他们有时间就会做数学、理综或文综的试题，语文在学生的学习中常常处于边缘的地位。在这样的情况下，如何才能真正地让学生热爱语文、切实提升其语文素养呢？我研究了很多教育理论，其中人本主义的教育理论对我有很大的启发，那就是教师是教的主体，学生是学的主体，一堂课如果教师的情绪不高，学生的情绪一定不会高涨。于是我就从心理学视角提出了语文课堂需要心理调控的观点，通过研究学生学习心理，有针对性地调动学生语文学习兴趣，取得了很好的效果。后来我了解到有些热闹的课堂，教学效果也不理想，这又是什么问题呢？经过对学生的问卷调查，我发现了这样的问题：这种课堂，学生虽然参与学习了，但知识并没有完全消化，更没有变为能力。怎样不增加学生负担，又提高课堂效率呢？我就想到了课堂上的深思静悟这一环节，实施之后效果果然很好。后来我又审视了当前语文教学的现状，发现在国家实施新课程改革

的大背景下，语文教学呈现出崭新的面貌，但课程改革在取得丰硕成果的同时，也出现了亟待解决的新问题——语文课堂教学或呈现着非语文的表面繁华，或充斥着无意义的多彩热闹，或醉心于异彩纷呈的多媒体展示，或热衷于离题千里的迁移拓展，或遍布着"以开放为外衣"的似是而非，或满足于"展示答案"的虚假生成……针对语文课堂教学依旧存在着低效甚至无效的现象，我提出了"享受式语文教学"的理念，并在不断地思考与实践中形成了享受式语文教学的具体实施方法，该研究被立项为辽宁省"十三五"规划课题，获得中国教育学会教学创新奖，相关成果在相关核心期刊发表，促进了省市区的语文教学发展，我个人也成为百度百科的教育人物、辽宁省特级教师、沈阳市首批特级教师工作室主持人、全国名师工作室联盟主持人。

教学研究提高了课堂效率，有效提升了学生语文素养，使教师体味到工作的充实、创造的快乐。同时教学研究的过程还是教师与同事、专家研讨交流的过程。互动与合作，不仅激发出教学智慧，而且提升了教师交流沟通、协调探究等能力。职业能力就这样静静地抽穗拔节，职业幸福就这样在教师的心中缓缓流淌。

三、领导专家的引领——提升语文教师职业能力的助推器

《礼记》中说："独学而无友，则孤陋而寡闻。"语文教师的职业能力提升不仅需要清醒的自觉、学习思考与创造，更需要领导专家的引领。领导专家的引领像迷航中的灯塔为语文教师的职业能力提升指引着方向，像一缕缕春风唤醒一个个教育的春天。在这里我诚挚地感谢所有给我指导与帮助的领导专家们，我把那些温暖镌刻在内心深处，生发出更大的力量使我前进的步伐更加坚定而轻盈。

教师职业能力发展任重道远，广大语文教师应以清醒的职业自觉为基础，以学习思考创造为路径，以领导专家的引领为助推器，成功就在和缓从容间。

（作者：邹春艳）

职业敬畏·专业技能·学科使命
——语文教师不可回避的三个问题

　　语文教师在学生成长的过程中扮演着非常重要的角色，语文学科在学生发展的过程中承担着极为艰巨的使命。一个真正的语文教师要有崇高的教育信念，要有真挚的生活情怀，要有精湛的专业技能，更要有发自内心的对学生深沉的爱。

一、第一个问题：职业敬畏

　　"智如泉源，行可为表仪者，人师也。"似乎没有哪一个职业像教师这样，有着如此高的道德标准和专业要求。《中小学教师职业道德规范》中对老师的要求是：爱国守法、爱岗敬业、关爱学生、教书育人、为人师表、终身学习。

　　我们这个社会里对老师的"德"格外看重——做教师要讲"为人之德"，做教师要讲"治学之德"，做教师要讲"从业之德"。做教师，要有忠于祖国的使命感。教师爱国，就是要提高育人的水平，专注当下的工作，热爱身边的学生；做教师，要有专业提升的紧迫感。教育需要付出汗水，但更需要拥有智慧；做教师，要有享受工作的幸福感。工作看似平凡，但在自己的岗位上力求尽善尽美，并从中获得精神上的极大满足；做教师，要有热爱学生的神圣感。如果我们的心中丧失了对学生的爱，教师肯定会成为遭人鄙视的职业；做教师，要有自身职业的敬畏感。教师需要追问：自己给了学生什么，能让他们受用一生？

　　在西方，人们对教师这一职业的要求更为具体。比如，美国教师联合会提出的优秀教师的 26 条行为守则中就包括这样一些内容：

> 记住学生姓名；
>
> 热爱学生，真诚相待，办事公道；
>
> 教师应衣着整洁，上课前应在门口迎候学生，制止他们喧哗嬉闹；
>
> 严格遵守规章制度；
>
> 在大庭广众下让学生丢脸，并不是成功的教育形式；
>
> 要求学生尊敬老师，教师也需以礼相待；
>
> 不要与学生过分亲热，但态度要友好；
>
> 在处理学生问题时如有偏差，应敢于承认错误；
>
> 与学生广泛接触，互相交谈；
>
> 应保持精神抖擞，老师任何举止都会影响学生的行为。

人们对教师这一职业之所以会有这样高的要求，是由教育的目的决定的：教育的终极目的不是知识储存地点的简单转移，而是要将知识转化为智慧，使文明积淀成人格。因而，它需要老师具有渊深的学识、聪明的才智、通达的性情、宽广的胸怀。

二、第二个问题：专业技能

教师教育学生有时候不需要太多的言语，你的专业能力很强，学生打心眼里服你，你的教育就成功了一多半。教师征服学生的地方通常是在课堂。教学是一项既需要勤学苦练又需要天分和奉献的技能，"教学探索是迷人的"，当然我们也必须承认"探索教学是受罪的"。

教师不能满足于日复一日地做同样的事情，他必须以"研究"的态度对待自己的专业。人一旦从研究的角度来看待他的本职工作，那么无论他的工作多么平凡，都会有无穷无尽的研究价值，同时也就有无穷无尽的乐趣。"如果我们不能做伟大的事情，那就怀着一颗伟大的爱心，去做好那些平凡的小事。"这句话用在教师身上再合适不过了。

教师首先需要关注的三项技能是：备课、听课、讲课。

（一）要学会备课

备课要心中有书和目中有人，具体来说就是要关注以下六个方面：

1. 占有资源，合理整合。教师占有的资源越充分，在课堂上就越有底气。占有是基础，整合见功夫。仅有数量还不够，要合理加以整合，让资源发挥应有的效益。

2. 精于设计，施教有序。好演员也需要有好剧本才能发挥出他精湛的演技。课堂强调"生成"，但并不排斥设计。教学设计不仅能让教师施教有序，同时也能保证教学的质量。

3. 科学设问，适时点拨。一堂课的好坏，问题设计非常重要。课堂问题有多种类型，比如是非问、选择问、理解问、思辨问、探究问，等等。好的问题在把学生的思考引向深入的同时，也为教师提供了"点拨"的契机，"生成"便成为可能。

4. 留意节奏，从容掌控。课堂教学是有节奏的，对课堂节奏的掌控有赖于经验的积累，要学会处理动和静的关系。

5. 强化落实，及时反馈。课堂上更多的是在研究一些有结论的东西，因而落实非常重要。要用心思考和设计课堂上的反馈环节，对学生的掌握情况要做到心里有数，不要追求表面的热闹。

6. 学会对话，有效沟通。课堂从某种意义上说是一个对话的过程，教师在与学生的互动中：可以"点"，即强化重点、突破难点；可以"染"，即对比辨析、拓展延伸；可以"评"，即评价优劣，辨析正误；可以"引"，即顺势过渡，引发思考；可以"逗"，即化解尴尬，营造氛围。

"备课"永远没有终结，这是一个不断斟酌、打磨的过程，它需要综合考虑诸多因素，并力求和谐统一——

科学设定教学目标，追求显与隐的和谐统一
恰当取舍教学内容，追求详与略的和谐统一
合理安排教学难度，追求深与浅的和谐统一

正确对待预设生成，追求定与变的和谐统一
灵活安排教学活动，追求静与动的和谐统一
理性看待合作学习，追求内与外的和谐统一
从容调控教学节奏，追求张与弛的和谐统一
充分考虑学生实际，追求难与易的和谐统一
精心推敲教学语言，追求庄与谐的和谐统一

虽说备课是一个复杂的过程，但其基础却仅在"读书"二字上，从某种意义上说"读书是最好的备课"，从长远看，"没有教师的阅读，就没有教师的成长与发展"。

（二）要学会听课

梅兰芳说："不看别人的戏，就演不好自己的戏。"艺术表演是这样，课堂教学也是如此。一堂课，应该"听什么"？因为每个人的需求不同，自然也就取舍各异。

听课过程中，我们不妨关注这样几个方面：

1. 对教材的理解是否到位。文学作品的开掘并非越深越好，首先我们要考虑教学的对象。就深度来说，要到位但要有节制；就广度而言，要丰厚但不要花哨。要做到这两点一是要科学设定教学目标，二要做好材料的取舍——要在作品解读上多着力，不要只打外围战。

2. 问题设计是否渗透着教育智慧。从某种意义上说，课堂教学就是"对话"的过程，对话是否有效往往取决于问题设计得是否成功。理想的问题设计应该能够清晰地体现出教学的层次。所谓教学层次，说白了就是由表及里的开掘过程。我个人认为，问题的设计最好能够表现为或明或暗的一根"链条"，这样，课堂便会更容易成为一个和谐的整体。

3. 从对话沟通看是否关注学生。从某种意义上说，课堂教学过程也是师生"对话"的过程，因而一定要给学生时间和空间。有了"对话"，课堂教学中的"生成"才有了可能。"点拨"是有效的教学方法之一，"点拨"在疑难处，"点拨"在争论处，"点拨"在精彩处，"点拨"在强化处，"点拨"在动情处，"点拨"在深思处。

教学始之于模仿，继之以创造，成之于风格。即便是那些教学名家也必然要经历这样的过程——拟形，教学环节徒具其形；会意，一定程度上理解了教学；入神，对教学本质有较深入的探究；化境，形成自己独特的教学风格。"拟形""会意"是"登堂"，"入神""化境"是"入室"；"拟形""会意"感受到的是教育的"皮毛"，"入神""化境"领悟到的是教育的"神韵"；"拟形""会意"停留在教育的"技术"层面，"入神""化境"则进入了教育的"艺术"境界。

（三）要学会讲课

教师要学会"讲"课，让自己的"讲"充满魅力。仔细琢磨，这里的学问很多。比如说语速：语速过快，学生没有思考的时间，不易理解消化；速度过慢，导致注意力涣散，也容易倦怠。在讲解重要问题时，要稍做停顿，给学生留下思考或记笔记的时间。比如说语气：爱的感情一般是"气徐声柔"的，憎的感情一般是"气足声硬"的，悲的感情一般是"气沉声缓"的，喜的感情一般是"气满声高"的。比如说表情、动作：手势、走步、眼神、表情、点头、摇头、沉思、停顿、叹气等，表面上没有语言，但能表达语言所不能表达的内容。

这里仅以课堂教学中导入教学环节为例，对讲的价值略加阐述。

不要小看了一堂课最初的那三两分钟，如果用好了，它能为整节课奠定重要的基础。它的作用主要表现在以下几个方面：

1.调集注意。人的注意力越集中，对周围其他干扰的抑制力越强，这时人对事物观察得最细致，理解得最深刻，记忆得最牢靠。

2.激发兴趣。学习兴趣对于维系注意力、增强理解与记忆、激发联想和创造思维、唤起情感体验都具有积极的作用。

3.引上正轨。导入好比通往正题的桥梁，能有效地把学生的思维引入正轨，从而产生浓厚的探索兴趣。

4.引入佳境。在教学的起始阶段，创造一个和谐、活泼、愉悦、热烈的情境，用语言营造优美的意境，无疑会大大提高课堂教学的效率。导入好比演奏前的定调，它直接关系到演奏的成败。

5.启迪心灵。知识性、思想性、艺术性完美结合的导入，必然会拨动学生的心弦，调节其心志，陶冶其情操，完善其人格。

精湛的语言表达是教师用来进行知识传授的重要工具，但"上课并不是教师讲得越多，学生学得越明白，关键在于教师的讲课思路与学生的听课思路要对路"。也就是说，教师的"教"要服务于学生的"学"，以学生学习的需要来决定教师讲什么、讲多少、何时讲和怎么讲。

教师除了要会讲，还要会问。教师要想办法设计出更多高质量的问题，让尽可能多的学生参与教与学的过程。

那么什么是好问题呢？

1.要激趣释疑。要能在激发学生思考欲望的基础上，帮助学生解决头脑中的疑难，通过老师的追问让模糊变得清晰。

2.要切中要害。要能关注隐藏在题目背后的东西。

3.要化繁为简。帮助学生在感性的基础上形成经验，从而把握内在的规律。

4.要讲求逻辑。这样才可能在师生问答的过程中认识由浅入深、由表及里，最后接触问题的核心。

5.要相机诱导。抛出问题后，教师还要对学生的回答及时给予反馈。

"语言就是力量"，课堂教学的语言是很值得琢磨的：有时是说，有时是讲，有时是论，有时是评，有时是聊，有时是谈，有时是侃……教师应该有意识地锻炼自己的口才，"教师的语言决定着学生在课堂上脑力活动的效率"。

三、第三个问题：学科使命

语文教师要能够从文化传承与弘扬的角度看待自己的工作，并努力追求教学的高境界。以下三个方面的问题应当给予关注。

（一）在书写中，重拾对汉字的敬畏

书写能力的整体退化似乎已成为不可辩驳的事实，但可能由此导致的危机却并未引起应有的重视。从某种意义上说，书写练习同时也是潜移默化的人生实践和品德操练。蒋勋在他的《〈汉字书法之美〉自序》中就曾经这样写道：

　　童年的书写，是最早对"规矩"的学习。"规"是曲线，"矩"是直线，"规"是圆，"矩"是方。大概只有汉字的书写学习里，包含了一生做人处世漫长的"规矩"的学习吧！学习直线的耿直，也学习曲线的婉转；学习"方"的端正，也学习"圆"的包容。东方亚洲文化的核心价值，其实一直在汉字的书写中。

语文教学重拾文化传统应该首先从这朴素的汉字书写与汉字欣赏开始，忽视汉字书写的语文教学，实在是令人遗憾的。

（二）在阅读中，升华对文字的理解

语文教学必须要注重挖掘自身的文化内涵。这方面的关键是语文教师必须具有独立阅读和鉴赏的能力，不屈从，不盲从，有见地，有主张。语文学习的最终目的不仅仅在于掌握语言运用的技巧，还在于通过这一媒介感受传统文化，探寻民族精神，进而砥砺人格，提升品位。

语文教师一定要尊重自己独立阅读的真实体验，同时一定要教会学生发问和质疑的方法。需要警惕的是，具有丰富文化内涵和人文色彩的语文学科却常常成为所谓"科学分析"的牺牲品。

（三）在积累中，强化对传统的认同

培根说："记忆即知识。"记忆、积累是学生学习语文的根本，也是学生语文能力的源泉。建筑学家陈从周先生说："当时，孩子的读书任务，说得简单点就是背书、写字。看来似乎是原始，但今天看来，比电脑、录音机、录像机等都先进，因为通过这样的训练，知识都为我所有了，什么办法也拿不走，所以我后来能逐渐领会书中的内容，又能不需检书而信手拈来，也不用仪器来画字，不用复印机来代替抄书，我自己掌握了主动权。天下有许多事看来似乎是愚蠢，但反转来又觉得是先进。童年至青少年时代记忆力最好，我们要多利用它，是有好处的。"然而，现实的问题是，学生在这一方面存在着太多太多的欠缺，而导致这一现象的原因之一是教学理念的偏差。单薄的文化积淀，难以为学生的后续发展提供动力。

语文教师做文化摆渡人，从技术层面看，其关键是"高起低落"，也就是要从高远的目标着眼，落实到一节节常规的课堂，要避免文化的玄化，更要避免文化的俗化。

有人说："一个人最大的幸运，就是中小学阶段遇到一两位好的语文老师，他们的言行启迪了自己的人生智慧，影响了自己的人生选择。"语文教师要有信心不断地向自己追问——自己对事业是否虔诚？语文教师要能"用自己的精神面貌影响学生，用自己的人格魅力感染学生，用自己的专业能力征服学生，用自己的道德境界塑造学生"。自己对课堂是否敬畏？教师实现自身职业价值的地方是课堂，教育改革的现场也在课堂，课堂教学是教师的核心能力。名师与常人的不同，只是他们"比别人更勤奋"，能"从细小事情做起，并努力做到与众不同"。自己对学术是否痴情？"情必近于痴而始真，才必兼乎趣而始化。"只有醉心于教学并打心眼里觉得上课好玩儿，才有可能进入教学的化境。

（作者：孙永河）

且教且学且改，成事成人成己
——对语文教师职业发展能力的一点感悟

"教师职业能力"是教师以优良乃至完美的教学手段与教育方法完成以教育任务为特征的职业活动的能力，对于一个语文教师来说，它意味着极强的教学组织能力、高超的课堂驾驭艺术、丰富的语言文学知识储备和高水平的文本解读能力及流畅的语言表达能力等。

这些能力的获得，绝非一日之功。就拿学科知识来说，一个优秀的语文教师常常被称为"杂家"，是因为语文学科知识的特点决定一个合格的语文教师只具备语言文学的知识是不够的，文史哲不分家，语文教师既要懂点历史，又要懂点哲学，还要懂得社会学及人情世故。有了这些还不够，还要以科学的方法去引导学生获得语文知识，提高语文能力。这些"功力"的练成，需要一个语文教师以科学的教育思想为指导，在长期的教育教学实践中坚持不懈地探索研究才能实现，既要有对教育事业的执着的爱，又要与时俱进，不断创新。回顾自己的成长过程，以下几点感触颇深：

第一，要有做一个专家学者型教师的理想。有了这个理想，你才会有刻苦钻研的精神和扎实肯干的态度，才能在这个充满功利色彩的行业里抵得住诱惑，耐得住寂寞，潜下心来做研究，提高自己的专业素养。

1998年，我在女儿只有11个月大的时候，毅然给孩子断了奶，参加了全国首届教育硕士考试，成为辽宁师范大学中文系语文学科在职教育硕士，师从我国著名鲁迅研究专家王吉鹏教授。王老师热情地鼓励我："你要成为中学语文领域里的鲁迅研究专家。"读书的两年间，我在王老师的指导下，对中学语文教材中鲁迅作品教学进行了系统研究。因为在职教育硕士采取平日自己学习、假期集中授课的培养方式，于是在每一个忙完了学校教学工作的疲累的晚上，哄睡了女儿，我便在家里的书桌旁开始读书学习，查阅资料，阅读文献，每一个假期，我带着厚厚的一摞高中语文教材中鲁迅作品的教学分析和论文，去王老师那里交作业。那是一段没有电视剧没有娱乐节目的寂寞的时光，我却在这寂寞里对教材中的鲁迅作品有了极其深入的解析，并且触类旁通，使我对高中语文教学的认识也上升到了新的高度。毕业时，我与王吉鹏老师和韩艳梅老师合著的《中学语文中的鲁迅》一书正式出版，同年4月，中国教育报发表了专家的书评，对本书予以高度评价。在自己科研能力获得极大提升的同时，大量的阅读也开阔了自己的视野，丰富了自己的学科专业知识，而且，为了写论文，我自学了五笔打字，使自己以后的读书写作如鱼得水。记得当时一位学生在给我的新年贺卡中写道："老师，您的渊博给我们太多的惊喜。"

　　第二，要重视教育理论的学习。语文教师的专业发展是一个教育理论与实践相结合的过程，在理论学习中提升自己，在教学实践中丰富自己，对语文教师来说是一个主动的、自觉的行动过程。

　　应该说我很幸运，刚毕业时分到了当时的大连实验中学，这是一所以我国当代著名教育家冷冉先生教育理论为指导思想建立的学校，也是践行冷老理论的基地校。情知教学理论强调教师的教学和学生的学习都要关注情感、情绪对认知的影响，通过创设情境，激发学生的学习兴趣和探究知识的欲望，形成立体的课堂教学结构，进而达到教会学生学习的目的。在课堂教学中倡导启发式教学，优势诱导，以调动学生学习兴趣为手段，引导学生主动学习，主动发现。汉语是我们的母语，语文课天然地适合于教学情境的创设，学生在课堂上不仅会获得相关知识，更重要的是收获自己发现创造的成就感和来自语言文字的美感，获得极大的精神愉悦。当时学校常常组织教师学习冷老的教育理论，而刚刚毕业的我对语文教学还处于懵懂阶段，但"情知教学""立体结构""优势诱导""教会学习"等字眼常常嵌入我的脑海中。在教学实践之余，学校引导教师撰写论文，提高自己的认识和实践能力。尽管当时我的教学经验还少得可怜，对语文教学的本质认识也远远不够深入，但这些教育理念却已在我的头脑中扎根，随着教龄的增长和自己对教育教学认识的逐步深入，更深切地体会到它们的价值，对我形成如今的教学风格起到了至关重要的作用。

第三，培养自己的"语文味"。"语文味"指一个语文教师身上那种浓厚的文化文学色彩，也是一个语文教师的魅力所在。语文是一门科学，更是一门艺术，它要求一个语文教师要有学者的知识，有作家的文笔。鲁迅、朱自清、周作人、叶圣陶，他们的语文教师生涯熠熠生辉，与他们身上那种"语文味"是息息相关的。我们可能成不了大师，但我们不能不朝着大师的方向努力，所以，读书和写作应是语文教师生活永恒的旋律。

读书是语文教师的必修课，也是中学语文教师提高自己专业水平的不二法门。一个成功的语文教师要有深厚的知识文化素养，这种学识素养只有通过勤于读书才会一点点地积累起来。一方面，语文教师不仅要读专业书籍，还要读"闲书"，应广泛地涉猎历史、地理、哲学、美学等学科的知识。《庄子》中说："水之积也不厚，则其负大舟也无力。"教师只有使自己"所积之水"深厚，文化底蕴扎实，教起来才会得心应手，一个举手投足散发着优雅的文化味的教师，总是有着一种别样的魅力。另一方面，对于语文教师来说，读书不仅仅是一般地丰富自己的知识，更重要的是阅读过程中的感悟和生命的体验。这一点对中年语文教师来说尤为重要，因为随着年龄增长，没有了年轻人的冲动和浪漫，往往也降低了对生活的敏感度，而阅读会弥补这种缺憾。通过读书，尤其是读文学作品使自己始终拥有一颗对生活高度敏感的心，它与中年人特有的理性思维相结合，会使自己作为语文教师的魅力随着年龄的增长而越发迷人，教学生涯也会因之进入一个更高的境界。

在日常的生活中我始终保持着读书的习惯，从《语文学习》《语文教学通讯》等语文教学杂志到魏书生、李镇西、窦桂梅等著名语文教育专家的书籍，正因为保持着这样一种学习的状态，自己对学科前沿知识的把握没有与最新研究成果脱节，随着教学经验的日益丰富，对教育教学本质的认识也更加深刻。这些收获使自己站在更高的起点上关注自己的课堂教学，无论是教材的处理还是学生积极性的调动以及教学环节的设计都越来越得心应手甚至游刃有余，语文教学艺术也上了一个新的台阶。

另外，对语文教师来说，读书还有另一层含义，即还要读社会这部大书，我们常说的"读万卷书，行万里路"即是这个道理。对一个语文教师来说，"纸上得来终觉浅，绝知此事要躬行"，"行万里路"不仅寻得一身诗意，更是跨越时空与前人的情感交流，把这些体验渗透在课堂上，小小的课堂就变成了无限大的世界。无论把《蜀道难》研究得多么透彻，都不如在剑门关爬一爬鸟道的体验来得深刻，都不如把照片展示在学生面前来得更有冲击力。这些年来，每到假期，我都会背起行囊，或徜徉在祖国的名山大川，体味中华民族深厚的文化传统，或漫步于世界各地迥异的风光里，体会不一样的风土人情。从大明湖畔的李清照故居到四川眉山的三苏祠，从西子湖畔的雷峰塔到河南开封的清明上河园……新疆的广袤、贵州的多彩、云南的瑰丽、欧洲的华美、北美的粗犷……这些不仅大大丰富了自己的精神世界，也使自己的专业知识和素养丰厚起来、立体起来，我的课堂也因此有了别样的色彩，突破了时间和空间的限制，文化味更加深厚，也更受学生欢迎。

写作应是语文教师的必备技能，就像美术教师会画画，音乐教师会唱歌，很难想象一个自己不会写文章的教师会指导学生写出好文章来。一方面，写作能使教师时刻保持对语言的敏感，使自己的能力不断提高。写诗歌、散文等会提高自己的写作水平；写教育随笔、教学心得会不断提高自己的理论水平；写下水作文可以对学生有良好的示范作用，大大改变自己的教学效果。另一方面，写作体验会使教师对教材的分析更为深刻。阅读时，对作品艺术特点融入了自己的写作体验时，往往会理解得更为透彻。语文教师拥有写作能力，无论是教材的把握，还是课堂设计都会取得更好的效果。法国哲学家叔本华说："读书是走别人的思想路线，而写作才是走自己的路线，只有经过自己的思想路线，把读书得来的知识消融掉，才会变为自己的东西。"由此看出，以写作为主体，将读书与写作融于一体将是一个语文教师追求的至高境界。而这一境界，随着年龄的增长、人生阅历的丰富，只要有持之以恒的精神，并不是很遥远。

近十几年来，在繁忙的教育教学工作之余，我坚持写作，既有教育教学研究论文，也有日常生活感悟和体会，公开发表的有十几万字，"红煤的 blog"，自 2006 年 6 月开通以来，共写下 400 余篇文章，总计逾 30 万字。这些文字既是自己日常教育教学工作的感悟反思，更是有针对性地引导学生健康成长的心灵鸡汤，不仅使自己的班主任工作如虎添翼，更是大大提高了自己的写作能力，使自己的写作教学再上一个台阶，所教学生作文成绩突出，指导学生作文获奖和公开发表作品逾百篇，也使作文教学成为自己语文教学的一大特色。

第四，要注重教学研究。一个合格的语文教师不能仅满足于会上课，更要在不断学习的基础上，不断总结反思，边学边做边研究，做一个具备较强科研能力的教师，你的专业能力才能得到可持续发展。

中学教师进行教学研究具有得天独厚的条件。教师是一种经验型的知识分子，我们的理论水平可能不那么高深，但丰富的实践经验又是别人所不具备的，课堂就是进行科研的主阵地和试验场，这是中学教师进行科研的优势。从感性的教学经验上升到理性的教育理念，经过学习和丰富，再回到教学实践中，就会大大地提高教学效率，自己的科研水平也会有很大的提高。

记得有一次讲授文言文，我因重感冒，咳嗽得厉害，上课时为了少讲话，就让学生分组讨论学习课文，然后两组之间每一位同学与另外一组同学一对一地互相提问，答对者得分，以小组为单位计分，最后以得分最多小组为优胜组。令我没想到的是这堂课上得意外的成功，学生参与的积极性非常高，而且有些知识点掌握得也超出我的想象的好。下课之后我一直在思考这个问题，平日我苦心备课，上课时讲得口干舌燥，可学生也未表现出这样的学习热情，这是为什么呢？再深入一想，其实也不奇怪，我们总是说把课堂还给学生，学生是课堂教学的主体，可在应试教育的体制下，在高考指挥棒的指导下，我们往往只强调把知识灌输给学生，想办法怎样能在课堂上讲得多一些，而忽视学生的兴趣、情绪、心态对学习效果的影响。想清楚这一点之后，"让学生真正成为课堂教学的主体"这一理念成为我备课首先考虑的问题。在这之后的一次公开课上，我大胆地启用了这种方法，只是针对学生提问题时要点概括不够全面的特点对提问方式做了一定的限制，尽管这堂课的方式得到别人的承认，但我自己并不满意，一个问题解决了，可另一个问题又出现了——提问时，学生对课堂的重点和难点把握得并不理想。下课后，我继续思考，为什么会出现这个问题呢？怎么解决呢？我忽然想到：如果按部就班地上课，重点难点是由教师把握的，那么在我的这个课堂中，我的角色是什么呢？只是一个评判者吗？不是，上课的形式可以千变万化，但教师的主导作用是不能没有的。于是我在课堂上除保留原有的提问方式以外，又增加了抽签答题和抢答两种形式，这一部分的题由我事先出好，做成课件，这些题充分地体现了本课的重点和难点，是对学生提问问题的必要的补充。实践下来，效果极好，而且在以后的实施中，我不断地丰富这种形式，比如模仿《幸运52》节目中以不同成语链接不同问题的方式，既丰富了课堂的内容，又极大地调动了学生学习的兴趣，而在这不断完善的过程中，引入合作意识和竞争意识来提高学生文言文学习兴趣的论文《兴趣提升效率，创建激发学生兴趣的教学模式》一文亦酝酿成熟并公开发表。

目前，教育改革正如火如荼地进行，中学语文教学的变革也方兴未艾，这既对语文教师的职业发展能力提出了更高的要求，同时，也给教师职业能力发展提供了极好的外部条件。作为当代社会的一名语文教师，应该把不断提高完善自己的职业发展能力作为职业生涯的内在需求，怀着对教育事业的热爱和提升发展自己的强烈愿望，且教且学，积累经验，完善自我，不断创新，在成为一个符合新时代发展要求的合格的语文教师的同时，也完成自身的职业发展目标。

（作者：刘洪梅）

做一名且教且研、有思想的语文教师

　　在中学时期，自己的语文是"强项"，标志之一就是语文课上自己的作文时常被语文老师当作范文读给班级同学听，自己便以为强。于是自己便顺理成章地选择了大学中文系，后来就又顺理成章做了一名语文教师，教上了语文。初登讲台，自己踌躇满志，意气风发，似乎对教语文成竹在胸、不在话下，最初的课堂也是激情澎湃、豪情满怀。但热情总归是热情，总有降温的时候，光有热情还不够。仔细想想，自己那时的状态就如同刚刚会飞的小鸟，冲劲很足，急于冲进蓝天，却不知天高地阔，不知烈风急雨，对是否能飞得长远持久则全然不顾。这就是我最初教语文的状态。

一、且教且研促成长

　　我最初的教语文现在想来其实就只有一点，那就是教课文，似乎课文就是语文的全部：明确课文的教学目的；确定课文的教学内容，包括作者介绍、词语含义、段落大意、中心思想、写作手法；运用一定的方法和手段；设计板书；讲解课后习题，布置作业；练习与测试，等等。对于教龄很短的我来说，教课文是我的唯一依托和主业。慢慢地过了三年，教过了一轮之后，开始能够从整体上思考自己的教学了。比如，关注一个单元各篇课文之间的联系，同一文体的各篇课文之间的联系，各册教科书之间的联系，等等。到后来，能够自觉地按照教学大纲或课程标准的要求去审视课文、教授课文。再到后来，明白了教材无非是个例子，要从教教材到用教材教的道理。开始关注如何通过一篇篇的课文去培养学生的能力，教会他们学习语文的规律和方法，教会学生阅读与写作的技能和习惯。

随着教龄的增长，对于语文教什么逐渐跳出了课文这个小圈子，从更大的视野去审视语文，开始关注语文的"大问题"，叩问语文是什么、教什么、怎么教。这三个问题一直是语文教育界不断探寻的问题，关乎语文的过去、现在与未来，是任何语文人都绕不过去的问题。将这三个问题弄清楚，大概读懂了一点语文。每一个问题似乎有了答案，但似乎又没有明确的答案。举个例子，在《普通高中语文课程标准》中，有课程性质、课程理念、课程目标、实施建议，却没有课程内容。这就足以说明语文教学教什么这个问题还没有明确清晰的答案，还需要研究探讨。其实，对语文是什么也一直争论不休，莫衷一是。不过，语文课程标准对这个问题有明确的说法："语文是最重要的交际工具，是人类文化的重要组成部分。工具性与人文性的统一，是语文课程的基本特点。""工具性"与"人文性"又有着怎样的内涵？还有许多问题存在着探究和不确认的空间。语文是什么关系到语文教什么、怎么教。现在语文界对怎么教实践和研究较多，但也众说纷纭，争执不断。由此看来，对一名语文教师来说，从教课文开始，就逐渐地走向了语文教什么以及语文是什么、怎么教的"深水区"。《学记》云："学，然后知不足；教，然后知困。"随着教学的深入，一些深层的问题逐渐暴露出来，难度增大，面临困境，如何解决？王安石在《游褒禅山记》中说，"人之愈深，其进愈难，而其见愈奇"，"而世之奇伟、瑰怪、非常之观，常在于险远而人之所罕至焉，故非有志者不能至也"。作为一个有志的语文人，想要有所作为，只能不畏艰难、勇往直前，敢于面对问题、解决问题。而要解决这些问题，一个重要的途径就是要投入时间与精力边实践边研究，做一名研究型的语文教师。

语文教师尤其要有较强的研究意识和研究能力。首先，作为人文学科的语文有其鲜明的学科特点。语文学科的教学任务具有复杂性，正如顾黄初先生所言："在中小学的众多学科中，没有哪一门学科像语文学科那样，教学任务呈现如此的复杂性。"它的教学目标具有多重性，教学内容丰富繁杂。另外，其教学任务和教学目标的实现具有长期性，在具体实施操作的过程中不易量化，难于分层分解，等等。这些只有通过反复的实践和研究，才能领悟和掌握。

如果不把这些问题弄清楚，不解决为什么教、教什么、怎么教等问题，就会使语文教学失去方向，缺乏目的性，导致语文教学盲目、无序和无效。其次，语文教师的专业成长与发展更离不开研究。许多语文教师发出语文难教的感慨。这是因为语文教师的专业成长时间长，有的老师说教上十多年，似乎才有一点入门的感觉，有的甚至还感觉未入门。大学里学习的东西和中学里教学的内容不构成对应关系，有的关联性较小，有的不能直接应用。中学教学需要重新构建其内容，而且这种构建没有数理化的那些概念、公式、定律、原理等，也没有史地政的那些系统的固定的知识体系，有的只是理性色彩极强的、抽象化的课程标准和具体的一篇篇课文，要求你通过教课文去实现课程标准的目标，而考查实现与否不经由课文本身，或者说跟教材没有直接的关系。这也就是我们教语文有时困惑之所在，教的目标是什么，教能不能实现目标，教能不能考，等等。这些问题的解决，需要语文教师长期的探索和追寻，需要不断地思索研究。从教课文走向教语文，靠的是研究，通过研究，真正领悟语文的精髓，领悟它的精神实质，领悟它丰富的内涵，知道语文应该教什么、怎么教，什么是正确的，什么是错误的，也许到这一步，才算是真正的教语文了。所以，对于一名语文教师来说，要真正成为一名语文教师，要研究教材，研究课程标准，研究语文课程理论和教学法，研究语文教育学，等等。从关注"人"的角度看，还要研究学生，研究课文作者，甚至研究自己，因为语文是一门需要用自己的人生经历和生命体验去感悟的学科。现在，许多语文老师忙于教而研得不够，"两眼一睁，忙到熄灯"，致使教语文教得肤浅，或者教得不像语文。不能说研究是大学教授或学者的事情，有教则必须有研，教是研的实践，研是教的导引。

记得我教授《荷塘月色》一文就经历了一个递进的深化过程，得益于边教边思考与研究。最初的教学，更多关注作者写了哪些景物，这些景物有什么特点，语言好在哪里，等等。后来在教学中逐渐发现，这些具体问题通过学生反复诵读是能够自行解决的。那么，从什么角度和方面来开展教学呢？我经过学习和思考认识到，就高中生来说，这样一些具体性很强、细致描摹的作品应该教得抽象理性一些，因为其形象化、可感的东西已经很多了，再具体细微地分析，难免就有重复烦琐之嫌。这样的文章应该引导学生做深层次的理解与分析。从文体上看，写景抒情的散文，不仅要知其然，更要知其所以然，要探究作者的写作意图，挖掘出作品灵魂性的东西。只有这样，才能够对文中一个个的景物有一个实质性的理解，让学生上升到一个理性的高度。基于这样的想法，我再次教这篇课文时就不再面面俱到、从头到尾对文章进行分析，而是从发展学生的思维出发，选择一两个具有全局性的、起辐射和带动作用的问题，采取以点带面的方式，展开集中的讨论和研究。在深入细读文本之后，为学生设计的研讨性的问题是：全文共有两句用到了"忽然"这个词，一处是文章开头的第二句话"今晚在院子里坐着乘凉，忽然想起日日走过的荷塘"，另一句是第7段开头"忽然想起采莲的事情来了"，那么，作者因为什么忽然想起日日走过的荷塘，又因为什么忽然想起采莲的事情呢？我的问题只是在语句的前面加了四个字"因为什么"，但要回答清楚这个问题，需要学生费一番脑筋。第一个问题，仔细观察分析会发现它的前一句"这几天心里颇不宁静"已经透露出来了。因为心情不好，作者就想办法去摆脱，如何摆脱？在院子里坐着乘凉难以摆脱，就想出去走一走，到哪里去？于是就想到了日日走过的荷塘，并且期盼那里另有一番样子。看来想起荷塘是作者的内心情结所致，也因为这一情结，就会有后面的前往荷塘和来到荷塘。那么，来到荷塘看到了荷塘景色，作者的心情有没有变化呢？是否有所好转呢？从第3段可以看出，作者的心情变得好起来了。这一段作者直抒胸臆，抒发了超脱尘世、悠然恬安的自由感，何以见得？从如下可以看出，"背着手踱着"，"我像超出了平常的自己，到了另一世界里"，"便觉是个自由的人"，"我且受用这无边的荷香月色好了"，正是因为作者内心的变化使作者笔下的景物——月色下的荷塘和荷塘上的月色充满了淡雅、恬静的朦胧美。那么，又是什么促使作者忽然想起采莲的事情来了呢？仔细推敲就会发现与上段即第6段的描写有联系。这一段的景物和第4、5两段描写的景物在色彩上有些不同。这一段景物用作者的话说是"树色一例是阴阴的"，"树缝里也漏着一两点路灯光，没精打采的，是渴睡人的眼"。为什么会有这样的变化，从下文就略见一斑。"这时候最热闹的，要数树上的蝉声与水里的蛙声，但热闹是他们的，我什么也没有"，原来是为了抒发自己内心的情感做铺垫和服务的。从这段景物描写和最后一句看，郁闷压抑的心境此时又回到了现实，在作者的内心里占了上风，跳了出来。何以摆脱？只好再一次用"金蝉脱壳"法，用美好的东西来排解自己内心的苦闷，于是便又想起了江南旧俗那"嬉游的光景"和"有趣的事"，借以驱除内心的烦闷。正是通过上面设置的问题及其解答，使学生明白了作者写景的意图和作者联想的必然性，深刻领悟了作者通过写景所抒发的思想感情，对情与景的交融就有了深刻的理解和把握，使学生感悟到了作者写景抒情的匠心所在，揣摩到了作为主体的作者的情思。

在教中思考，在教中研究，逐步使我们的专业成长和发展。

二、思想铸造语文之魂

著名语文特级教师李镇西说："只有个性才能造就个性，只有思想才能点燃思想。让没有思想的老师去培养富有创造性素质的一代新人，无异于缘木求鱼。"

北京师大的肖川教授说："你真正的生命是你的思想，你的思想就是你的处境。"

这些话告诉我们思想对于教师的重要性。其实，思想对语文教师则尤为重要。语文学科是一个思想性很强的学科，《普通高中语文课程标准》说："高中语文课程必须充分发挥自身的优势，弘扬和培育民族精神，使学生受到优秀文化的熏陶，塑造热爱祖国和中华文明、献身人类进步事业的精神品格，形成健康美好的情感和奋发向上的人生态度；应增进课程内容与学生成长的联系，引导学生积极参与实践活动，学习认识自然、认识社会、认识自我、规划人生，实现本课程在促进人的全面发展方面的价值追求。"这里对语文寄寓了育人的思想高度，要将这样的课程理念转化为行为，需要语文教师具备相应的思想素养。有思想，是语文教师的核心素养。在现实中，一线的教师是教学的实践者，他们最不缺的就是实践，而且他们最富有的往往是实践的经验，这固然难能可贵，实践出真知。有时问题就出在实践上，实践也有实践的局限性。有不断重复的实践，从早到晚，从备课到上课，再到批改作文，再到辅导，日复一日，年复一年，忙忙碌碌，机械枯燥。还有盲目的实践，就课文讲课文，是课文的"传声筒"，是教参的"搬运工"，是别人教法的"克隆者"，单调而乏味，不知自己走向何方，为何而教。还有苦恼的实践，出现了职业的倦怠，没有了教学的热情和激情，教学中面对许多疑难问题而无法解决，困惑苦恼不已。如此这般，实践则未必出真知，反而生出了许多问题。这样的实践走入了死胡同，陷入了困境。

语文教学欲走出困境，非得靠思想解决不可。思想有它独特的魅力，它可以让人产生智慧，产生巨大的人格和精神力量，可以让人变得坚强。思想是人摆脱平庸或者平淡的"发动机"，给人源源不断的动力。另外，从培养有智慧、有思想的学生角度来看，教师自身必须有思想，思想使语文课变得丰富而又深刻，受到学生的欢迎。有些语文课浅薄、平淡、匮乏，没有深度，自然不会得到学生的认可。在我们的现实中存在这样的情况，很多教学思想是大学的专家、学者或者教研部门的教研员研究出来的。于是，有的教师就认为思想是上述人员的事情，自己忙于具体的教学事务，执行和实施就可以了。更有人认为思想是抽象的理论化的东西，与实践距离较远，远水不解近渴，不实用，不可靠，于是便拒绝接受思想。如此等等，就造成了一些教师只固守实践，自己的教学永远停留在浅层的经验之上，教一辈子书，只能算作"教书匠"。

思想关乎我们作为教师的职业尊严和品格，因而我们必须追求它、获得它。如何才能有思想？著名特级教师窦桂梅认为，思想来自教师的专业自知，来自教师的专业自信。是的，专业自知和自信是我们思想的根本之源。思想首先应该源于我们的实践，在实践中，我们要养成积极主动思考问题的习惯，尤其对于那些教学中的问题绝不放过，想方设法去寻找解决之道，有一种不达目的决不罢休的精神。语文教学面临的问题比较多，是一门大学问。一本教材，一篇课文，只是一个微观的例子，由此去教语文，需先弄清楚语文是什么、教什么、怎么教，然后才能懂得用教材教的道理，才能有正确的途径和方法，才能教对语文。既要着眼于宏观的大视野，也要专注微观的小世界；既要研究自身的学科特点，也要细读具体的文本；既要关注学生学习知识，也要关注个人的成长。语文是一门与生活紧密相连的学科，是一个用生命去感知生命的学科，是一门你需要用人生经历去诠释的学科，等等。这些要求你需要巨大的付出才可能有所收获。语文教学收获思想，要经历一个艰难的过程，先要过教材关，扎下身去，打牢基础，吃透教材。接着借鉴模仿他人，为我所用。然后是总结反思，批判性地吸收，最后到能独立提出自己的见解主张。这中间要经过你的大量阅读，博览群书，增长见识，这是产生思想、丰富思想的重要途径。要广泛阅读文学作品，阅读语文教育教学著作，了解语文教育的规律、原则和方法，了解古今中外语文教育家以及他们的思想。有了自己的实践经验，又有一颗不满足的心，怀揣对语文教学的责任感、使命感，借鉴学习，探讨理论，追求真理，崇尚科学，也许慢慢逐渐成就自己的一家之言，成为一个思想者。也许我们永远在追求的路上，但这份执着的追求，会让我们的语文教学变得不再枯燥，少了一些烦恼，多了一份快乐，岂不是人生一大幸事？

语文教学多半要经历一个去粗取精、去伪存真、由表及里、由浅入深的过程。这个过程需要摆脱经验与功利的羁绊，需要我们执着地守望。

（作者：杜德林）

追真求美：我的语文教学之路

一、大量的阅读，为我的语文教学打下了坚实的基础

我没能出生在书香门第，也没能生长在钟灵毓秀的环境中。我出生两年后适逢"文化大革命"，整个小学阶段学校没正经上过几天课，多数时间是让我们参加批斗会和生产劳动；没背诵"床前明月光，疑是地上霜"，到了初中时才知道中国古代有位诗人叫李白。

整个小学读过的唯一一本课外书是扉页上印着伟大领袖语录的《水浒传》，能读到是因为被作为"评《水浒》，批宋江"的批评材料。可惜只能读前40回，后80回的中、下册直到上了高中也没弄到。但正是这前40回的《水浒传》，将我带入了一个陌生神奇的世界，让我发现这"大书"里面竟然这么有趣。

上了初中后，在乡供销社的唯一售书的柜台旁，我利用午休时间，读了三年的书。多年后当我读到杰克·伦敦的《热爱生命》时，我觉得我当时就像那个获救后见到食物怎么也吃不饱的淘金者。

从初中开始了我的阅读之旅，直至今天。

首先是读语文教材。"文化大革命"结束后新时期的语文教材内容上焕然一新，不再是小学时的那种几乎等同于政治课本的语文教材。我一遍又一遍地阅读教材中的每一篇课文，遇到生字、生词，我就查《新华字典》和《古汉语常用字字典》。那时没有教辅书也没有什么练习册，我就是靠反复阅读来加深对课文的理解。所有的古诗文，全都背诵下来。发现下一年级的课本更

换了新的课文，我就把修订的课本借来阅读。看看现在的学生，一堆教辅书、练习册，读不完做不尽，但教材认真地读了几遍？有些教师没讲的课文，一遍都没读过。而语文教师，是不是都应把教师参考用书放一边，认真仔细反复地阅读教材呢？

高中是到县城上的。每到周末，一定要往新华书店跑。口挪肚攒省下来点钱买书读。除了利用周末时间读，我还硬性规定每个假期至少读 5 本名著，算一下，高中三年仅仅寒暑假，我就至少读 30 本名著。看看现在的学生整个基础教育阶段，读过几本名著呢？

除了读课本、读名著，我还读报纸、期刊。初中读《参考消息》《辽宁青年》《中学生》《少年时代》等，高中跟同学合订《语文报》《中国青年报》，自己订《课外学习》《中学生英语》等。

大量的课外阅读，使我的语文素养远远超过大多数同学。平时的考试以及高考，我的语文都轻轻松松获得了高分。但我从来没想到将来要当语文教师。高考报志愿，我填报的专业是"会计""历史""档案"，结果接到的录取通知书专业却是"中文"！

然而我并不遗憾。大学四年我努力为将来成为一名记者做准备，除了阅读中文系必须阅读的古今中外文学名著以外，我选的课很杂，比如《民俗学》《领导科学》《未来预测学》等，读的书更杂，这恐怕是师范专业中文系的学生不会这样做或想做也做不到的吧？

但命运不由自己做主，毕业后被分配到了高中，阴差阳错地成了一名语文教师，这的确不是我当初的梦想。一路走来，最难忘的是我的阅读，它为我的语文教学打下了坚实的基础。

二、名师的引领，使我懂得了怎样成为一名优秀的教师

初登讲台，实在是不知道应该怎样做一名教师，既没有这方面的心理准备，也没有这方面的实践经验。

好在有名师可以作为榜样去让我学。谁？魏书生老师。魏老师那时刚刚名满天下，全国各地的中学领导、教师络绎不绝地来到盘锦市听魏老师的课，

向他取经。那时，人们想听上一节魏老师的课或报告十分不易。但是，我却非常容易。

第一次听魏老师的课是《记一辆纺车》。天啊，原来语文课可以上得这么轻松愉快！听那位老教师介绍，魏书生老师只有初中文化，主动申请要求当中学语文教师，申请了150多次终于获得批准。开始时连教案都不知道应该怎样写，还是那位老教师指导的。我想，魏书生这样的条件都能成为全国著名的教师，我为什么不能成为一名称职的语文教师？

魏书生老师的报告给我的影响更大。他循循善诱的话语为我指明了努力的方向，以及达到目标的途径和方法。

然而，那是一个全民下海经商的时代，看到自己身边一起分配来的同事，纷纷投身商海一试身手，我也耐不住寂寞了。更何况，那时的我慢慢发现，当一名语文教师也不是那么容易，困惑、烦恼、焦虑纷纷袭来。这时忽然想何不给魏老师写一封信？于是把种种苦恼倾诉到几页信纸上。信寄出后则想，魏老师那么忙，怎么可能回信。可是，元旦刚过，我收到了一封新年贺卡，上面写着娟秀的8个字：静能生慧，乐在教中。落款是：魏书生。我怎能不惊喜！盯着这8个字，我顿悟：我困惑，茫然，找不到问题的解决办法，不正是因为我心的"不静"吗？只要我心"静"下来，智慧自然就会产生了。魏老师读了我的信，他一下子就看出了我的问题在哪。这8个字的药方，正对我的病症啊！

从此，我就像魏老师说的那样，当一名教师，"关起门来就是净土"，把喧嚣、浮躁关在门外，沉下心，辛勤耕耘在语文教学这块净土上。

我多次聆听魏老师的教诲，他经常告诫我们青年教师要"采百花酿自己的蜜"。他说，要想成为一名优秀的语文教师，必须博采众家之长，然后从自己的教学实际情况出发，形成自己的教育教学理念，探索属于自己的教育教学方法。他还说，方法只有扎根在理念的土壤里，才能开出灿烂的花。

从此，我寻找、创造外出学习的机会，聆听了语文界诸多名师的课或报告，如于漪、钱梦龙、欧阳代娜、陈钟梁、李裕德……

从北京春雨教育书店购买《中国著名特级教师教育思想录》（语文卷）、

《名师授课录》（高中语文）等书，认认真真地阅读每一个人、每一堂课。

是魏书生老师的引领，让我坚定地走在语文教学的路上。

三、从学生的实际出发，从教者自身的实际出发，打造属于自己的课

读了那些著名特级教师的教学设计、课堂教学实录，简直如获至宝，不忍有一丝割舍地移用到我的课堂上，然而总是有方枘圆凿之感，特别别扭。反思后得出结论：我没有从我的学生实际出发，也没有从我自身实际情况出发来设计教学内容和教学方法。我把别人提出的问题直接拿过来问我的学生，这个问题怎么能恰好符合我的学生的学情？教育心理学家奥苏伯尔有一句著名的话：“如果我不得不将所有的教育心理学原理还原为一句话的话，我将会说，影响学习的最重要因素是学生已经知道了什么，根据学生的原有知识状况进行教学。”“根据学生的原有知识状况进行教学”，这应该是教学的一条铁律。所以，总结教训之后，我不再邯郸学步，而是汲取名师们的教育教学思想、理念，借鉴他们可以借鉴的方法，让他们的方法植根于我的思想和理念的土壤，开出我自己的花。特级教师们往往有自己的特长，这种特长不是其他教师能轻易“复制”的。所以，与其去模仿别人，不如做好自己。那些模仿歌星的人，哪一个成为了歌星？即使模仿得足以以假乱真，那也不是你自己。实实在在地做一个真实的自己，这就是我所说的“追真”理念的一个重要的内涵。

一堂课，教者到底该不该讲？是应该教者讲得多还是学生讲得多？教者应该以什么样的身份出现？应该扮演什么样的角色？是传统的教师，还是学生的合作探究的伙伴？这一切，都应该从本地区、本校、本班的实际情况出发。如果生搬硬套其他地区的做法，势必会水土不服。我们能那么容易地把山东杜郎口的“生本教学”的做法拿来用吗？

什么样的教学方法是好的？回答很简单：适合自己的就是好的。适合教者自己，适合教者此时所教的班级的学生。多年来，形式主义的做法实在太多了，作为普通的语文教师，做到“不唯书，不唯上，只唯实”非常不容易，

但我尽力这样做。所以，这些年来，我上过记不清多少次的公开课，没有一节课是事先"排练"过的，就跟平时上课一样，该怎么讲就怎么讲，就是为了一个字——"真"。一堂假课看起来无论怎样完美，它也是假课；一堂真课不管有多少问题，它也是真课。那种为获奖而多次排练的课，我不屑于上。

属于我自己的课是什么样的课？没有所谓的多少步，没有什么固定的模式。首先确定学生学什么，然后确定怎么学。学什么按照教学计划和进度；怎么学则无法事先完全确定下来，只能是在教学过程中根据学生的实际（即学生原有知识与能力状况）以及教学内容的实际随机应变地选择适合的方法。一次青年教师教学比赛，我是评委之一。参赛的 5 位教师都讲《劝学》。有 4 位教师都在教学过程中设计了"合作探究"。探究的内容是课文中的通假字、活用词和特殊句式。只听教者一声令下，前后座的同学立即围成一小圈开始讨论"探究"。1 分钟后，教者又一声令下讨论结束。这不就是演戏吗？通假字这些知识有探究的必要吗？而且还"合作"。评比的结果是，唯一没有采用"合作探究"的，成绩最差。如果有教育打假，是不是应该搞一搞公开课打假？

四、勤于总结，将教学心得形诸笔端，化为铅字

勤于总结，坚持写教学札记，是我从名师那里学来的经验。从教伊始，我就这样做。每有点滴心得，立即记下来，并且写出文稿寄给报社或杂志社。起初投给本地的报纸教育版，编辑很委婉地回复我说不够发表水平。但我不气馁，继续写，终于见报了，尽管就是一个豆腐块，但也足以让我兴奋半天了。于是一发不可收，继续写，继续发。后来本地的报纸教育版干脆给我开了一个作文辅导专栏，每周发一篇作文辅导文章，整整发了一年。后来得知有的学生家长竟然把我写的那些文章都剪下来贴到一个本子上，给孩子看。这令我很有成就感，于是野心大增，往大的报刊上投。终于，我写的东西能发在《语文报》《语文周报》《语文教学与研究》上了。现在想想，"想发表文章"最大的好处是促使我去思考、总结，而教师的职业能力发展恰恰在于不断地思考、

总结。

下面选录不同时期发表的两篇教学札记，可以看出我当时的思考与总结。

一堂"随机应变"的课

一个冬日的午后，天是灰黄的，地是灰黄的。站在户外，觉着自己好像被包裹起来，走进教室，更感到发闷。心绪的烦躁加上学习内容的枯燥（这节学习"病句的辨认与修改"），课恐怕不好上。可不是，刚进行2分钟，就见有人目光发直了。怎么办？忽然，我看见一位同学往窗外看，于是，我想，我何不把这节课改成写作训练课呢？既引起兴趣，又培养了观察、写作能力。我一宣布，同学们真的来了兴趣，全都往窗外看。我做如下提示：

1. 观察景物应注意什么；

2. 描写景物从哪些角度入手；

3. 为了增强表达效果，可以运用哪些表现手法及修辞手法。

15分钟后，已有三分之一同学写出来了（300—400字），余下大部分同学即将草就。我让写好的同学分别朗读自己的作文。每读完一篇，我都鼓励大家评价。有的同学抓住了景物的特点，写云的色彩"灰黄中透出一些粉红"，写天气的沉闷"天仿佛一张巨大的幕布铺盖在地面上"。有的同学写"远处建筑物内透射出的点点灯光，比平时要耀眼许多"，用灯光的亮，反衬天色的暗。还有的同学，先写天气如何让人感到沉闷、压抑甚至有些怕人，接着写操场上正在上体育课的师生，照样在跑、在跳，进而突出了大自然的主人——人，虽受环境的影响但又能抵制其影响这一较为深刻的主题。还有的同学开了个头"窗外能见度较低"就写不下去了，我问同学们：这是为什么？同学们说：一句话给概括了，抽象而不具体。由此我又强调：描写的语言，一定得是具体、形象的。很快，下课铃响了，可同学们还在讨论着、观察着。

这堂课比较理想，这不能不说是"随机应变"的原因。所以通过这一堂课，我体会到：要想提高一堂课的教学效果，光靠钻研教材还不行，还要考虑到实际情况，考虑到效果。

1992年3月10日《辽河石油报》教育版

心中有读者，笔下自有情

读巴金先生的散文，倍感亲切，就好像一个老朋友，坐在你的对面，在跟你交心。巴老曾说，他在写文章的时候，就好像跟读者面对面地聊天。那些文坛巨擘，学界泰斗，大都是这样。中国著名梵语学家、北大教授金克木先生常说的一句话是作者写文章，要"眼前无读者，心中有读者"。

"眼前无读者，心中有读者"，正因为这样，他们的笔端才汩汩流淌出涓涓真情，感染读者，打动读者。好的文章，首先是有真情实感的文章。那些从考场上脱颖而出的优秀作文，也大都是这样的文章。怎样才能写出这样的文章呢？从巴老那里我们是可以得到一些启示的。

不管是平时练笔还是应试作文，我们都应该在动笔时假想出你的读者：或者是在给你的同伴讲故事，或者是在跟你的朋友谈谈心，或者是给某个人解答疑惑，或者是在向听众宣讲你的某个主张，或者是在给你的同学讲述你旅游的经历……如此写来，真情自然流露出来。一个体操运动员，眼睛盯着吊环，心里想着金牌，他十有八九将与金牌无缘。有一年的奥运会，我国最有希望获得金牌的一位著名体操运动员从双杠上掉下来，就是因为他太怕得不到金牌，压力太大，动作变形，出现了平时一般很难出现的失误。

作文也是这样。如果你只是想着这是完成老师布置的作业，你只是想着这是考试，或者，你只是想着得高分，你作文所需要的情感就不会眷顾你。"缀文者情动而辞发"（南朝刘勰语），好的文章都是"为情造文"，没有情感的驱动，怎会催生出好文章？

有心栽花花不开，无心插柳柳成荫。如果不把考试作文当作考试作文，而是努力将它转变为引发你的某种感情的媒介，假定一个适合你倾诉的对象，然后向他娓娓道来，你就有可能写出一篇有真情实感的文章。

2005 年 4 月 19 日《作文周刊》（都市版）

前一篇是我从教 4 年时所写，那时我已经有了教学要从学生实际出发的理念；后一篇写于 12 年前，那时的我在指导学生写作时，就要求学生心中要有读者。12 年后的今天，越来越多的专家、学者才纷纷提出学生写作是"交际语境"的写作，要有读者意识。我为我能一直坚持独立思考而自豪。

五、终生捍卫语文的美好

美好，"美"即"好"，"好"则"美"。不好的，一定是不美的。如今有多少语文教师把语文课上成了数理化课？语文课大多数时间是做题对答案：1A2C3B……不仅语文的灵魂没有了，而且语文的肢体也被肢解得支离破碎。急功近利，眼里心里只是分数。原本是美好的语文，让学生深恶痛绝，谁之过？谁之责？

我终生捍卫语文的美好。尽管高考语文卷把语文分成了 22 道试题，但我把它们整合成阅读和表达两道题。高考试题中无法考查的"听""说"能力，我同样重视。我尽力打通语文的"任督二脉"，还语文以生命和灵魂。语文，绝不仅仅是为了考试，语文一定会更美好。

（作者：刘英传）

语文教学皆在"用心"二字

时下里的中学语文教学理念繁多,众说纷纭,人们争相在各种相关杂志上各抒己见、标新立异,一时间你方唱罢我登场,好不热闹。目不暇接之后竟有些让人不辨南北了。理念来自实践,实践发展着理念。那么学生欢迎什么样的语文教师,语文教师怎样做教学效果才好,这就看一个教师的教学观是否科学,是否有价值了。

面对着一篇经典课文,该教给学生什么?又准备怎么教?最后要收获什么样的教学效果?这在语文教师的群体中真的是有很大的差异。很多教师一辈子离不开教学参考书,在课堂上照本宣科,对一篇篇或鲜活生动或睿智深刻的经典作品进行着冷冰冰的肢解,或者干脆就是为了应付考试,过早地把大量时间用于解题训练上;很多年轻教师则只知道一味地模仿师傅的教学程式,照搬师傅的教学内容。教师成了平庸的教书匠,更可怕的是,学生走不进作家的生命世界,接收不到语文世界的美妙趣味。长此以往,这样的教学势必导致学生对语文学习失去兴趣,造成他们心灵的干涸和精神的矮化。

联系多年来自己的所见所闻,想来想去,我的语文教学皆在"用心"二字。

一、用心沟通学生——架构情感的桥梁

学生是教育的本体,是教师服务的对象。脱离了学生,一切教学工作就成了无本之木、无源之水,已没有任何意义。长期以来,语文教师总觉得教学任务完成不了,总担心备课的心得学生领会不了,总抱怨课堂上学生的情绪调动不了,可是我们有多少人考虑过学生心里的感受?当我们站在讲台上,

俨然是课本的广告商，陶醉于自我欣赏之时，殊不知学生早已是一头雾水、丈二和尚了。学生没有机会和教师交流，渐渐地也就不再去想自己的见解和主张，对语文课也就越来越没有兴趣了。语文教师也因自己的付出没有得到回馈而开始感到伤心、无奈，进而对自己的工作感到疲惫和无聊。这样由于师生关系不和谐，导致许多时候语文学科教学目标实现不了，语文课教学效果差。

首先，要了解学生的心理特点，给他们以亲切的情感关怀。人们总在说现在的独生子女缺乏责任感，缺乏合作精神，沉迷于庸俗文化，不懂得感恩，等等。似乎你所面临的是"垮掉的一代"，而事实上，当今多元化的世界，决定了每个人价值取向的多向性。高中生"在行为上，他们要求独立决定涉及个人的各种问题，希望有一定的行为自由；在情感上，他们希望能独立体验和选择个人喜好；在道德评价上，他们希望能以自己的评价标准为依据，独立评价自己、他人的行为及社会事件"（《发展心理学》，林崇德主编，人民教育出版社）。可见学生个性的差异，被大人们消极地扩大了，现在的学生更渴望与人沟通，更需要人们的理解。

语文学科的内容和性质决定了语文教师有更方便的条件和机会给学生以情感关怀。复旦大学博士生导师陈思和先生说过："语文课的功能之一，就是通过感性、感情的交流，把学生心灵中美好的因素、崇高的因素都调动起来，帮助他们建立一种对生活的美好信心。"要知道，教育不是一蹴而就的事情，我们要走进学生的心灵，做好学生情感体验的向导。

其次，要尊重学生的学习劳动，鼓励他们做语文课堂的主人。每位教师都应切实树立"以学生为本"的教育理念，揣摩他们在课堂上想些什么，他们需要了解什么，进而因势利导，有的放矢地进行教学。教师要善于营造一种民主的教学氛围，要倾听学生的讨论或发言，要和学生平等地交换对某一问题的看法和观点，鼓励他们有独到的见解。这样，学生就会感到在你的课堂上他们很重要，而且受到了尊重，他们的学习热情和探索精神自然而然被激发出来了。

我国著名的文学理论家、语文教育家钱理群先生曾在《以"立人"为中心》

一文中写道："真正创造性的活动，应该是教师与学生的共同生命的投入，相互影响，相互启发，相互发现与相互撞击，绝不是单向的给予，而是一种良性的双向运动：学生与教师的创造潜力都在教学过程中得到激活与发挥，达到共同的精神愉悦与自由。这才是教育的真正魅力之所在。"许多时候，某一学生的错误答案，可能具有一定的代表性，更可能有进一步引发全体同学深入探讨的价值。

二、用心解读教材——探寻人文的宝藏

语文课的教学内容浓缩了大千世界丰富多彩的人情物态，字词句章彰显着民族语言的无限魅力，诗词文赋放射出中华文化的万丈光辉。这样好的教育资源，如果被我们语文教师轻慢、粗浅地处理掉，那可真是罪莫大焉。《普通高中语文课程标准》早已对今后高中语文课程的基本理念做出了规定（注意2017新课标的引用）："一是全面提高学生的语文素养，充分发挥语文课的育人功能。二是注重语文应用、审美与探究能力的培养，促进学生均衡而有个性地发展。三是遵循共同基础与多样选择相统一的原则，构建开放、有序的语文课程。"尽管这里面有的术语在表述上可能不尽科学，但高中语文教学应注重学生人文素养的培养已毋庸置疑。

（一）教者要有敏锐的眼光

"一千个读者就有一千个哈姆雷特"，这指的是文学鉴赏的多元性，而一个语文教师能否从一篇课文中发现对学生最有价值的东西，这却要看一个教师的思想水平了。

以前曾教过巴金先生的散文《灯》。那是一篇对人生、对社会、对民族命运充满深刻思考的文章，可是我们许多教者却很随意地把这篇文章理解为只是运用象征手法表现作者对光明的向往。于是课堂上就有了这样的问题：文章中几处写到灯光？结尾一段有什么深刻含义？在学生做了一些莫衷一是的回答后，教师照着教参，给了几个牵强的解答便草草收场了。而这篇文章的关键是：作者的噩梦是什么？为什么写到的几个与"灯"有关的材料，都发生在海上或河里？用这样的问题与学生一起探讨，学生才会注意"在我的脚

下仿佛横着沉睡的大海""我的心常常在黑暗的海上漂浮"这些语句的表达作用，再联系时代背景，就会更深地体会在"中华民族到了最危险的时候""灯"的拯救作用，于是学生自然对文本有了深层的鉴赏。

（二）合理定位教学目标

语文课程"工具性与人文性的统一"这一基本特点决定着作为中学语文教师的我们没有必要为培养文学家而努力奋斗，我们要做的就是使学生在"积累与整合、感受与鉴赏、思考与领悟、应用与拓展以及发现与创新"五个方面获得发展。这些目标在每一堂课上也不必面面俱到，要结合具体内容，重点突破某一项就好。还要注意教学目标确定的系统性和计划性，不能脱离单元、学期、学年的整体目标。

（三）将阅读与表达结合起来

课文就是范文，教师要抓住课文中内容与形式的闪光点，深入探究作品中生命意识与生活情趣的审美表达。教师也可以不拘泥于教材，将选材视野放开，多从《语文读本》或课外选一些好作品推介给学生。教师也可以引导学生将相关题材作品进行比较阅读、迁移训练。

三、用心选择教法——创造美妙的境界

有些教师虽说有了好的教学思想，有很厚重的知识底蕴，可是有时教学效果却不理想，这个时候可能就是教学方法出现了问题。教法的选择与教学内容密切相关，与学生特点密切相关。一个教师教学水平的高低，很大程度上取决于他能否合理选择适当的教学方法，能否营造一种为学生带来精神愉悦的美妙境界。

（一）教无定法与教学模式

关于教学方法的理念，多年来也是不断地被归纳总结、不断地发展更新。如果着眼于学生、教材、教师的相互作用方式，对教学中人们常用的教学方法加以系统的明确，可以归纳为三种基本样式：教师主讲的方式；学生自学的方式；师生之间多边互动，共同解决问题、发现新知的方式，我们可以分别称之为提示型教学法、自主型教学法、共同解决型教学法。

巴班斯基在《论教学过程的最优化》中指出："现代课堂教学的鲜明特色乃是教学法的丰富多彩，乃是有意识地选择每一课题的主要教学方法，所选的方法要能很好地解决相应的教学和教育任务。"一般说来，提示型教学法适合于习惯接受学习的学生，自主型教学法适合于探究发现能力较强的学生，共同解决型教学法旨在通过师生之间的对话与讨论，多边地、积极地探讨学习内容，激发并引导学习活动的不断深入，适合于全体学生。语文课的教学内容丰富多彩，不应该有也不需要有固定的一成不变的教学方法。

（二）思考的空间与美的回味

苏联著名教育家苏霍姆林斯基说过："只有当孩子每天体会到产生新的思想、理解某一真谛、深入了解世界的秘密的欢乐时，精神活动才能获得思想，才能产生出对精神财富的渴望。"学语文是离不开想象力的。一言堂、满堂灌的教师无疑是在野蛮地折断学生思维的翅膀。好的语文教师总会把学生领到仙山洞府的门前，师生一起寻找升堂入室的钥匙，然后，学生进入这片美妙的天地，快乐地采撷这里的奇珍异卉。

几年前，我曾有幸观摩了著名特级教师、清华大学附中的赵谦翔老师的一堂唐诗鉴赏课。课上他对《寻隐者不遇》一诗的处理很有匠心。他先用十分钟的时间，让学生写出自己能感受到的这首诗的哲理韵味，在教师用心倾听学生踊跃发言后，他点明了情趣与理趣的不同。然后，赵老师让学生们凭想象各自描述一幅画面，并说说你在画面上想突出表现什么，要说明理由。这一设计让听课者不住地赞叹，这个问题解决了，这首诗的教学重点就自然地突破了。谁知在学生充满想象的描述之后，赵老师又问学生：你认为诗中的"我"和"隐者"都应该穿什么色彩的衣服？学生的讨论顿时热烈起来，很快便有学生答出："我"穿紫色或红色，"隐者"穿灰色或白色，因为，紫色或红色代表着官场，代表着紫陌红尘；灰色或白色代表着隐逸，与山中的云雾融为一体。赵老师在征求同学的意见以后，马上给予了热情的肯定。课上得如此，真是妙绝！

（三）教法与教师的个性风格

素质教育的今天，教法的选择要有利于保证学生的个性向良好的方向发展，那么教师是否已经形成自己的个性风格呢？也许有人认为，语文教学的个性化与课堂教学的常规管理是一组不可调和的矛盾，其实这种说法是不科学的。即使在严格规定的教学计划和教学环节之中，我们语文教师也应该有思想的独立空间，也必须把课文所蕴含的生命形态、情感形态、道德精神、人文要义等有机地转化为个体的审美体验，再加上教者个人素质与教学能力，就会形成教者的个性风格。当然，这一切要以学生乐于接受为前提。那些在当今中学语文教坛上开风气之先的风云人物，都是凭自己对所教课程的独到理解，以自己独具魅力的教学风格而成为一代名师的。

　　当代语文教育界德高望重的于漪老师在《语文教学谈艺录》中曾经写过这样的话："当崇高的使命感和对教材的深刻理解紧密相碰，在学生心中弹奏的时刻，教学艺术的明灯就在课堂里高高升起。""用心"二字既体现为师的责任，也彰显着为师的智慧，既衡量了为师的水平，也树立了为师的风格。我的语文教学观，皆在"用心"二字。

（作者：朱俊锋）

语文教师应当发展自己的文本语言能力

从文本语言到言语，是一个准确有效的途径。而这里的言语，不应该单纯指向学生的活动，更应该包括教师。如果说，解码文本语言，深入剖析是用文本语言讲文本的内容上的要求，是引导学生，那么教师模拟和运用文本特质的语言讲解文本则是用文本语言讲文本的形式上的要求，是对教师的要求，更是有追求的语文教师应该发展的能力。

下面我结合几种文体谈谈自己的理解和教学尝试。

一、诗歌教学：以诗解诗

（一）诗歌语言的特质创生性

法国象征主义诗人和散文家马拉美曾经说，诗歌语言是"与日常生活中的消息性语言截然不同的生成性语言"。好的诗歌语言是对既存语言和日常语言惯性、惰性的偏离和突破。只有在如此偏离和突破的临界状态，才可能歧义、多义、新意、诗意丛生。诗歌是文学中的贵族，她优雅而又富有内蕴，只有心与心真正碰撞的时候，才是诗歌内蕴获得释放的时候。诗歌语言又是富有张力的，由简约指向丰富的，由有限指向无限的，由具象指向虚无的。诗歌语言与普通语言最大的区别是，普通的语言指向明白，诗歌的语言指向感悟和内蕴。所以诗人韩东说："诗到语言为止。"比如张籍的《节妇吟》：

> 君知妾有夫，赠妾双明珠。
>
> 感君缠绵意，系在红罗襦。

妾家高楼连苑起，良人执戟明光里。

知君用心如日月，事夫誓拟同生死。

还君明珠双泪垂，恨不相逢未嫁时。

如果只为理解诗句，可以这样翻译：你知我有伴，送我金项链。明白你心意，戴上和你玩。我家住在故宫旁，丈夫上班中南海。知你真心有实意，我和丈夫有誓言。还你项链我哭啦，但愿下辈能有缘。

这就太肤浅、太少韵味了。诗中所说"双明珠"是李师道用来拉拢、引诱作者为其助势的代价，也就是常人求之不得的声名地位、富贵荣华一类的东西。作者慎重考虑后委婉地拒绝了对方的要求，做到了"富贵不能淫"，像一个节妇守住了贞操一样地守住了自己的严正立场。但当时李师道是个炙手可热的藩镇高官，作者并不想得罪他、让他难堪，因此写了这首非常巧妙的双层面的诗去回拒他。

（二）教师语言也应该有诗意

无须讳言，今天我们的诗歌教学更多地停留在理解的层面上，即使语言的感悟也是为了理解。这当然也不错，但是诗歌的这些特质，对诗歌的解读提出了特殊的要求。好的讲者，也应该尝试运用富有诗歌特质的语言来解读诗歌。简单的做法是联比意象，诗化语言，促进感悟。

首先说联比意象。我们都知道，意象是诗歌最重要的表达语言，也是诗歌思想情感的载体。因此，解读诗歌，从意象入手，是最佳手段。但是诗歌的意象常常具有隐约性，理解起来并非易事。这就要求我们善于调用不同作品中的相同意象，通过联想比较来帮助学生加强和深化理解。

我讲解陈敬容的《窗》这首诗歌时，就紧紧抓住意象的选择和意象的破解，调用了大量相同相关意象由表及里，纵向横向联系学过的诗句，抓配合意象，来体会语境意，促进、加深理解。

比如窗。窗是古典诗歌中常见的意象，一般来说，华丽绮艳之窗是女性化的，王维的《杂诗》如"君自故乡来，应知故乡事。来日绮窗前，寒梅着花未？"寒窗、暗窗则是男性化的，带有文人士子的伤感。元代高明在《琵琶记》

269

中说的"十年寒窗无人问，一举成名天下知"，他以"头悬梁、锥刺股"的苦读精神，来激励读书人追求做大官。现代诗人对窗的吟咏，与古典意象之间有着不可分割的血脉联系，透着古典意象的独特神韵，但又往往使之充满现代意味。像卞之琳的《断章》：明月装饰了你的窗子，你装饰了别人的梦。在陈敬容这里，窗是一个象征意象，是一种心灵开放、沟通的情感象征，象征着诗人的一种生活选择和人生体验，代表着一种不落言筌的微妙而复杂的精神生活。

再说诗化语言。因为诗歌语言具有唯美的特质，所以教师的语言如果不能与之相和，那会大大削弱诗歌语言的感染力。我在讲解诗歌作品时，也尝试着拟用诗化语言，收到了不错的效果。

同如陈敬容的《窗》。在解析春风意象时，我联比了相关作品，有贺知章《咏柳》："碧玉妆成一树高，万条垂下绿丝绦。不知细叶谁裁出？二月春风似剪刀。"王安石《泊船瓜洲》："春风又绿江南岸，明月何时照我还。"孟郊《登科后》："春风得意马蹄疾，一日看尽长安花。"现代诗人兰心《你是一缕春风》："你是一缕春风，柔软而温馨，轻轻拂过我的心河，那蜷缩于一角的冰凌，从此便悄然融化。"

对此，我做了如下总结：春风暗潜杨柳绿，唤起复苏的自然；春风偷上小楼东，唤醒沉睡的心灵。而在陈敬容那里，春风则寓意着最纯真的情感和向往。当春风被重帘拒绝，诗人的心灵蒙上了一层挥之不去的阴霾。叹由心生，叹为情生，连叹息都已失落，又让人该如何回到从前？

二、文言文教学——文言雅讲

（一）文言文的语言特点：尚雅重简

语言学研究认为，书面语是在口语的基础上产生和发展起来的，二者相互影响又互相促进，关系非常密切。文言是在先秦口语的基础上形成的，但随着时间的推移，文言与后世的口语逐渐拉开了距离。从汉魏到明清，由于官方的推行和科举考试的需要，读书人刻意模仿"四书五经"的语言写诗撰文，以古雅为尚。这样，作为书面语的文言就与人们口头实际用的语言距离越来越大了，造成了言文分离的现象。

我国古代的重要典籍大多是用文言写成的，其中许多不朽的作品历来以简约精练著称。可以说文言本身就包含着简练的因素：一是文言文中单音节词占优势，双音节词和多音节词比较少；二是文言文多省略，省去主语、宾语、谓语、介词的情况很常见。再加上历代名家多注重锤炼语言，讲求"微言大义"，所以就形成了文言文严密简洁的风格。

（二）教师的语言也要雅致入情

篇章文本具有双重价值，即"原生价值"和"教学价值"，二者应该是对立统一的。统一的切入点就语文教学而言，最好的选择是不受时代和地域限制的"人同此心，心同此理"。所以教学的过程中理所当然地沿用了咬文嚼字、披文入情的基本方式。

就语文教学内容的生成而言，语文教师是语文教学内容的历史生成者和理论生成者，而学生则是语文教学内容的现实生成者。比如面对《兰亭集序》这样一篇"山水旨归"的文本，采用合作探究的方式梳理出由山水而达心情的行文脉络并不难，难的是由山水而达心情凸显生命意识、哲学意识的作者的内在逻辑。

于此生命意识和哲学意识，语言运用当然需要慎重。浅白干瘪的语言，当然也可以让学生有所领悟，但无论对于此时此刻情感与理想纠结的王羲之而言，还是有机会用心灵去阅读王羲之的学生而言，这样的讲解语言，是多么不合时宜。因此，我采用了雅致入情的语言表达，那一刻，似乎觉得离王羲之更近了。

在这一课的最后总结时，我说明如下：

当我们超然物外，谈论生和死的时候，评论他人的时候，我们可以很随意；可是当这种生命终将离我而去之情形降临于自身的时候，你还会如此淡定吗？

王羲之的五子王子游和七子王子靖都生病了，后来王子游问：怎么好长时间都没有看到王子靖啦？家人告诉他子靖已经过世了。王子游没有任何的悲伤就赶到王子靖的墓旁，希望能看他一眼，在坟旁时，他弹起了琴，可是根本弹不出音节，最后他说了一句：子靖啊、子靖啊，人与琴都不在啦！王子游是想豁达，想用玄学的思想来超然物外，超越生死，可面临生死的一刹那里，他能做得到吗？所以，在这里你可以体会王羲之在文章里所呈现的内心的纠结了吧！

如果我们读懂了王羲之内心的纠结与挣扎，那么，这篇文章就可以称得上"明月之珠"。只不过王羲之泣血著就而已。如果说玄学让人冷却成了一块石头，那么在魏晋时期里，独特的王羲之却端坐成一具血肉之躯，他的挣扎必然引导抗拒。

我不知道为什么突然想起了周国平的一段话：当一个人生命的意识对生命本真的价值产生质疑的时候，你将注定生命不再安宁。也同样将注定着，你会去与那些悟感的幽灵去做持久的抗争，而你同样注定，会漂泊在追求人生意义的前途未卜的路上。

三、杂文教学——杂文杂讲

杂文的语言特征：犀利（辣味）、风趣（甜味）。所谓犀利，是指杂文语言旗帜鲜明，富有斗争性和论争性。所谓风趣，是指用形象化的语言进行议论和说理，抽象的道理常蕴含在具体可感的形象之中。

杂文如此的语言特质，其实教师完全可以在授课过程中借用或化用。借幽默之语言风格直指或挖掘文本深刻之内涵，借杂讲博引之形式或材料收取震撼人心之效果。以《剃光头发微》这篇杂文为例。

（一）佐证颇多，内容丰实

这篇课文，有听课教师帮我统计，围绕着核心话题，我共引用材料达34次。从张祜的五绝《何满子》导入，到清代的《剃头歌》，再到民间传说的给皇帝"剃头三不准"，林林总总，生动地描述了权力面前的众生相，使课堂平添许多妙趣的同时，也加深了学生对权力问题的理解，诱发了学生兴致勃勃的探微。

（二）讲授语言的甜味

为了增加讲解的趣味性，课堂中，我适时引用了赵无眠《无事生非：头发、政治及其他》等材料，尤其是赵无眠的这段文字，令人忍俊不禁：头发与政治的密切关系，已经引起世界上一些学者的关注。早几年，英国一位研究者，从苏联历届最高领导人的头发上，发现一个规律。凡头发浓密的，属于保守型；凡稀头秃脑的，属于激进型。并且开明和保守交替出现：列宁秃头，激进；斯大林头发浓密，保守；赫鲁晓夫秃头，激进；勃列日涅夫头发浓密，保守；安德罗波夫秃头，激进；契尔年科头发浓密，保守；戈尔巴乔夫秃头，激进；等等。

（三）讲授语言的辣味

杂文更多是以辛辣讽刺而见长，所以相对应的教师讲授和引用的内容也可以和这种特点同质化，以收取事半功倍的效果。

这篇杂文借一个理发人员对待城里人和乡下人不同的态度发散出去，批评了当时国人的某种权力意识。20世纪80年代，服务行业在社会上的实际地位并不高。然而中国特有的"城里人"与"乡下人"的差别，使一个城市理发师能"找到感觉"，他在从事其他职业的人面前可能自感卑贱，但是在一个农民面前，他却自认为有优越感。这种现象和这种意识，即使在今天依然有警示作用。

授课过程中，我引用了有关"等级"的民谣，加以讽刺："终日忙忙只为饥，刚得饱来又思衣；衣食俱得双足份，房中又少美貌妻；有了三妻并四妾，头无纱帽被人欺；六品五品嫌官小，四品三品还觉低；当朝一品做宰相，又想面南称皇帝……"

四、小说和散文教学

（一）小说教学——深说悟讲

小说的语言特点：生动细腻，蕴理深刻。

小说既用叙述性的语言，也用描写性的语言，但以描写性的语言为主；长短句兼有，但以长句为主；语言生动、细腻、富有感情。好的小说，总能在文字和形象之上，建立一种深沉的情感或深刻的感悟，引人深思。所以，小说的讲授，最终要使学生领悟感受到文本之中的人、情、理。尤其是小说要借助情节、人物说话，那内蕴的东西更需要师生好好挖掘。

想起多年前在郑州听过李镇西讲的《一碗阳春面》，至今还有所思。

《一碗阳春面》主要讲述了北海道的母子三人在突然遭受厄运之后顽强不屈、奋发上进的故事，同时，以北海亭面馆夫妇每次悄悄地为母子三人多加面的分量，体现了人性的光辉与人间的真情。这就是我们一般要挖掘的主题，但是李镇西老师却提出了"相互温暖，相互救赎"的主题。细细思量，这个观点还是非常有道理的，面馆夫妇自然温暖感动了那母女三人，但是母女三人身上的那种自强不息、坚信未来更加美好的精神品质，对面馆夫妇以及知道这个故事的所有人来说，又何尝不是一种温暖和救助呢？

李镇西老师生动细腻而深沉动情的语言，无疑是这篇小说主旨渗透挖掘外的一抹亮色，让人回味良久。

（二）散文教学——用情美讲

散文的语言特征：整散结合与长短交错；有韵味，有情感。

散文的语言是美的。可以整散结合，使表达的轻松自由和行文的紧凑连贯紧密结合，张弛有度；可以长短交错，中西结合，一方面可以增加语言的密度及含量，另一方面又可使语言流动而不失其美，节奏起伏，富于变化。

同时，散文的内涵也是美的。或者歌人间真情，以情感人；或者绘世间美景，以景动人；或者写人生至理，以理服人。

讲解这样的文章，如果教师的语言索然无味，面目可憎，实在是与优美的散文背道而驰，甚者可以说是与语文为敌，于文章、作者、讲者、学者都是一个不折不扣的悲剧。

所以，无论是讲古代散文还是现代散文，教师都要对自己的语言下一番功夫，让学生在学习之间能够获得美的感染与熏陶。

至今还记得辽宁省实验中学的刘朝忠校长讲《荷塘月色》时的情景，他用浑厚的男中音静心描绘了荷塘和月色相融共生的美景，美丽的画面，优美的语言，让听者如痴如醉，沉浸其中。兴之所至，他还随手在黑板上画下了简笔画，描摹"叶子出水很高，像亭亭的舞女的裙"的画面，让人拍案叫绝。

总之，用文本语言讲文本，解决了语文课讲什么的问题，即从文本语言入手，重点突破文本语言，也解决了怎样讲的问题，即抓住文本语言的特质，用接近文本特质的语言去讲授文本。两者结合，自然能够讲出语文的味道来，上的也自然是真正的语文课。

（作者：何洪卫）

注重细节，备好每一节语文课

备课是教师将已有的素质变成现实的教学能力的过程，是教师内在素质的外化，是教师对教材进行钻研和处理的一次编码过程。备课标、备教材、备学生、备教法、备教学重点难点，这是备课的主要内容。这些方面固然重要，但是备课中的诸多细节也不能忽视。细节决定成败。备课中注意细节，课堂上能起到点石成金的神奇作用，能化平淡为生动，化腐朽为神奇，化被动为主动。下面我从备课的细节方面谈谈自己备课中的一点体会。

一、问渠那得清如许，为有源头活水来

有人说要想给学生一碗水，教师要有一桶水，但是我觉得这桶水的前提必须是活水，不能是死水或者是臭水，只有这样才能常饮常新。因此教师备课前一定要结合文本收集大量材料做足功课。可以利用互联网、书籍、专业的报纸杂志、电视等途径来充实每节课的教学内容，使教者对文本有深刻的理解，了解与文本有关的信息。这样教者才能高屋建瓴，旁征博引，运筹帷幄。同行都有这样的感受，听公开课时教者知识运用娴熟，侃侃而谈，在课堂上如鱼得水，赢得听课教师的阵阵喝彩。殊不知教者在备课时一定收集了大量的材料，钻研了很多与文本有关的内容，付出了艰辛的努力。因此一节课的成功后面是教者的勤奋，台上三分钟，台下十年功。如果备课中我们也能收集这些新知识、新材料，那么这些新的信息就是那清澈的泉水，源源不断地注入我们大脑中。我们就会在不知不觉中提升自己的教学能力，扩大自己的知识视野，真正实现了教学相长。我在讲授《项脊轩志》这篇至情散文时总觉得对"至情"两字理解

得不到位，没有完全被这"至情"所打动。于是我上网听了配乐的课文朗读及配乐的诗意解读，查看了许多关于归有光的生平及对《项脊轩志》分析的文章。这些视听材料让我对其境、其物、其人有了深刻的理解，在脑海中留下了深深的印象，并灌注于情感的记忆中，然后把这份理解、情感自然流露于课堂上，自然会引起学生的共鸣。在讲授《故都的秋》一课时，我读了台湾作家袁琼琼、潘东宁的《多情累美人》一书，详细地了解了郁达夫坎坷的一生，又读了很多关于《故都的秋》写作的背景材料。于是我更深刻地理解了为什么郁达夫的眼中故都的秋来得清、来得静、来得悲凉，也更明白了为什么作者不写火一样的香山红叶、游人如织的颐和园、明镜似的昆明湖水，更领会了古人关于"缀文者情动而辞发，观文者披文以入情"的表述。因此课堂上讲起情景的关系自然娓娓道来，深入浅出，让学生受益。

二、为了吟安一个字，可以捻断数茎须

教学是一门艺术，它需要教师做到"学术功底 + 语言艺术"，二者必须有机整合，缺一不可。"教学语言是教师在课堂上根据教学任务的要求，针对特定的学生对象，使用规定的教材，采用一定的方法，在有限的时间内，为达到某一预想的效果而使用的语言。"它是教师教授知识、启迪智慧、塑造心灵的最基本工具，也是教师最基本的教学技能。苏霍姆林斯基曾说："教师的教学语言修养在极大的程度上决定着学生在课堂上的智力劳动效率。"可见，教师的教学语言是影响教学效果的重要因素。教学语言的特点应包括规范科学、精练准确、生动幽默、激发思维四个方面。不难看出，以上四个方面对教师的要求由低到高，步步提升。教学语言如此重要，有的教师却自信地认为从教几十年，上课时想到哪说到哪，信口开河，备课中根本不需要揣摩教学语言。这是当前教师的普遍想法，也是备课草率的表现。古人写诗为了"吟安一个字"，可以"捻断数茎须"。教师要想提高自己的教学效率，也需要在备课中发挥这种精神，反复推敲琢磨课堂语言。只有这样才能养成良好的语言习惯，才能使教师将教学内容讲精、讲深、讲透、讲活，从而取得良好的课堂实效。课堂上运用经过备课时锤炼的语言，提高教学语言的表现力，可以取得事半

功倍的教学效果。我在准备作文课《让分论点扮靓高考作文》时，有一个环节就是学生在看过一段励志视频后提炼中心论点，再写出分论点。这段视频很感人，学生看过之后一定有所触动。如果我只轻轻地说"同学们开始动笔吧"，语言有些索然无味，不但不利于调动学生的写作积极性，而且和励志视频的激励的语言风格也不一致。于是备课中我反复琢磨这句过渡的语言，琢磨这句话如何能启发学生的思维，如何让学生更有动笔写下自己感受的冲动。于是斟酌之后我在教案上写下一行字："同学们，语文从来不拒绝感受与激动，当你内心某根柔软的琴弦被拨动时，请不要吝啬，那么美好便会在瞬间收藏。请动笔吧。"果然上课时效果很好。在准备《故都的秋》一课的小结时，我想进一步让学生体会作者对故都的秋的深厚感情，我反复阅读教材，揣摩教学语言，在教案上写下了这样一段文字："一支生花妙笔，把浓浓的秋味表现得淋漓尽致，似醇酒，如幽兰，几乎醉倒了每一位读者。然而真正欲醉的首先是酿酒者自己。郁达夫被北国的秋味搞得如醉如痴，竟然愿意把寿命的三分之二折去，换得三分之一的零头。郁达夫是在用整个生命去爱秋，用整个身心去拥抱秋，饱蘸着情和爱去书写秋。因此才能品出其中深蕴的妙味，才有这篇秋味十足的至美散文。"这些在备课中精心设计的语言比那种信口开河的语言更有针对性、精准性、煽动性。锤炼课堂语言对我们老师来说，是一门应该长期不断修炼的基本功。所以备课中我们必须精心揣摩自己的教学语言。课堂上运用经过备课时锤炼的语言，才能优化我们的课堂教学，提高我们的教学效率。雨果说："语言就是力量。"备课中精心设计每一句教学用语，用充满激情的教学语言弹奏出美妙动人的乐曲，让它在学生的头脑中回响激荡，吸引每一颗求知的心灵。这样才能不断提高教学语言的有效性，让教学语言更好地服务课堂、点化课堂。

三、一石激起千层浪，两指弹出万般音

常言道：学起于思，思起于疑，疑解于问。教学是一门艺术，而课堂提问是组织课堂教学的中心环节。精彩的提问是诱发学生思维的发动机，可以"一石激起千层浪"，泛起学生大脑中思考的涟漪，提高课堂教学效率并促进师生

情感的交流，优化课堂教学。在实际教学中，不少教师上课提问的随意性很强，讲到哪问到哪，备课时忽略或者根本不设计问题。这样课堂提问常常过于简单，犹如一潭死水，波澜不惊。而且诸如"是不是""好不好"之类的提问，表面上营造了热烈的气氛，实质上流于形式，华而不实，有损学生思维的积极性。有的教师提问超出学生知识范围，问题过难，抑制了学生的思维热情和信心。这种随意性很强的问题很难引发学生思维活动，学生思维水平难以提高。所以设计问题往往比解决一个问题更为重要。因为解决问题，也许仅是技能而已，而提出新的问题，提出新的可能性，从新的角度去看旧的问题，却需要创造性的想象力，而且标志着思维的真正进步。因此，对于课堂的问题教师必须在备课时精心设计，而且设计问题时要力求精当。"精"指的是精练扼要、言简意赅，"当"指的是得当，所提问题要恰是重点、难点，还要富于思考，即紧扣教材，突出重点、难点，并有一定的思考价值。在教授《故都的秋》一课时我确定的教学目标是：理解体会散文以情驭景、以景显情的写作特点。围绕这个教学目标我设计的几个问题是：

1. 北国之秋的特点是什么？作者不远千里到北平来的目的是什么？

2. 在课文第3—11自然段中作者品味了哪些故都的秋景呢？在作者关于这些秋景的细腻、清新的描绘中，哪些语句最能体现故都的秋的特点呢？请同学们交流各自找到的语句。

3. 第3—11自然段中，作者用行云流水般的语言为我们点染了故都之秋的悲凉氛围。但作者意犹未尽，纵观全文，作者还用了哪些文学手段来突出故都之秋的浓浓秋味呢？

4. 作者从不同角度描写了北国之秋，那么作者对北国之秋到底有一种怎样的情怀呢？在课文哪个段落表现得最明显？

5. 作者为什么如此钟情于这故都清、静、悲凉的秋天呢？

6. 秋天，以其特有的魅力，吸引着一代又一代的骚人墨客。从古到今关于秋的诗文数不胜数。下面以峻青的《秋色赋》和欧阳修的《秋声赋》为例，分析诗文中描写的景物有什么特点，这些景物中体现了作者怎样的情感。

这些问题由浅入深，既解决了这节课的重点问题，针对性强，又节省了学生的时间，提高了课堂的效率。

总之，课堂提问是一种经常使用的教学手段和形式，是教师与学生之间信息的双向交流。备课时精心设计课堂问题，就可在课堂上减少盲目性，及时唤起学生的注意，创造积极的课堂气氛，激发学生的学习动机和兴趣，学生的生命潜能将在课堂上得到最大限度的释放，使课堂充满生命的活力和人文的魅力。

四、大师手下无闲笔，一枝一叶总关情

目前，随着现代化教学手段不断应用到课堂，多媒体大屏幕成了课堂上主要的教具。大屏幕内容事无巨细，于是很多教师在备课中忽略了板书设计这一环节。一堂课下来黑板上竟然没有一个字，完全用大屏幕取代了板书，或者有板书也是随意性很强，随想随写。这样的板书没有经过备课的深思熟虑。备课中完全忽略了板书设计这一环节，这是目前教师备课中存在的一个问题。这种做法是完全错误的。

大屏幕代替不了板书，板书是教师进行教学活动的重要手段之一，是课堂教学的"眼睛"，板书在课堂教学中有着重要的作用。运用板书有助于提纲挈领，突出教学重点，剖析教学难点，有助于培养学生的阅读、分析、概括的表达能力。好的板书，能给人以鲜明突出的印象，给人以艺术美感，有助于激发学生的学习积极性，有助于培养学生的逻辑思维能力和想象力，发展学生智力，真正实现学生是学习的主人的目的。因此我们在备课中一定不能放弃板书设计这一重要的细节，并且还要仔细揣摩设计板书。争取做到板书的目的明确、精准、周密，形式多样，悦目、醒目。这样经过备课精心设计的板书很少闲笔，一枝一叶总关深情。在教授《故都的秋》一课时我设计的板书是：

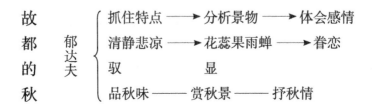

这个板书让学生对本篇文章主要内容及写法一目了然，本课的重点也集中展现在板书上，纲举目张。

在讲授《林教头风雪山神庙》一课时我设计的板书是：

林教头风雪山神庙

施耐庵

刺配	寻仇
接管	复仇

逼

忍 ——→ 反

这个板书设计表现了本篇小说的情节和主题，让学生对本课的内容了然于胸。

总之，板书是语文教师的基本功之一。好的板书，能提纲挈领，突出重点，配合讲述，画龙点睛，有助于学生理解并加深印象。板书是语文教师的重要"法宝"。所以语文教师应该在备课中精心设计板书，在课堂上运用板书，提高课堂的效率。

五、上课之后多反思，涵泳功夫兴味长

很多教师认为，备课主要是课前的准备过程。写完教案，一节课的备课任务已经结束。实际并不如此。课后反思也应该成为备课的一部分。"学而不思则罔，思而不学则殆。"这句至理名言对我们的教育教学也有着深刻的指导意义。有的教师比较重视课堂教学前的准备，却往往忽略课后的反思和总结。但是课堂上总会有意想不到的问题出现，预设和生成在课堂上总会有不一致的地方。教师若能及时总结和反思课堂上的这些得与失，就能为下一次备课打好坚实的基础。"一个教师写一辈子教案不一定能成为名师，如果一个教师写三年反思则可能成为名师。"华师大叶澜教授说的这句话充分点明了课后反

思的重要性。相反，不及时反思或反思不到位，往往会失去良好的教学反馈资源。因此课后的教学反思决不能忽略，在课后应涵泳咀嚼，留下宝贵的资料，为下一次备课打下坚实的基础。

反思备课中教师应及时记录本节课的教学特色，即：在教材处理上，看教材特点的把握、知识联系的沟通；在教学方法上，看教学层次的呈现、课堂活动的安排；在教学方式上，看学生参与的程度、知识获取的过程。反思中还应记录精彩的教学片段，如引人入胜的新课导入，别有风味的氛围营造，得心应手的教具应用，新颖别致的难点突破，别具一格的智能开发，出神入化的学法指导，画龙点睛的诱导评价，留有悬念的课尾总结，等等。反思中应记录课堂的偶得与生成。在课堂教学中，师生思维发展及情感交流融洽，往往会因一些偶发事件而产生瞬间灵感，应该及时捕捉。反思中还应记录课堂的疏漏之处。即使成功的课堂教学，总会有或多或少的遗憾，有这样或那样的缺失。课后应对它们进行系统回顾与梳理，并进行深刻反思，这样有利于在以后的教学中吸取教训。教师在反思中更应记录一节课的教学效果，认真反思教学预案的实施情况。看通过本节课教学，教学的目标是否达成，教学的效果是否良好，教学的组织是否科学，活动的安排是否合理等。

我在做《项脊轩志》公开课时，分析了作者对母亲、祖母、妻子的情感之后，有个学生站起来提问：作者对母亲的怀念用了"余泣，妪亦泣"，对祖母的怀念用了"瞻顾遗迹，如在昨日，令人长号不自禁"，写对妻子的怀念时作者并没有流下眼泪。作者是不是对祖母的感情最深啊？这个问题我在备课中没有想到。我让学生思考的同时自己也在思考，终于给出了学生这样一个回答："同学们，回忆起两位长辈的亲人，她们对晚辈无微不至的关爱，让归有光感动。不过祖母的话中包含着对孙儿的期望，成为压在归有光肩膀上沉甸甸的责任。尽管归有光闭门苦读，但他仕途不顺，没有完成祖母的嘱托，所以内疚之情油然而生，'瞻顾遗迹，如在昨日，令人长号不自禁'。作者怀念妻子时没有流泪，用'庭有枇杷树，吾妻死之年所手植也，今已亭亭如盖矣'的语句来表达对妻子的怀念。这是因为作者写这篇文章时经历了两个阶段：一是年轻时，一是年龄大时。年轻时的感情直接外露，但人生的阅历让归有光的感情变得更含蓄；年龄大时借物抒情更符合归有光感情的经历和年龄特点。'亭亭如盖'说明妻子已去世多年，但作者对妻子的情感却越来越深。真正的情感可以超越生命。因此可以说作者对生命中三位女性同样怀念，对她们的情感同样的深厚。"学生和听课的教师对这个解答很满意。课后我在本课的教学反思上认真地记录下这个课堂偶发生成的瞬间，保留下来作为以后备课的参考。

　　总之，教学反思是一种有益的思维过程和再学习活动，也是回顾教学、分析成败、查找原因、寻求对策、以利后行的过程。因此教学反思也是备课的一个方面，教学反思之后，一节课的备课任务才算真正结束。

　　综上所述，备课是一门科学，一门艺术，一节课准备得好与坏，可以直接影响一堂课的成与败。因此备课中我们一定要认真思考，关注细节，做到运筹备课之中，决胜课堂之时！

（作者：郑辉）